The Dilemma and Prospect of the
UN Peacekeeping Operation

联合国维和行动
的困境及前景

刘 丹◎著

时 事 出 版 社

前　　言

维持和平行动（Peacekeeping Operations）是联合国所从事的影响最广泛、最具代表性的工作。从第二次世界大战结束后，联合国维和行动在维护国际和平与安全，控制甚至解决局部冲突问题上发挥了重要的不可替代的作用。

作为联合国维护集体安全最重要的手段之一，维和行动在争吵中诞生，在法律的缝隙中成长，有关它自身所存在的缺陷和问题、它在不同时期所面临的困难和挑战、未来它将如何发展和完善等等方面的探讨和争论从未停止。加强对维和行动困境问题的研究，已经成为深化对维和行动的认识、完善维和机制的构建以及影响维和行动未来发展的重要课题。

本书在对维和行动困境的主要表现进行系统总结的基础上，探求维和行动困境的机理和解释模式，并提出可以将联合国维和行动的困境概括为这样一种矛盾情况：维和行动在适应国际形势发展而为维护国际和平与安全发挥积极作用，并被寄予更大期望的同时，由于受到法律缺失、大国利益差异及权力竞争、干预扩大等因素的影响，其作用和效率受到明显制约，公正性受到冲击，甚至出现严重偏离。这种矛盾情况，决定了维和行动在未来的国际事务中仍将发挥其重要而独特的积极作用，同时又必须面对各种复杂的挑战。

作为联合国五大常任理事国之一，由于历史的原因，中国真正参与到国际安全机制中起步较晚。以 20 世纪 70 年代初恢复在联合国的席位和安理会常任理事国席位为起点，在过去的40多年里，中国比较成功地实现了角色转换，在参与包括联合国维和行动在内的国际安全机制方面取得了重大进展。国际安全机制是调节国家间关系、维护国际安全的重要手段，在战后国际关系中发挥了重要的作用，并对解决地区和全球性的挑战有一定的帮助，对国家安全的维护也有积极的意义。在当前国际局势发展演变的大背景下，不论是哪个国家，都越来越难以置身安全机制之外。因此，在未来相当长的一段时间里，对维和行动的参与，仍将会是中国与世界相互联系、相互作用、相互影响的重要途径之一。

面对国际关系中国家间相互依存关系的增强、联系利益的增多以及中国自身综合实力地加强和国际地位的提升等种种情况，为适应新的挑战和需求，中国需要继续调整和完善参与维和行动的战略体系，始终坚持联合国在国际维和行动中的主导地位，继续深化对联合国维和行动地积极参与，跟踪国际军事发展动态，努力推动联合国框架下的区域维和机制的构建；同时不断提升参与维和行动在中国军队建设中的地位和作用，使之适应国家安全环境的新变化，为实现“两个一百年”奋斗目标和中华民族伟大复兴的“中国梦”提供有力支持。

本书主要分为四个部分：

第一部分系统分析了联合国维和行动困境的成因及发展。主要从联合国维和行动的概念定义、理论背景、身份认定以及法理依据等几个方面，对联合国维和行动的基本内涵进行较为系统、全面的理论论述与探讨；并在此基础上，对联合国维和行动困境产生的历史背景、成因及发展进行了更为深入地探讨。《联合国宪章》并没有对维和行动作出相关的法律规定，甚至连维和行动的概念都没有明确界定，世人将其形象地称之为“第六章半之行动”。事实上，联合国维和行动是在法律的夹缝中诞生，第二次世界大战后的国际背景、国际体系以及国际政治现实都对维和行动困境的形成产生影响；与此同时，作为联合国集体安全机制的重要组成部分，维和行动也不可避免地受到联合国集体安全自身缺陷的制约。

第二部分研究了联合国维和行动困境的内涵及表现。在对联合国维和行动困境内涵进行界定的基础上，从多维理论视角中对国际安全合作分析的理论框架出发，深入研究维和行动的困境在国家利益、权力运用、法律道德等方面的具体表现及其对主权国家参与维和行动所产生的作用和影响。通过理论总结和数据分析，探讨联合国维和行动成败的标准以及维和行动成功的主要条件。同时，还对联合国维和行动的未来发展进行前景预测，重点分析了未来影响联合国维和行动走向的主要因素，并就维和行动的发展趋势、当前维和行动发展的新动向等问题进行分析判断。

第三部分探讨了中国参与维和行动的基本政策与选择。在对中国参与联合国维和行动的基本历程、态度立场、内在动力和主要举措等方面进行历史分析总结的基础上，对中国参与维和行动进行了利益分析，探讨了所产生的多重收益、积极影响以及制约中国参与的主要因素，并从维护国家安全和国家利益的高度，对中国有效化解维和行动困境的消极影响、完善参与维和行动的基本政策与途径选择提出了自己的思考和建议。

第四部分重点开展对联合国维和行动的案例分析。案例一选取了联合国在卢旺达的维和行动。分析认为，该行动反映了联合国维和行动困境有可能引发的负面效应，体现了笔者在前文论述的维和行动成功的条件：大国一致、冲突双方认可、维和力量匹配、维和策略适当等集中缺失时，有可能造成的极端局面。案例二选取了在中国参与联合国维和行动历史中具有里程碑式意义的联合国东帝汶维和行动。分析认为，这是中国在充分考虑了联合国决议、同印尼的双边关系、国家利益与国际责任等诸多因素的基础上做出的重要决定，其背后隐含了中国对联合国及其维和行动的看法，以及对东亚安全和国际社会冲突解决机制的认识问题。

2015 年，是联合国成立 70 周年，也是中国参与联合国维和行动 25 周年。这一年，中国公开颁布的《2015 中国国防白皮书：中国的军事战略》将“参加地区和国际安全合作，维护地区和世界和平”确定为中国军队主要担负的战略任务之一。这是中国在新的时代条件下，主动适应国家安全内涵和外延新变化的重大举措；也是中国，主动适应国际地位上升而随之带来的国际社会对中国应担负更多国际责任的期待，所作出的积极回应。按照这一新的战略要求，继续积极参与联合国维和行动，同时推动并参与在联合国框架下区域维和机制的构建，将是“适应维护国家安全和发展利益的新要求”“运用军事力量和手段营造有利战略态势”① 的重要平台和有效途径。

通过这样一种参与，以“和平姿态”推进全方位、多层次的军事力量走出国门，既有助于我履行大国义务，降低国际社会对我的质疑，又将为我提升在国际社会中的话语权和主导权，更好地融入国际多边安全机制以及参与制定“游戏规则”提供有益的操作平台；还可进一步维护我国家海外利益，推进“一带一路”沿线军事力量部署，为争取长期稳定的国际环境、睦邻友好周边环境、平等互利的合作环境和客观友善的舆论环境提供坚实的战略支撑。在当前我国经济快速发展、实力迅速提升、国家利益不断拓展的情况下，通过参与维和机制和行动切实维护并实现国家安全和利益，愈加凸显出重要性和必要性。因此，应该进一步加强对维和行动相关问题的深化研究，把参与维和机制和行动作为战略性任务拓展深化，切实履行好历史赋予的使命和责任。

① 中华人民共和国国务院新闻办公室：《2015 中国国防白皮书：中国的军事战略》，2015 年 5 月。

目　　录

导　论 …………………………………………………………… (1)

一、问题的提出及研究意义 ………………………………… (2)

二、国内外同类课题研究现状 ……………………………… (4)

第一章　联合国维和行动困境的成因及发展 ……………… (12)

第一节　联合国维和行动的基本内涵 ……………………… (12)

一、联合国维和行动的概念定义 ………………………… (13)

二、联合国维和行动的理论背景 ………………………… (17)

三、联合国维和行动的身份认定 ………………………… (20)

四、联合国维和行动的法理依据 ………………………… (24)

第二节　联合国维和行动困境形成的历史背景 ………… (27)

一、二战后特殊的国际背景对维和行动环境的限制 ……………………………………………… (27)

二、"主权国家为中心"的国际体系对维和行动的束缚 ……………………………………………… (31)

三、"大国主导"的国际政治现实对维和行动的规制 ……………………………………………… (34)

第三节　联合国集体安全自身缺陷对维和行动的制约 … (35)

一、集体安全构想本身的理想性 ………………………… (36)

二、联合国集体安全体制政治基础的不稳定性 ………… (37)

三、联合国集体安全机制属性的局限性 ………………… (40)

四、联合国集体安全机制运行中的不平等性 …………… (42)

第二章 联合国维和行动困境的内涵及表现 ………………… (45)
第一节 维和行动困境的界定 ………………………… (46)
第二节 维和行动困境的主要表现 …………………… (48)
一、维和行动中的利益困境 ……………………………… (49)
二、维和行动中的权力困境 ……………………………… (58)
三、维和行动中的法律困境 ……………………………… (68)
四、小结 ……………………………………………… (78)
第三节 维和行动成功的主要条件 …………………… (80)
一、维和行动成功条件的现有研究 ……………………… (81)
二、维和行动成败的标准 ………………………………… (84)
三、维和行动成功的条件 ………………………………… (86)
第四节 联合国维和行动的前景分析 ………………… (94)
一、影响联合国维和行动未来走向的主要因素 ………… (95)
二、联合国维和行动未来可能的发展趋势 …………… (100)
三、21 世纪以来联合国维和行动的新动向 …………… (108)

第三章 中国参与联合国维和行动的基本政策与选择 …… (115)
第一节 中国参与联合国维和行动的基本情况 ………… (116)
一、中国参与联合国维和行动的历史轨迹 …………… (117)
二、中国参与联合国维和行动的立场态度 …………… (121)
三、中国参与联合国维和行动的内在动力 …………… (125)
四、中国提升参与能力的主要举措 ………………… (128)
第二节 中国参与联合国维和行动的利益分析 ………… (131)
一、参与联合国维和行动是中国实现国家利益的
重要途径 ……………………………………… (131)

二、参与联合国维和行动是中国履行大国责任的重要实践 …………………………………………（133）
三、参与联合国维和行动是中国实现外交战略的重要平台 …………………………………………（134）
四、参与联合国维和行动是拉动中国军队建设的重要手段 …………………………………………（135）
第三节　中国参与联合国维和行动的制约因素 …………（137）
一、联合国维和行动理论指导演变与中国对原则和立场的坚持 ……………………………………（137）
二、联合国维和行动干预性增强对中国在认知和实践上的挑战 ……………………………………（139）
三、“防范中国”势头上升对中国深入参与的影响 ……（142）
第四节　中国应对联合国维和行动困境的有关思考 ……（143）
一、坚持联合国在国际维和行动中的主导地位 ………（144）
二、继续深化对联合国维和行动的积极参与 …………（146）
三、推动联合国框架下的区域维和机制的构建 ………（150）
四、提升参与联合国维和行动在军队建设中的作用 …（157）
五、进一步增强联合国维和兵力运用的科学性 ………（162）

第四章　案例分析 ……………………………………………（168）
案例一：联合国卢旺达维和行动的回顾与反思 …………（168）
一、联合国启动事件调查的基本情况 …………………（169）
二、对事件演变及关键事件的相关说明 ………………（171）
三、联合国对事件调查后得出的主要结论 ……………（201）
四、大事记（1993 年 10 月—1994 年 7 月） ……………（229）
案例二：中国对联合国东帝汶维和行动的参与 …………（245）
一、东帝汶问题的历史演变与中国 ……………………（246）
二、东帝汶维和任务区的基本背景 ……………………（250）

三、联合国东帝汶维和行动的实施情况 …………………（253）
四、中国参与维和行动的主要情况及经验启示 ………（254）

结束语 ……………………………………………………（258）

参考文献 …………………………………………………（261）

导　论

维持和平行动（Peacekeeping Operations）是联合国所从事的影响最广泛、最具代表性的工作。《联合国宪章》（Chapter of United Nations）中明确了联合国的四个宗旨：一是维持国际和平与安全；二是发展国家间的友好关系；三是合作解决国际问题，增进对人权的尊重；四是成为协调各国行动的中心。其中，“维持国际和平与安全”被确立为联合国的首要职责和目标。《联合国宪章》开宗明义地声明：“欲免后世再遭今代人类两度身历惨不堪言之战祸，……力行容恕，彼此以善邻之道和睦相处，集中力量，以维护国际和平与安全。”① “并为此目的：采取有效集体办法、以防止且消除对于和平之威胁，制止侵略行为或其他和平之破坏；并以和平方法且依正义及国际法原则，调整至或解决足以破坏和平之国际争端或情势。”②

联合国维持和平行动（简称维和行动）正是由联合国首创，以维护国际和平与安全为目的，所采取的集体办法之一。60 多年的实践证明，联合国维和行动在维护国际和平与安全，控制甚至解决局部冲突问题上发挥了重要的不可替代的作用，并在世界各国得到普遍认可和接受。

---

① 《联合国宪章》，序言，载联合国网站 http://www.un.org/zh/documents/charter/preamble.shtml。

② 《联合国宪章》，第一章第一条，http://www.un.org/zh/documents/charter/chapter1.shtml。

一、问题的提出及研究意义

联合国维和行动的产生和发展是一个时代产物，60 多年来的发展历程见证了时代的变迁，也经受住了巨变考验。据统计，自 1948 年首次向中东地区派出“联合国停战监督组织”以来，截至 2015 年 5 月，联合国共进行了 69 次维和行动，投入的维和资金已超过 700 亿美元，来自 121 个国家的超过 3367 人为此献出了生命；目前，正在全球 16 个任务区执行任务的维和兵力已达 106242 人，达到了历史最高水平。[①] 这也从一个侧面反映出国际社会对维和行动的信任和期盼。

但是，就维和行动本身而言，与其在维护国际和平与安全领域所居的重要地位不相符的是，它本身是“一个不断发展的办法”，[②] 至今仍未形成非常完整规范的国际制度。联合国前秘书长哈马舍尔德将之称为“第六章半之规定”，形象地反映了其法理依据的模糊性；另一位前秘书长加利称“有多少种冲突，就有多少种维和行动”，则反映了其行动内涵的多样性和复杂性。作为联合国维护集体安全最重要的手段之一，维和行动在争吵中诞生，在法律的夹缝中成长，有关它自身所存在的缺陷和问题、它在不同时期所面临的困难和挑战、未来它将如何发展和完善等等方面的探讨和争论从未停止。从联合国的官方文件、各国政府以及许多学者的研究中，都反复提到了维和行动的“困境”，并谈到了由于困境问题而给维和行动在理论、政策、执行等多个层面带来的种种挑战和困难。但是，令人遗憾的是，到目前为止对于

① 以上数字不包括由联合国授权、但是不由联合国指挥的维和行动，数据来源 http：//http：//www. un. org/zh/peacekeeping/resources/statistics/factsheet. shtml。

② 参见联合国维持和平行动网站上对维和行动的介绍，http：//www. un. org/chinese/peace/peacekeeping/index. shtml。

维和行动困境本身既没有得到普遍认同的界定，也缺乏较为系统地研究。维和行动的困境是什么？困境是如何形成的？困境的主要表现有哪些？事实上，对以上问题的探寻和研究有助于人们对维和行动的认识，有利于其未来的发展和运用，是十分必要的。

本书认为，从根本上，联合国维和行动困境的出现是当前国际体系内在逻辑和自身缺陷的必然反映。维和行动困境的产生与联合国对其功能定位和国际安全局势发展的背景紧密相关，需要从利益需求、权力运用、国际法律与道德等多重角度来进行系统解读。在充分理解联合国维和行动困境的基础上，通过深入研究，本书进一步认识到，联合国维和行动处于外交手段和强制手段之间，比较适应国际关系复杂性日益增强的趋势和国际安全局势发展的基本逻辑，也反映了冷战结束以来国际冲突控制与战略管理的本质要求，应该具有比较广阔的发展空间。尽管会出现反复，但维和行动的规模总体上将逐渐扩大，范围将更趋广泛，相应的规则也将得到不断完善，以利于维和作用的有效发挥。

进入21世纪以来，国际环境的一个突出变化是，国际多边体制成为维护周边和平与稳定的重要途径。当前在中国周边存在着不少地区安全问题，包括：克什米尔问题、朝鲜半岛问题、阿富汗问题等，都不同程度地存在着国际因素的介入。这些问题如果处理不好很可能酿成重大冲突，从而对中国的安全带来严重威胁。可以预计，通过国际体制进行国际合作将是今后一个时期国际关系的重要表现方式之一。

在当前国际关系的背景下，可以认为，中国参与国际安全机制已成为一个不可逆转的基本走向。不仅如此，中国还应该以更积极的姿态参与到国际安全机制中去，以满足维护日益广泛的，同时也在不断扩展的国家安全利益的需要，在国际联系中扩展战略选择的空间，进而为维护世界和平作出更大贡献。

对于中国来说，加强对联合国维和行动困境的研究尤为重要。目前，中国是联合国五个常任理事国之中派出人员参与联合国维和行动最多的国家。参与维和行动也已经成为中国参与国际事务、加强与世界其他国家联系的一个最主要、最有效的途径之一。因此，加强对维和行动困境的研究有助于中国更加准确而深刻地认识和把握维和行动，有利于为中国未来参与维和行动的战略选择以及政策制定提供基本依据。

本书从中国崛起以及与外部世界关系调整的角度，深入分析了中国参与联合国维和行动的利益需求和制约因素，并就如何化解维和行动困境，最大限度地实现国家利益的维护，探讨了中国参与的基本政策和途径选择，得出了一些有益的借鉴和启示。中国积极参与以联合国维和行动为代表的国际安全机制更加符合自身安全利益以及国际安全稳定的需要：一是更深入参与国际安全机制，是中国作为大国应承担的责任，也是中国国际联系利益增多的必然要求；二是参与国际安全机制的过程也是实力运用的过程，而且既属于一种现实运用，也包含很强的潜在运用的意味，从而可以成为中国能够调动的一种重要战略资源；三是参与国际安全机制，为中国比较深入地融入到国际安全机制提供了一个有效的途径，问题的关键是在维护主权与强化国际安全之间找到有效的平衡。

二、国内外同类课题研究现状

（一）对维和行动困境研究的主要现状

从 1948 年 6 月联合国建立第一个巴勒斯坦停战监督组织起，便有研究者，主要是西方学者，对维和行动的困境开始了研究和探讨。伴随着国际安全背景的深刻变化以及维和行动自身发展变化，相关研究进一步深入。在冷战结束前，即第一代维和行动（也叫“传统维和行动”）时期，对联合国维和行动困境的认识逐步深入，并揭示出形成困境的两个主要来源：一是法律机制缺失，即对维和行动的原则、规范、规则和决策程序缺乏清晰而明确的规定；具体表现为维和行动没有明确的定义及法理依据，在行动的组建、授权、领导、实施和监管等具体实践环节上缺少较为完善的一整套法律机制等等；二是大国主导，尽管学者们普遍认可"大国一致"原则以及否决权的设置，实质上避免了重蹈国联绝对的理想主义的覆辙，也尽量规避了个别国家或集团的主导，是对国际政治现实的深刻认识和妥协，是联合国成立和运行的政治基础；但是，这样的设置和安排事实上与《联合国宪章》中的国家"平等"原则相冲突，难以在实践中真正体现普遍性和公正性；此外，冷战时期美苏两极对峙的格局，使否决权成为霸权国家相互斗争的工具之一，严重影响了维和行动的效能和效率，这是当初的设计者们没有预想到的。

冷战结束后，第二代维和行动兴起并迅速发展，带动了对维和行动的新一轮研究和讨论，如约翰·L·赫什等人的《索马里与恢复希望行动：关于促成和平与维持和平的反思》①、西蒙·切斯特曼的《正义战争还是正义和平：人道主义干预与国际法》②、迈克尔·E·布朗等人合编的《冲突的代价：全球范围的预防与对策》③ 等等。与此同时，随着国际环境和局势的变化、联合国维和行动自身的发展以及中国对联合国维和行动的全面参与，国内学者对联合国维和行动的研究也进入了一个蓬勃发展的时期，

① John L. Hirsch and Robert B. Oakley, *Somalia and Operation Restore Hope: Reflections on Peacemaking and Peacekeeping*, United States Institute of Peace Press, Washington, D. C., 1995.

② Simon Chesterman, *Just War or Just Peace?: Humanitarian Intervention and International Law*, Oxford: UK Oxford University Press, 2001.

③ Michael E. Brown and Richard N. Rosecrance (eds.), *The Costs of Conflict: Prevention and Cure in the Global Arena*, Carnegie Commission on Preventing Deadly Conflict, Rowman & Littlefield Publishers, 1999.

包括刘恩照著《联合国维持和平行动》、门洪华著《和平的经纬：联合国集体安全制度的研究》、盛红生著《联合国维持和平行动法律问题研究》等。在原有困境依然存在的基础上，国内外学者对维和行动的困境研究又有了更进一步地认识，增添了新内容，主要表现在：国际干预与国家主权、国家主权与道德人权之间的困境。冷战后，联合国维和行动职权和范围的明显扩大，增强了其自身定位的模糊性和影响的多面性，维和行动打破了传统维和的原则，中立原则、自愿原则被淡化，“强制和平”（Peace Enforcement）被频繁使用，“人道主义”干预（Humanitarian Intervention）、“保护的责任”（The Responsibility to Protect）等理论开始成为一些维和行动的重要依据，这些都对国际社会的认知和实践提出了挑战。联合国维和行动到底能做什么和不能做什么？国家主权与人权的关系是什么？国家在对外政策中应该如何对待国际法以及国际道德伦理问题？都引发了广泛的争鸣。

进入21世纪以来，面对国际安全局势的发展和国家对安全需求的相应变化，一些学者对维和行动所面临困境的认识更加深化，即维和行动本身带有天生的缺陷并在实践中存在着似乎难以解决的困难，但是几十年来的实践证明，它仍是缓解国际冲突、维持国际和平与安全的一种可行方式，受到大多数国家的认可。关键的问题是，维和行动如何更好地适应国际关系、安全需求以及冲突形式的新变化，继续发挥其积极的作用。如艾斯奥可·斯维恩的《全球化与建设和平的挑战》[①]、诺芮尔·马克奎恩的《维和行动与国际体系》[②]、理查德·凯瑞姆的《管理世界秩序：联合

① Ashok Swain, Ramses Amer and Joakim Ojendal, *Globalization and Challenges to Building Peace*, London: Anthem Press, UK, 2008.

② Norrie MacQueen, *Peacekeeping and the International System*, T & F Books, UK, 2009.

国和平行动和安全前景》[①]、赵磊的《构建和谐世界的重要实践——中国参与联合国维持和平行动研究》等著作，对此都做出了积极的探索。

纵观国内外学者对维和行动所面临困境的研究，在取得了一系列有价值成果的同时，也存在一些明显的不足。

一是目前还没有对于“维和行动的困境”这一概念较为科学系统的界定。虽然这一概念在各类研究维和行动的文献中被频繁使用，但是，较少将它置于一个完整的理论框架中去考量。

二是以困境研究为主要内容的研究成果数量较少。绝大部分的分析和研究都散落在著作或本书的部分章节，有的书虽然探讨了维和行动面临的困难、挑战及存在的问题，但是对维和行动的困境还缺乏系统性地分析和足够的深度。

三是大多数研究只对困境存在的事实进行了分析，但是没有对维和行动困境的机理进行剖析，并因而也没有提出化解困境的对策建议。一些研究虽然针对维和机制的完善及相应法规的建立等方面给出了建议和设计，但是由于缺少系统分析和对现实的本源性认识，提出的一些建议尽管在理论上是合理的，然而在实践中却难以真正实现。

综上所述，对联合国维和行动困境进行更深入系统地研究，既是国际局势发展、维护国际安全稳定的现实需要，同时还可为中国更进一步参与国际安全机制提供有益的借鉴和启发，具有重要的理论探讨价值和现实意义。

（二）对中国参与维和行动研究的主要现状

联合国维和行动本身是不断发展的，中国对它的认识、参与

① Richard Kareem Al – Qaq，*Managing World Order*：*United Nations Peace Operations and the Security Agenda*，Tauris Academic Studies，2009.

也有一个历史过程。中国对联合国维和行动的性质及其在维护世界和平中的作用的主观认识，以及对维和行动参与的态度、广度和深度，经历了一个从否定不参与——有限度选择性参与——积极支持不断扩大参与的演进过程。这个演进过程同国际环境的变动和中国国内政治的变化是相对应的。在这样的大背景下，国内学者对中国参与联合国维和行动相关问题的研究，大致可以分为两个阶段：

第一阶段主要集中在20世纪末。在1971年之前，中国被排斥于联合国之外，没有条件参与维和行动。1971年中国恢复了在联合国的合法席位。但由于中国当时对维和机制缺乏足够的了解，以及少数西方国家对维和行动的操纵，中国对维和行动采取了观察的态度。20世纪80年代，随着与外部世界接触和联系的增多，中国的视野更加开阔对联合国事务采取了“积极主动、逐步深入”的方针。中国开始对维和行动采取了区别对待的灵活立场，并开始逐步参加到联合国维和机制之中。这一时期有关中国参与联合国维和的研究主要有两类：一类是文学传记，大多是由70年代末首批参与维和相关工作的中国外交及军事人员撰写，主要从个人或某一部分人的工作经历和个人感受的角度，对中国参与联合国维和行动的历史进行了描述性的介绍。如陈友谊等著《蓝盔在行动——联合国维和行动纪实》、冯勇智等编著《蓝箭出击：联合国维和行动大纪实》、许正凤著《中国蓝盔：中国赴柬工程兵大队维和行动纪实》等。另一类则主要集中在有关中国对联合国研究的著作或文章的部分章节中。这部分研究大多将维和行动作为联合国事务的一个部分，主要进行的是历史性和政策性研究，主要有陈鲁直等主编《联合国与世界秩序》、李铁城著《联合国五十年》、谢启美等编《走向21世纪的联合国》等。以上两类研究为后来的研究提供了翔实的历史文献资料，记录了中国参与联合国维和行动的历程，在介绍情况时比较细致和客观，但是对理论探讨还相对欠缺，史实的叙述多于理论研究。由于客观原因的限制，这一时期的研究没有将联合国维和行动作为一个独立的问题进行研究，研究的理论和方法、深度和广度也都有待进一步探索。

第二阶段为进入21世纪以来。伴随着中国对联合国维和行动的全面参与，国内学者对联合国维和行动的研究也进入了一个蓬勃发展的时期。从1999年刘恩照的《联合国维持和平行动》一书的出版开始，一大批专著和本书以联合国维持和平行动作为研究对象，运用不同的理论和方法，进行了多层次多角度的分析研究，研究的内容涵盖了联合国维和行动的机制、制度、政策、功能、特点、法理等各个方面，如王逸舟主编《磨合中的建构——中国与国际组织关系的多视角透视》、中国国际战略学会军控与裁军研究中心编著《当代国际维和行动》、赵磊著《建构和平：中国对联合国外交行为的演进》，等等。其中突出的研究重点是冷战后的联合国维和行动——也被称之为“第二代维和行动”——所具有的新发展和新特点，及其对联合国维和行动未来发展趋势乃至世界局势的影响。

国外学者对中国参与联合国维和行动的关注早在20世纪70年代末中国开始部分参与联合国维和行动时期，比较深入的研究是从1992年的“联合国柬埔寨维和行动（UNTAC）”开始的。在此次行动中，除军事观察员外，中国派出了400人的工程大队。中国作为联合国常任理事国和亚洲的地区大国，在此次行动中的积极作用得到了西方学者的普遍肯定。中国参与联合国维和行动态度和实践的变化，引发了外国学者对中国参与世界事务及中国在国际体系中的角色、地位、作用等课题的广泛关注和研究。总体上看，外国学者从国际体系结构的视角出发，肯定了中国参与维护地区和世界和平与稳定行动的积极作用。但是，由于理论认识、价值标准等方面的差异，西方政府和学者们更多地从自身的价值判断标准出发，认为中国积极参与维和行动的根本动力，主要是意图借此“以较小的成本获取较大的国家利益”，这种利益的获得主要体现在政治利益和经济利益两方面。①

总的来说，由于种种原因，国内外对于中国参与联合国维和行动的研究开展的时间都不长，可喜的是，近年来研究者们对这一问题的关注有所增强，研究工作有所深入，在学术成果的数量、深度以及研究方法等方面都取得了一定成果。但是，当前对中国参与联合国维和行动的研究仍然存在着一些没有解答或需要深入研究的问题：

一是有关中国参与联合国维和行动的理论研究，仍然缺少较为完备的理论分析框架。

二是对于中国对维和行动的参与，国内学者更多地在军事外交的范畴进行研究。但是参与维和行动事实上也是中国对军事力量的一种运用，在如何运用，运用的时机、方法、程度等方面还应进行更进一步探索。

三是一些研究已经指出联合国与区域组织合作开展地区维和的重要性，这也将是维和行动未来发展的一种趋势，但是对中国如何参与地区维和行动，特别是在战略层面操作性较强的分析还比较缺少。

四是维和行动是一项综合工程，涉及政治、经济、法律、军事、财政及管理等各个方面。目前对中国参与联合国维和行动涵盖这些方面的系统研究还相对薄弱。

五是很多研究都提到了制约中国深入参与联合国维和行动

---

① ［美］伊莉莎白·埃克诺米、米歇尔·奥克森伯格主编，华宏勋等译：《中国参与世界》，北京：新华出版社，2001 年版。Bate S Gill and James Reilly，“Sovereignty，Intervention and Peacekeeping：the view from Beijing”，*Survival*，vol. 42，autumn，2000. Mely Caballero – Anthony & Amitav Acharya，*UN Peace Operations and Asian Security*，Routledge，New York，NY，2005。

的因素：观念定位和外交战略。但是对如何克服或化解这些困难，还缺少进一步的研究。如：是否参与以及参与的时机和尺度、维和机制与军事同盟的关系、人道主义干预和使用武力问题等等。

第一章

联合国维和行动困境的成因及发展

在始于威斯特伐利亚体系并延续至今的漫长的主权国家时代里，国家安全始终都是国际政治的核心。国际社会曾对集体安全进行了多次探索，希望摆脱传统的均势联盟安全模式。20 世纪国际政治的一个最显著的变化就是集体安全思想在人们的疑虑中有所接受，并逐步被付诸于实践。联合国成立之初，在对国际联盟集体安全机制进行了继承和批判后，建立了一套比较完整的联合国集体安全机制。但是冷战的开始，使联合国集体安全机制难以真正发挥作用，联合国的核心使命也无法完成。因此，一种控制冲突的非强制措施逐渐演化出来，这就是联合国维持和平行动。

联合国维和行动在夹缝中诞生，在争议中成长，在两难中前行。维和行动困境的形成及发展不仅受制于维和行动本身在概念定义、理论背景、身份认定、法律基础等方面的模糊和不确定，与此同时，还受到大的历史背景、国际环境以及联合国集体安全自身缺陷的影响和制约。

第一节　联合国维和行动的基本内涵

“维持和平”这一概念在《联合国宪章》中根本不存在，也很难对其进行简单的定义。因此，本书将从联合国维和行动的概念定义、理论背景、身份认定和法理依据四个方面对其进行较为全面的描述和界定。

一、联合国维和行动的概念定义

“集中力量，以维护国际和平与安全”是《联合国宪章》规定的首要任务。维持和平行动正是由联合国首创，为了履行自身职责，在一些出现政治危机或军事冲突的地区开展的维持和平的行动。然而，《联合国宪章》并没有对维和行动作出相关的法律规定，甚至连维和行动的概念都没有明确界定。相关争论从维和行动诞生之日起伴随着维和实践的不断发展，已经走过了60年，似乎已经成为了对维和行动困境争论的起点。

在《联合国宪章》中只明确规定了两种制止冲突的办法：一是《宪章》第六章要求会员国之间遇有争端首先通过谈判、斡旋、调停、仲裁等和平方式寻求解决；二是第七章中规定，对于破坏或威胁国际和平与安全和侵略的行动，可以使用包括封锁、禁运、经济制裁乃至陆、海、空军事行动等各种强制方式来维持和恢复国际和平与安全。但是，实际运作表明，第六章规定的程序经常不被理会和重视，第七章的严厉措施也不可能轻易执行。于是，在这种和平解决争端不可求、强制解决争端无法求的两难情形下，维和行动在两者的边缘之中应运而生。就是说，“当大国之间的关系不允许安理会充分发挥《宪章》所赋予它的作用时，维持和平行动就发展为用以控制危险的地区冲突的途径。”维和行动“是各种压力互相抵制中复杂的政治外交努力的体制所产生的具体成果。”①

事实上，维和行动填补了《宪章》关于调解条款和强制条款之间的一个空白。其权限介于宪章第六章和平解决争端和第七章对危害和平之强制处置之间，它是填补《联合国宪章》第六章关于调解冲突条款和第七章关于强制行动条款之间空白的一种“实际办法”。也就是说，当和平解决争端无效而联合国又没有自己的武装部队时，维和行动提供了一种有效的选择，暂时防止争端的扩大，冲突的升级。因此，联合国前秘书长哈马舍尔德曾形象地将之称为“第六章半之规定”。

联合国新闻部出版的《蓝盔——联合国维持和平的回顾》一书中认为，维和行动是“为帮助维持或恢复冲突地区的和平，由联合国组织的有军事人员参与的，但无强制执行权力的行动。这类行动是自愿的，并且以协商一致与合作为前提。尽管它们包括军事人员的使用，但并非靠武力达到目的，这与宪章第四十二条中的强制军事行动形成对照”。②

联合国秘书长的军事顾问、曾任联合国第一支紧急部队司令的里赫耶（Indar Jit Rikhye）所著《维持和平的理论和实践》一书中引用国际和平学院的定义说：“维持和平”行动是“通过国际组织指挥的第三方的干预，使用多国部队、警察和文职人员的办法来恢复和维持和平，以防止、遏制、缓和与终止国际和国家内部的敌对行动”，它可以是“军事的、准军事的或非军事性质的”行动。③

---

① 李铁城著：《联合国的历程》，北京：北京语言学院出版社，1995 年版，第 467 页。

② William J. Durch，ed.，*The Blue Helmets：a Review of United Nations Peacekeeping*，the 2nd edition，New York：United Nations Press，1990，pp. 4 – 5.

③ Indar Jit Rikhye，*The Theory and Practice of Peacekeeping*，London：C. Hurst & Company，1984，pp. 1 – 2.

联合国出版的《联合国维持和平》中说："维持和平"是联合国帮助维持国际和平与安全的方法之一。在联合国的语意中，维持和平的定义是："在联合国的指挥下，使用多国部队帮助控制和解决敌对国家之间的冲突，有时候是控制和解决一个国家之内社团之间的冲突。它是联合国首创的一种方法，在这一方法中，军队是作为一种和平的促进剂，而不是战争的工具。"①

联合国前秘书长加利（Boutros Boutros - Ghali）在其所著《和平纲领》一书中说："维持和平是实地部署联合国人员，过去的做法是取得所有有关各方的同意，通常是部署联合国军事人员和（或）警察人员，往往也包括文职人员。维持和平是一种手段，它扩大防止冲突和建立和平两个方面的可能性。"②

刘恩照在《联合国维持和平行动》一书中认为："联合国维持和平行动是由联合国安理会或大会通过决议创建、由秘书长指挥、使用武装和非武装军事人员包括警察部队和文职人员在内，从事解决国际冲突、维持国际和平的一种行动。"③

联合国官方网站上是这样"描述"维持和平行动的，即"维持和平行动是一个不断发展的办法"，"联合国维持和平行动是国际社会可以支配使用的一个重要手段"，"一向部署来自若干国家的人员，主要是军事人员，由联合国指挥，协助控制并化解敌对各方之间的武装冲突"，是"以武力作后盾的规劝力量"。④

可见，经过60多年的发展，对维和行动的定义、解释都还是

---

① *United Nations Peacekeeping*, New York: United Nations Department of Public Information, 1990, p. 1.

② Boutros Boutros - Ghali, *An Agenda for Peace: Preventive Diplomacy, Peace-making and Peacekeeping*, United Nations, New York, 1992, p. 20.

③ 刘恩照著：《联合国维持和平行动》，北京：法律出版社，1999年版，第8页。

④ 参见联合国维持和平行动网站 http://www.un.org/en/peacekeeping/sites/glossary/p.htm。

大多停留在功能性的描述上，而较少将它置于一个完整的理论框架中去考量。但是，上述定义的表述中，共同强调以下几点内容：

其一，维和主体是联合国指挥下的由成员国自愿提供的维和人员，并且主要是军事人员。

其二，维和目的是帮助维持或恢复冲突地区的和平与安全。

其三，维和对象既包括国际冲突也包括国家内部冲突。

其四，维和手段不具有强制力，并且力求中立、公正，且遵循同意原则。

经过半个多世纪的发展，近年来联合国为维护国际和平与安全所开展的活动主要涉及以下五个领域：防止冲突、促成和平、维持和平、强制执行、建设和平。在实践中，“维持和平”是一种广义的说法，越来越成为五个领域的统称。与此同时，虽然军事人员依然是大多数维和行动的主力，但是今天的维和人员构成却更加多元化，包括警察和军事观察员、行政人员和经济师、人道主义工作者和法律专家、扫雷人员和选举观察员、人权监督人员以及民政事务等多方面的专家。

定义的不明确使得联合国维持和平行动迄今尚没有权威的、统一的分类方法。较为普遍的是，以1988年冷战结束为界，按照维和行动的发展历程来划分，将冷战结束前的行动称为第一代维和行动，其后的称之为第二代维和行动。[①] 也有研究从性质变化的角度将其划分为传统型维和行动和复合型维和行动。[②] 从维和行动本身的类型来看，联合国发布的《维持和平行动一般准则》中规定，联合国维和行动的类型包括：维持停火和部队隔离、预

---

① Steven Ratner, *The UN Peacekeeping—Building Peace in Lands of Conflict after the Cold War*, London: Macmillan Press, 1995, p. 17.

② 中国国际战略学会军控与裁军研究中心编著：《当代国际维和行动》，北京：军事谊文出版社，2006年版，第38页。

防性部署、全面解决方案的执行、冲突继续期间采取的保护人道主义行动。[①] 有学者以维和行动的组织形式来确定类型，分为综合性代表团、军事观察团、维持和平部队、配备有重型武器的维持和平部队。[②]

二、联合国维和行动的理论背景

维和行动是联合国自成立以来，为实现其“维护国际和平与安全”的宗旨和目标，运用集体方法，以合作为主要手段所进行的有效尝试。作为协调和处理国家间关系的一种办法，维和行动的创立并不仅仅涉及国际组织、国际机制的基础理论，其理论背景同样蕴含着对“战争与和平”、“冲突与合作”等重大的国际政治命题的思考和实践。国际社会中充满着矛盾与冲突、妥协与合作，如何解决国家间合作的核心问题，即国家的利己主义思想和国家间的不信任感，促成国家在维和行动中的合作和协调，博弈理论的方法比较有效地阐述了合作的可能性。

“博弈”（Game）一词指某些个人或组织做出相互有影响的决策。“博弈论”（Game Theory），也叫“对策论”，正是关于利益冲突的数学模型和分析构架。[③] 根据博弈理论，人类原初的状态就是“囚徒困境”。人类的天性是驱利避害的。从动物状态走出来时，人是自私的，在交往中每个人为了自己的利益而产生的结果正是一种“囚徒困境”。英国著名的哲学家托马斯·霍布斯

---

① *UN General Guidelines for Peacekeeping Operations*, New York: United Nations Department of Public Information, 1995.

② 刘恩照著：《联合国维持和平行动》，北京：法律出版社，1999 年版，第 2 页。

③ 崔之元编著：《博弈论与社会科学》，杭州：浙江人民出版社，1988 年版，第 3 页。

（Thomas Hobbes）假设了人类的原初状态，即“自然状态”中人与人之间像狼与狼一样，是“每个人对每个人的战争”。在这种状态中，每个人都力图保护自己的利益，并企图占有别人的东西，此时，每个人是每个人的敌人。此时没有任何规则，没有财产，没有正义或者不正义，只有战争。而武力与欺诈是战争中的两大基本德性。霍布斯对自然状态的假定，目的是要引申出他的政治主张。他认为，在这种状态下人的生活是悲惨的。为了摆脱这种状态，人们便汇聚起来，建立契约，同意确立权力者或权力团体，这就是“利维坦”；这个拥有巨大权力的“利维坦”对人们使用权力，以结束每个人对每个人的混战。这就是霍布斯的社会契约论的基本思想。① 博弈论正是从这里找到了哲学的理论先驱者。

博弈理论的方法认为，理性的利己主义者的国家通过相互作用，在无政府状态下可以实现合作并形成制度。“囚徒困境”（Prisoners’ Dilemma）是一个对称的两人博弈，它最常被用来诠释博弈中的合作与背叛问题。在“囚徒困境”模式下，每一个行为者都有优势战略，每一方都试图通过欺诈获得最大的利益，而不管另一方获益与否；但最后得到的利益总是比从双方都合作得到的利益要小。在这种情况下，通过行为者目前行为与未来预期收益上建立起直接的联系，能够产生对于目前合作或是背叛行为的未来影响的推测，从而战略上可以为行为者培育稳定的合作关系带来可能。新自由制度主义认为，合作的失败主要是“国际关系行为体在相互交往中的欺骗行为以及各方对于对方欺骗行为的担心和防范”。博弈的次数是影响决策的重要原因之一：“如果是一次性博弈，欺骗、背叛可能是最理性的选择；如果是重复博

① 参见巴发中著：《霍布斯及其哲学》，北京：中共中央党校出版社，1997 年版，第 163 ~ 195 页。

弈，参与者由于担心会受到报复性惩罚，就必须将声誉资本考虑在内。也就是说，参与者对未来的重视程度越高就越倾向于合作，当前采取欺骗行为的可能性就越小。”[①] 因此，新自由制度主义强调，国际社会必须建立有效的国际制度，从而使国家能够放弃独自的占优战略，取得集体的最佳结果。

赵磊博士则认为，博弈论中的“猎鹿困境”能更好地解释联合国成立及其运行。国际社会正是以联合国作为“猎鹿困境”的解决方案，为解决全球200多个国家间的政治、经济以及安全博弈提供了制度性保障。他认为，由18世纪法国伟大的启蒙思想家卢梭（Jean Jacques Rousseau）所提出的这一案例反映出国际关系行为体要履行合作诺言的难度之大。对于全球治理而言，卢梭的“猎鹿困境”暗示了在缺乏有约束力的中央权威下，集体协议遭到不受制裁的违背的极大可能。并由此得出了一个简单的结论：国际社会之所以存在背信事件的发生，主要在于“缺乏确保任何人都忠实合作的机制”。在没有组织或规则保护时，“在收成极可能被第一个来者全部夺走的情况下，谁会如此愚蠢不辞辛苦地去耕种土地呢?”在国际关系领域，每个国家都采取了就其自身而言是理性的行为，但由此却导致国家间相互疑惧，特别是在缺乏组织、规则的约束下，国家对安全的无限追求导致了和平的持续破坏。如上所述，合作的困难更多地是在于背叛的代价非常低，甚至根本无需任何代价，而其收益却可能较高。因此，国际社会呼唤出台强有力的国际制度。[②]

联合国是当今国际社会中既有明确规则又是最权威的国际组织，它在国际制度建设方面的贡献是全方位的，联合国组织越强

---

① 参见秦亚青：“国际制度与国际合作——反思新自由制度主义”，载《外交学院学报》1998年第1期，第40~46页。

② 具体论述参见赵磊著：《构建和谐世界的重要实践——中国参与联合国维持和平行动研究》，北京：中共中央党校出版社，2010年版，第39~42页。

大就越能确保联合国成员国之间的合作是多次博弈。就安全合作而言，联合国的建立就是为了调解国家在安全领域合作的困境，通过在安全领域提供必要的公共产品，促使旁观者参与国际制度以及遵守国际制度，虽然联合国并未能解决全部冲突，未能从根本上消除国家自身的不安全感以及国家之间的不信任感，但是作为集体安全机制的核心，联合国的确为国际社会解决冲突提供了国家间合作的机制与框架。

三、联合国维和行动的身份认定

经过广泛阅读和对比研究可以得出，国内外的绝大多数学者普遍认可维和行动是联合国集体安全机制的重要组成部分。威廉·达奇（William Durch）指出："联合国设计了集体安全模式，但在现实中未能实现，维和是联合国集体安全机制的替代形式。"① 约翰·鲁杰（John G. Ruggie）认为维和行动是"集体安全机制的适度表现形式之一"。② 约翰·米尔舍默（John Mearsheimer）认为其"并不是集体安全的淡化版本，而是一种促进稳定的不那么雄心勃勃的选择性战略。"约翰·麦克雷（John Mackinlay）等人则将其定义为"集体行动机制的次要工具"。③ 门洪华则认为，尽管还未完全规范，维和行动已经逐步走向制度化，形成一种在联合国集体安全机制框架下的独立机制，"所谓联合国维和机制，指的是联合国通过部署维和行动解决国际冲突所形成

① William Durch, "Building on Sand: UN Peacekeeping in the Western Sahara", *International Security*, Vol. 17, No. 4, 1993, p. 151.

② John G. Ruggie, "The False Promise of Realism", *International Security*, Vol. 20, No. 1, Summer 1995, pp. 62 – 70.

③ John Mackinlay and Jarat Chopra, "Second Generation Multinational Operations", *Washington Quarterly*, Vol. 15, No. 3, 1992, pp. 113 – 131.

的原则、规则、规范和决策程序”。[①]

但是，由于联合国维和行动的定义及法律依据一直颇具争议，在长达60年的维和行动实践中，国际社会对“什么是维和行动”、维和行动的形式以及其职能范围等重要问题没有达成较为统一的认识。因此，对于维和行动是不是联合国集体安全机制的重要组成部分，甚至联合国本身是否属于集体安全，都还存在着不同看法和认识。以下几点差异是学者判断联合国维和行动不属于集体安全机制的原因：

第一，维和人员是由联合国会员国自愿提供的，而集体安全要求每一个成员国都必须有所贡献。“自愿原则”意味着会员国可以派遣也可以不派遣维和人员，而不派遣既不会违反任何规定，也不会受到道义上的谴责。政府有权与联合国协商条件。然而对于集体安全来说，“互助原则”是其安全基础，“自动抵抗侵略”则是其主要义务。当该体系成员的安全由于侵略而受到威胁时，其他成员不能袖手旁观，“对任何国家的攻击被看作是对每一个国家的攻击”，每一个国家都有义务反对侵略者。

第二，维和行动是“禁止使用武力的，而使用武力对于集体安全体系来说却是必不可少的”。[②] 批评者认为在维和行动中，维和人员必须遵守的基本准则是“非武力原则”。然而，集体安全却承认使用武力的有效性和合法性。集体安全的首要目标是消除成员潜在的或正在面临的安全威胁，本质上是“利用武力对付外来威胁而形成的一种正式联合”。[③] 与此同时，集体安全

① 门洪华：“联合国维和机制的创新”，载《国际问题研究》2002年第6期，第18页。

② John J. Mearsheimer，“The False Promise of International Institutions”，*International Security*，Vol. 19，No. 3，Winter 1994/95，p. 34.

③ Glenn H. Snyder，*Alliance Politics*，Ithaca：Cormell University Press，1987，p. 4.

机制对付侵略者的手段是多样的，包括外交、经济、军事等多种手段，从而使潜在的侵略者在“是否发动侵略”这一问题上能够权衡利弊，并最终由于意识到发动侵略的巨大后果而放弃侵略的打算。

第三，维和行动的目的是“维持现状”，而集体安全则是“改变现状”。所谓集体安全的改变现状，意味着打败侵略者的侵略，改变当前的力量对比状况。可是，与集体安全行动不同，维和部队是在战斗停止后而不像集体安全那样在冲突前或冲突中部署的。维和部队并不是作为一种威慑力量而存在的，并没有任何进攻性的军事任务，也没有能力去实现这种任务。

第四，在维和行动和集体安全中，大国的作用是不同的。集体安全如果没有大国特别是超级大国的参与，就很难取得成功，因为反对侵略的集体力量如果不占压倒性优势，就很难威慑或击败侵略者。但是在维和实践中特别是在冷战期间，大国尤其是超级大国的参与，不仅不利于维和行动的成功，而且还会使东道国怀疑大国的维和动机，从而危及维和的中立、公正并最终影响到维和行动的成功。“在传统的维和行动中，大国尤其是超级大国一般是不参与维和任务的，即使参与也只是提供一些后勤、通讯方面的支持。没有大国的参与，依靠一些中立的小国，维和行动仍有可能成功地完成维和任务。”①

然而，总体上可以认为，上述观点难以挑战联合国维和行动作为世界主要集体安全机制的论断。首先，虽然维和人员是由联合国会员国自愿提供，但在《联合国宪章》中明确规定：为了协助维持全球和平与安全，所有会员国有责任向安全理事会提供必要的军队和设施。所以自 1948 年首次维和部署以来，近 130 多个

---

① 参见聂军：“联合国维和与集体安全辨析”，载《欧洲研究》2005 年第 3 期，第 36～38 页。

国家先后派遣人员参与维和行动。事实上，要求每一个会员国在每一项维和行动中都派遣人员参与，显然是不切实际的。因此，在具体实践中各国根据情况自愿参与维和行动，并将参与维和行动作为其履行联合国基本义务的重要表现之一。

其次，维和行动并不禁止使用武力，但是强调将使用武力作为可以诉诸的最后手段。传统的联合国维和行动概念认为，维持和平人员不携带武器或只携带轻武器，并且只能在自卫时使用武力。但是，资源短缺、人员不足、保障不力等因素使联合国维和人员遭受攻击的可能性增大，并不时造成人员伤亡。[①]所以，在维和实践中，适当使用武力的原则已经得到了加强。当前，随着维和行动的发展，安理会已经授权维和人员在必要时“使用一切必要手段”保护平民，防止针对联合国人员的暴力行径。这将使维和人员得以摆出强大的武装态势，从而形成有效的阻遏效果。

第三，维和行动不仅是维持现状，也在于改变现状。从1948年至今，维和行动的功能在不断扩展。如今，越来越多的维和行动采取预防性部署。联合国预防战略分以下两类：一是行动性预防，即危机迫在眉睫时适用的措施；二是结构性预防，即确保不发生危机的措施。此外，相对于维持和平，建设和平（Peace－building）更为积极主动，即从“反应式文化”转变为“预防式文化”，并以寻求持久和平为最终目标。[②]建设和平除了帮助冲突后国家维持和平外，还协调处理政治改革、社会转型等相关事务，如选举、教育、失业、法治等问题。因此，联合国维和行动

---

① 仅以“联合国刚果行动（UNOC）”为例，加丹加宪兵多次向联合国维和部队驻地开火；整个UNOC行动（1960年7月～1964年6月）共造成250名维和人员死亡。

② 赵磊著：《构建和谐世界的重要实践——中国参与联合国维持和平行动研究》，北京：中共中央党校出版社，2010年版，第50～52页。

不仅是在维持现状，而且还在努力根除滋生冲突的土壤。

第四，维和行动成功的关键在于大国的政治共识和积极参与。事实上，由于联合国五个常任理事国拥有否决权，所以没有大国的政治共识，就不可能形成最终的维和决议。在具体的维和实践中，大国也发挥着不可替代的重要作用。美国等发达国家对维和行动的贡献主要体现在经济方面，美、日两国提供的维和费用占全部费用的2/5。英、法两国对其传统势力范围的维和行动拥有独特影响力。中国目前是常任理事国中派遣维和人员最多的国家，并得到了国际社会的高度认可。

所以，联合国维和行动作为集体安全机制的定位是有根据的，其存在本身就是对集体安全机制的发展与完善。正是由于联合国维和行动的积极作用，国际社会才更有条件保持总体稳定，和平与发展的时代潮流也才更有条件延续下去。

当然任何机制的存在与发展都要受到多种因素的影响，联合国维和行动的演变，既随着国际战略格局的变化而变化，也与大国战略走向密切相关。大国对联合国维和行动的态度，既受到国际环境的制约，也与其自身外交战略、国家利益、国内形势变化紧密相联。此外，会员国对联合国维和行动的认知与会员国参与联合国维和行动的实践之间也存在着复杂的互动关系。因此，任何对联合国及其维和行动过于简单的评价都是片面的，我们应该认识到，维和行动不仅是集体安全机制，而且是具有特殊性质的集体安全机制。

四、联合国维和行动的法理依据

联合国维和行动的最基本依据来自《联合国宪章》。联合国维和行动符合宪章的宗旨和原则，是依据宪章而产生，其法律基础正是来源于宪章赋予联合国的广泛权力。① 在具体维和实践中，其法律基础有以下几种表现形式：一是国际公约。《联合国宪章》作为影响最大的国际公约，已经成为现代国际法的最重要的渊源。二是双边条约或协议。包括实施维和行动的组织或国家与东道国签订的条约或协议，以及冲突国家之间达成的条约或协议。三是国际组织决议。维和行动是由联合国安理会决定建立的，安理会决议具有法律上的拘束力，在安理会无法做出决议的特殊情况下，建立维和行动的授权也可由联合国大会直接做出。此外，区域组织或区域安排做出的相关决议或决定，也具有合法性，比如非洲联盟派驻苏丹达尔富尔地区的停火观察团就受到联合国的欢迎和支持。四是国内法。即东道国内部各政治派别达成的协议或是东道国合法当局以书信等形式发出的邀请文件中对维和行动的授权，比如联合国柬埔寨过渡时期的权力机构，就是根据柬埔寨国内各派间达成的协议要求授权成立的。此外，1994 年代号为“绿松石”的维和行动是经卢旺达政府正式邀请后由安理会授权法国实施的。

然而，现实中有相当数量的人认为，维和行动并没有可靠的法理依据。因为《联合国宪章》中没有关于维和行动的具体阐述或规定，维和行动既超出了第六章规定的运用“外交手段和平解决争端”的规定，又不完全符合第七章所规定的运用“集体安全的强制措施维持或恢复国际和平”的精神。维和行动是各种压力相互制约、相互影响的产物，是在第六章和第七章的边缘之中应运而生，填补了宪章关于调解条款和强制条款之间的空白。实际上，联合国的宗旨之一就是：“维持国际和平及安全，为达此目的：采取有效的集体措施，以防止且消除对于和平的威胁，制止

---

① William J. Durch, ed., *The Blue Helmets: a Review of United Nations Peacekeeping*, the 2nd edition, New York: United Nations Press, 1990, p. 5.

侵略行为或其他破坏和平的行为；以和平的方式且依照正义及国际法的原则，调整或解决足以破坏和平的国际争端或局势。”可以认为，《联合国宪章》的有关规定已经为联合国后来在实践中实施维持和平行动提供了间接的，但是也是基本的法律根据。①根据宪章的宗旨与原则，可以得出结论，为了维护国际和平与安全，联合国有权采取维持和平行动，不能因为《联合国宪章》中难以找出有关维和行动直接论述的条款，就认为维和行动不存在任何法律依据。

另外，对于建立维和行动的程序，尽管《联合国宪章》也没有具体规定，但是从第六章和第七章以及其他联合国的有关文件中，可以引申出建立维和行动的某种具有法律意义的规定。②第六章规定在争端发生后，各国应和平解决争端，“任何争端的当事各方，在争端的继续存在足以危及国际和平与安全时，应首先以谈判、调查、调停、和解、公断、司法解决、地区机构等措施来解决争端，或由当事各方自行选择其他的和平方法”。联合国安理会“应该调查任何争端或可能引起国际摩擦或争端的任何局势，以断定该项争端或局势的继续存在是否足以危及国际和平与安全。”第七章规定，在和平解决争端的努力失败的情况下，运用集体安全的强制性措施维持或恢复国际和平。其中第四十二条明确规定，安理会如果认为武力以外的方法不足以或已经证明不足时，“应采取必要的陆海空军事行动，以维持或恢复国际和平与安全”。

根据上述分析可以认为，联合国维和行动符合宪章的宗旨和

① 联合国宪章关于集体安全体制的规定包括三级条款：第一级是核心条款，涉及集体安全的本体内容。如第 1 条、第 2 条、第 5 条、第 24—25 条、第 39—51 条（第七章）；第二级是外围条款，规定集体安全之辅助制度或机制，如第 10—至 14 条、第 33 条—38 条（第六章）、第 52—53 条（第八章）、第 65 条、第 98—99 条；第三级为过渡条款，规定过渡的安全办法，如第 103 条、第 106 条—107 条。

② 参见《联合国宪章》第一章第一节。

原则，它以一种特殊的方式使联合国的影响延伸到冲突地区，是使冲突逐步降级的一项手段。由于维和行动源于宪章赋予的广泛权力，或者也可以称为隐含权力，在执行过程中，维和行动的实施和组织还必须有其他作为补充的法律依据。考虑到每次维和行动都面临着不同的情况，许多维和行动都需要以个案方式处理，因此需要依据更具体的法律依据来对其规范。事实说明，联合国并不是无所不能的，维和行动的法律拘束力只能来自各国意志之间的协调。与此相关，维和行动的法律依据也自然呈现出多样性的特点。比如，20 世纪 90 年代联合国在柬埔寨部署的维和行动（UNTAC）就具体依据了联合国五个常任理事国达成的《柬埔寨冲突全面政治解决框架》以及由联合国五个常任理事国和澳大利亚、文莱、加拿大、印度、日本、老挝、马来西亚、菲律宾、新加坡、泰国、越南、南斯拉夫等 19 个国家签署的《巴黎和平协定》。再如，“联合国停战监督组织”（UNTSO）实施的依据之一，则是以色列和埃及、约旦、黎巴嫩和叙利亚四个阿拉伯国家缔结的《全面停战协定》。

第二节　联合国维和行动困境形成的历史背景

维和行动诞生于第二次世界大战结束、联合国成立、冷战开始的特殊历史时期，这一特定历史条件下的国际背景以及国际政治现实，都对维和行动困境的形成及发展有重要而深远的影响。

一、二战后特殊的国际背景对维和行动环境的限制

联合国成立初期，正值第二次世界大战刚刚结束，应该说当

时各国政治家、外交家以及宪章的起草人并没有完全（也不可能完全）预见到战后复杂的国际形势。因此，他们也就不可能全面考虑到在这种复杂形势下维持国际和平与安全、解决争端和处理冲突的方法与手段。二战后复杂的国际形势构成了维和行动运行的独特的国际环境，具体来说，主要有以下几个方面：

首先，冷战是维和行动产生的总的国际背景。建立联合国的初衷，是考虑在世界大战后建立一个把世界各大国都包括在内、比国联更加有效的国际组织来处理国际冲突，维持国际和平与安全。最终在当时的美国总统罗斯福的积极倡议和推动下，以这种“将战时的军事同盟转变为战后的国际合作”的模式成立了联合国。联合国以大国合作为基础，实行大国一致的原则，安理会的五个常任理事国在实质性问题上拥有否决权。这与国联的普遍否决权相比的确是一个巨大的进步。但是，由于战后共同敌人的消失，战时的军事同盟缺乏长期稳定合作的基础，以美国、苏联为首的两大军事集团之间进行了长达40多年的冷战。冷战构成了维和行动的总的国际环境，它既促成了维和行动的形成及发展，也限制了其作用的有效发挥。一方面由于美苏之间的对抗，以及二者都拥有否决权，使联合国作用的发挥受到极大制约，正如在美苏两极相互对峙、关系最为紧张的时期里，从1978年部署“联合国驻黎巴嫩临时部队”（UNIFIL）到1988年部署“联合国阿富汗—巴基斯坦斡旋特派团”（UNGOMAP）的近10年时间里，安理会没能通过部署一次维和行动。但是，另一方面，在一些未涉及美苏各自根本利益的地区，两国在联合国维和行动的框架下进行有限的合作以维持国际和平与安全是符合两国利益的，因而当这些地区有冲突发生时，联合国维和行动更容易获得安理会通过部署，如美苏在苏伊士运河危机中的合作。在这些地区，联合国通过维和行动来解决争端与冲突，在一定程度上避免了因为美苏两大国的卷入而发生激烈对抗、甚至大战的危险。

其次，非殖民化是维和行动在冷战期间发挥作用的主要时代背景。英国前首相麦克米伦脍炙人口的名句“变革之风”,[①] 成为战后新形势的代名词并被人们多次引用。毫无疑问，第二次世界大战是“非洲殖民历史的一个分水岭”，带来了国际关系的根本变化。英法等老牌殖民主义国家的衰弱和美苏两个超级大国的崛起、世界政治力量的对比变化、社会主义阵营的形成、殖民地民族独立运动的勃兴等重大事变，在很大程度上左右了战后整个世界的政治潮流，使反殖民主义浪潮以不可阻挡之势猛烈地冲击着殖民主义统治。[②] 这股非殖民化浪潮使广大发展中国家觉醒，摆脱殖民统治、争取民族独立的民族解放运动此起彼伏。由此而产生的殖民地、半殖民地国家与宗主国之间的斗争似乎难以避免，殖民地、半殖民地国家较为集中的地区——撒哈拉以南的非洲地区、中东、南亚和东南亚也因此曾是冷战时期全球武装冲突最为集中的地方。而对于美苏两大集团来说，这些由于非殖民化而引发冲突的地区远离它们所争夺的中心——欧洲大陆，因而双方均不愿将主要精力集中在这些冲突或争端上。“在冷战时期，可能这并非偶然，大多数维和部队都部署在中东，中东地处任何一个超级大国的直接势力范围影响之外，并且美国和苏联分别支持不同的派别，那里时常存在着陷入混乱的危险。超级大国看到了利用联合国充当‘缓冲器’的角色可以为它们的危机管理所带来的好处。”[③] 在冷战时期的国内冲突中，联合国维和行动同样担当了

---

① 1960 年 2 月，麦克米伦遍访英属非洲后，在南非开普敦发表了著名讲话，他说：“变革之风已吹遍了这个大陆，不管我们喜不喜欢，民族意识的增长是个政治事实。我们大家都必须承认这是事实，并且在制定政策时把它考虑进去”。

② 陈晓红著：《戴高乐与非洲的非殖民化研究》，北京：中国社会科学出版社，2003 年版，第 40 页。

③ James Alan, *Peacekeeping in International Politics*, London: Macmillan Academic and Professional Ltd. , 1990, p. 27.

美苏缓冲器的作用。联合国以集体安全为组织原则，集体安全需要事先认定明确的侵略者。脱离殖民统治的冲突大多与领土和政权争端有关，而前殖民国家在撤离时没有，也不可能指定合法的政权，并为冲突各方划定控制领土的界线。在这种情况下，国内的争端和冲突很难确定谁是侵略者，谁是合法的统治者，谁能真正代表人民的意愿。[①] 以上这些特征，决定了此类冲突很难运用集体安全的原则来解决。与此同时，冷战使国内和国与国之间的冲突更加复杂，如果“西方”支持一方，“东方”就会自动支持另一方。“正是需要避免当地的冲突可能升级成为超级大国间的对抗，加上联合国没有能力采取行动才导致了维和行动的发展”。[②] 从这个意义上来说，维和行动成为了抑制超级大国激烈对抗的缓冲地带。从维和实践的历程来看，联合国在第一代维和期间，处理的国际和国内冲突大多数与非殖民化有关，如阿以冲突、印巴冲突、苏伊士运河危机、西伊里安的主权移交等等，都是在殖民统治时期实行分而治之、托管领土等政策在后殖民时期遗留下的问题。

第三，冷战后民主化浪潮是维和行动向复杂发展的重要背景。冷战结束后，原来被冷战压抑而没有得到解决的潜在冲突如“潘多拉魔盒”一样被骤然打开，使国际社会应接不暇。第二代维和时期，联合国维和行动主要处理的是一些国家内部的冲突，“冲突各方不仅赞成部署维和部队或观察员部队，使冲突方隔开或监督停火，而且他们也同意一种明确的调解争端的办法”，“在国内冲突中选择的主要调解手段已经是通过自由和公正的选举来

① 聂军：“联合国维和与集体安全辨析”，载《欧洲研究》2005 年第 3 期，第 34 页。

② A. B. Fetherston, *Towards a Theory of United Nations Peacekeeping*, New York: St. Martin's Press, 1994, p. 12.

产生民主政府”，[①] 综合起来看，以下三个主要文件：《联合国宪章》《关于人权的普遍宣言》和《给予殖民地国家与人民以独立的宣言》，为联合国在民主化方面的角色和责任提供了一个清晰而坚实的依据。在冷战结束不久，联合国就建立了一些与选举有关的观察团。这些观察团有：联合国驻中美洲观察团（ONUCA）、联合国驻安哥拉第二期核查团（UNVEM－II）、联合国驻西撒哈拉公民投票特派团（MINURSO）、联合国驻柬埔寨过渡时期权力机构（UNTAC）、联合国驻利比里亚观察团（UNOMIL）等。尽管对于一些国家来说，这可能是一个较好解决国内争端与冲突的处理办法，但是由于长期处于殖民统治或国内高压、独裁统治之下，缺乏民主土壤，在这些国家实行真正意义上的民主是不太容易的。一方面这些国家民主化的程度较低，缺乏必要的制度来保障选举中失败方的利益，选举获胜方有可能在执政后报复对手。另一方面，通过选举产生的民主政府虽然具有合法性，但是民主的成果难以保持，失败方往往声称选举不自由、不公正，拒绝接受选举的结果而走向内战。[②]

二、“主权国家为中心”的国际体系对维和行动的束缚

在主权国家仍然是国际关系中主要行为主体的今天，国家主权是理解国际安全最核心的概念之一。理论上，当代条件下政府间国际组织的产生和发展本身就是为了维护成员国的主权和利

① 布特罗斯·布特罗斯－加利：“联合国与民主化”，载刘军宁编：《民主与民主化》，北京：商务印书馆，1999年版，第312页。

② 聂军：“联合国维和与集体安全辨析”，载《欧洲研究》2005年第3期，第34～35页。

益，主权国家加入国际组织是出于自愿选择，这本身就是一种行使主权的行为。国际组织本质上无法凌驾于国家之上，也不能侵犯干涉成员国的主权。但是，某些国际组织被建立起来之后，却被人们寄予了很高的期望，赋予了广泛的权利，各国政府和人民希望国际组织能够解决或是出面组织解决许多国际社会中的棘手问题，甚至是那些成员国内部由于种种原因本无法解决的问题。这样，就在实践中造成了国际组织与主权国家相互制约的矛盾。

联合国属于政府间国际组织，国家的主权特征规定了主权国家与联合国的关系。国家主权是国家固有的和最重要的属性，是国家的构成要素。作为主权国家，最重要的特征就是主权。布丹、格劳秀斯、洛克、孟德斯鸠、卢梭等西方著名思想家都从不同角度论述了主权，尽管他们的主权理论有所不同，但他们几乎都论证了主权是一种绝对的、至高无上的、不可分割的、不可转让的权力。在国际关系中，国家主权意味着“国家具有独立自主地处理自己的对内和对外事务的最高权力”。[①] 也就是说，国家主权具有两方面的特性，即在国内体现最高权威，对国外代表独立平等。这两个特征相互关联，密不可分。最重要的是“每个国家在其自身的主权获得承认的同时，也须承认其他国家具有独立的主权领域”。[②] 这同时也是现代国际关系和国际法的基础。

联合国是一个建立在主权国家之上、受主权国家制约的组织，但同时又具有从事一些超越主权、干预主权国家事务的权力。这就形成了一个似乎是无法克服的矛盾。汉斯·摩根索

---

① 李东燕：“试论联合国与主权国家关系的演变”，载《世界经济与政治》2000 年第 5 期，第 45 页。

② ［英］安东尼·吉登斯著，胡宗泽等译：《民族、国家与暴力》，北京：三联书店，1998 年版，第 110 页。

（Hans. Morgenthau）曾对这一矛盾关系有过论述："这一冲突就是主权国家和有效国际组织之间的冲突。我们已经看到，这两个概念在理论上和实践上都是不可调和的。国际组织要有效，就必然损害它的成员的行动自由；成员国要是强调它们的行动自由，就必然损害国际组织的有效性。《联合国宪章》本身说明了这一解决不了的冲突，它一方面强调所有会员国'主权平等'，而另一方面给予安理会常任理事国特权地位，这种地位相当于一个小型世界政府。"① 也就是说，《联合国宪章》赋予了联合国某种超国家的权力以及管理全球性事务的责任，但是与此同时，作为联合国主体和权力授予者的国家，其主权得到保护，其内政不可干涉。这意味着联合国的权限与主权国家的权限之间存在难以克服的冲突关系。

这种矛盾关系的发展大致经历了两个阶段：

第一个阶段是从联合国成立到20世纪80年代末。这一时期虽然成员国数量大幅增加，但是联合国与成员国关系的矛盾表现并不十分突出。这主要是因为第二次世界大战结束初期，世界局势依然动荡，联合国重点关注和平与安全的维护，职能比较单一；冷战开始后，由于美苏之间的相互抗衡，联合国未能大有作为，也就没能对成员国的这部分权力形成过多干预，因此双方矛盾并不显著。

第二个阶段是从冷战结束后到今天。这一时期主权国家再不能独揽大权，而是"向上、向下、向旁边，发生着由国家到超国家、次国家和非国家行为体的转移"。② 联合国在《宪章》授权范围内从事的活动越来越多，职能深入到人类生活的各个领域，

① ［美］汉斯·摩根索著，徐昕等译：《国家间政治》，北京：中国人民公安大学出版社，1990年版，第391页。

② 沈国明等主编：《国外社会科学前沿》，上海：上海社会科学出版社，1999年版，第24页。

“从昔日被冷落的边缘地位逐渐移向接近于国际关系的中心，正在成为变化无常的世界局势中的‘一个不变的中心点’。”[①] 联合国职权范围的扩大意味着对成员国行动自由的限制，尽管这种限制是以成员国的同意为前提条件，但是联合国与成员国关系中的矛盾还是不可避免地凸显出来，具体表现在打着联合国旗号的干预行动不断增多，针对的领域不断扩大，干预程度也在不断加深。

三、“大国主导”的国际政治现实对维和行动的规制

追根溯源，联合国中大国的特殊地位既是二战历史的产物，又是国际关系现实的直接反映。就历史而言，联合国是战后大国合作与妥协的结果。国联的前车之鉴和二战时反法西斯盟国团结合作的成功经验，使得主要大国都认为：“实行大国一致原则是保证联合国具有权威的必要条件。为了有效防止法西斯残余势力东山再起，以大国一致为核心的集体安全制度能够产生足够威慑力，给予大国否决权在当时的客观形势下是必要的”[②]。就国际关系现实而言，主权国家一律平等也并不意味着国家在国际事务中拥有同等的权力。

联合国安全理事会现有常任理事国的组成是国际权力结构的缩影。作为当今世界最重要的国际机制之一，联合国集体安全机制也具有国际机制的一般特点，即独立发挥作用的倾向性，但仍

① 李铁城著：《联合国五十年》，北京：中国书籍出版社，1995 年版，第 364 页。

② 蒲傅著：《当代世界中的国际组织》，北京：当代世界出版社，2002 年版，第 260 页。

然不能摆脱国际政治格局下“大国主导”的制约。二战使国际权力结构发生质的变迁，形成了战后以“五常”为核心的国际权力结构。但是随后不久，冷战的开始强化了国际体系中美苏两个超级大国之间分配国际权力的主要特征。此时安理会常任理事国的组成，在事实上被一分为二，一方是苏联集团，另一方为美国集团。这一时期，包括维和行动在内的联合国事务主要受美、苏两大集团左右和控制，联合国成为“两霸”争夺利益、相互角力的主要场所。冷战后国际权力结构再次发生重大调整，原本在美苏两个超级大国争夺背景下难以发挥影响的中、英、法三个常任理事国在国际舞台上的作用重新突出。但是，霸权主义和强权政治仍然严重影响联合国的活动。在失去苏联这个对手后，美国的“一超”地位难以撼动，美国频繁的单边行动实际上削弱了联合国的作用和权威。一些以“维和”为名的多国行动也在事实上成为在美国主导下维护其战略利益的工具。在可以预见的未来，大国主导联合国集体安全机制的局面仍将是不可避免的。大国特别是霸权国家，主导国际关系的局面也必将影响并冲击联合国集体安全机制独立作用的更有效发挥。

第三节　联合国集体安全自身缺陷对维和行动的制约

维和行动作为联合国集体安全机制的重要组成部分，其自身困境的形成必然受到联合国集体安全自身缺陷的规定和限制。集体安全构想本身所具有的理想性、联合国集体安全体制政治基础的不稳定性、联合国集体安全机制属性的局限性以及运行中的不平等性等问题，都影响着维和行动作用的发挥。

一、集体安全构想本身的理想性

集体安全（Collective Security）强调建立普遍性的、有效的安全机构来取代强权，强调集体行动以共同维护国际和平与安全。这种集体安全保障体系的设想基于以下几个假设：

其一是“国际社会是一个有机整体，它的各个组成部分对什么是集体安全、为什么要维护集体安全以及怎样维护集体安全的问题有着起码的共识。”[①] 然而，国际社会处于无政府状态，如果勉强说国际社会是一个整体的话，它也只是由一个个孤立的主权国家构成的“独立实体的集合”，而远非一个“有机整体”。各国之间在安全问题上的分歧远远多于各自作为国际社会集体构成部分的一致，集体的能力通常不是大于而是小于各部分的总和。

其二是“集体安全体系下的集体行动具有一致性并且其掌握的共同实力具有压倒性优势，以使潜在的侵略者或侵略者的联盟永远不敢对集体安全体系所维护的秩序进行挑战”。[②] 但是，这一假设并不可能总会成立。一方面在处于无政府状态的国际社会中，集体安全体系不是世界政府，不能随时随地聚集起压倒性的优势力量来抗击侵略者。另一方面集体安全体系所聚集的共同实力不具有压倒性的优势。

其三是“集体安全体系下的各国不仅要维护自己的国家利益，同时对国际社会的集体安全要具有国际道德的责任感。”然而残酷的现实是，如果维护集体安全所需要的动员不影响和损害

---

① 王逸舟著：《当代国际政治析论》，上海：上海人民出版社，1995年版，第393页。

② 周启朋：“集体安全与联合国宪章下的强制措施”，载陈鲁直、李铁城著：《联合国与世界秩序》，北京：北京语言学院出版社，1993年版，第146页。

本国自己的政治、经济和安全利益时，各国有可能加入某次临时性的维护共同安全的行动；而一旦情势达到参与共同行动就有可能危及本国国家利益的程度时，退缩或放弃就会成为最方便的选择，小国弱国如此，大国强国也概莫能外。①

由此可见，集体安全作为一种理想是毫无瑕疵的，但是一旦这一理想遭遇到国际政治的本质和利益冲突的现实时，就会显得苍白无力。正如摩根索指出的那样："无论是作为人群中的个人还是作为国际社会中所属国家的成员，人们一般都不像完全的集体安全要求他们应当如何感觉和行动的那样去感觉和行动，人们在今天比在现代史上任何时期都更不可能遵守超国家性质的道德戒律，如果这种行为损害了他们各自国家的话。在国家之上没有强制执行法律的机构，也不存在能够迫使国家服从的压倒性的道德和国际压力。因此，他们必然总是要追求他们自己认定的国家利益。"② 由此我们不难看出，集体安全设想在很大程度上脱离了国际关系的现实，具有一定的理想性。

二、联合国集体安全体制政治基础的不稳定性

联合国的集体安全体制是由第二次世界大战期间，反轴心国联盟中占据核心地位的大国在战时合作的基础上建立起来的。由于这一特殊的历史背景，加上反法西斯国家希望加强国际社会的组织化程度，使国际关系具有新的凝聚力，以克服国际联盟的缺陷，"大国一致原则"从一开始就被设想为联合国集体安全体制建立和有效运作的基础。正如莫洛托夫所指出的，联合国

---

①　王逸舟著：《当代国际政治析论》，上海：上海人民出版社，1995 年版，第 393～394 页。

②　［美］汉斯·摩根索著：《国家间政治——》，北京：中国公安大学出版社，1990 年版，第 534 页。

组织的“基本的和原则的要素就是‘否决权’”，“拒绝大国一致的原则，实际上就是等于取消联合国机构，因为这一原则乃是联合国的基础。既然联合国机构是以诸大国一致原则为基础，那么废除这一原则，就会使联合国机构本身崩溃下去。”[①] 同时，联合国将维持国际和平与安全的主要职责授予安理会，包括断定是否发生了“和平之威胁、和平之破坏或侵略行为”，是否实施集体强制措施，以及联合国军队的建立及指挥等等一系列涉及集体安全保障的实质问题的决定，全部需要安理会常任理事国的一致同意。

联合国的这一设计虽然避免了赋予所有国家相同权力的理想主义，但是却也存在着明显的缺陷，那就是，安全机制的有效运作在很大程度上取决于五大国能否保持一致，也由此反映出联合国集体安全体系政治基础的不稳定性。“只有在各大国决定使国际组织成为有效组织的情况下，只有在大国间在这方面协调一致并彼此信赖的情况下，国际安全组织的宗旨才能实现。”这是“国际安全体系主要的和决定性的前提”。[②] 实践证明，要求安理会的五个大国自觉履行《宪章》义务并保持一致，在维持国际和平与安全时完全排除大国利己主义影响是非常困难的。否决权的设立基于这样的假定：即大国可以确保它们之间的合作，只有在特殊情况下才会使用否决权。但在实践中，常任理事国之间的分歧导致否决权曾经被频频使用，阻碍了集体安全行为。特别是在冷战时期，否决权一度成为美、苏两大国际阵营相互斗争、掣肘的主要工具。而冷战后，两极的解构以及国际安全合作需求增强的变化，促进了大国间安全合作的势头，具体表现在否决权的使

① ［苏］莫洛托夫著：《对外政策问题：一九四五年四月至一九四八年十一月时期中的演说和声明》，外国文书籍出版局，1950 年版，第 163 ~ 166 页。

② ［苏］克里洛夫著：《联合国史料》（第 1 卷），北京：中国人民大学出版社，1995 年版，第 56 页。

用上，就呈现出急剧减少的情况。以下两个图表（表1、表1）可以很好地说明这一点。

表1　联合国安理会常任理事国否决权行使情况（1946.02～2015.07）

	苏联（俄罗斯）	美国	英国	法国	中国
1946－1989年	119	67	32	18	3
1990－2015年	14	17	1	1	9
合计	133	84	33	19	12

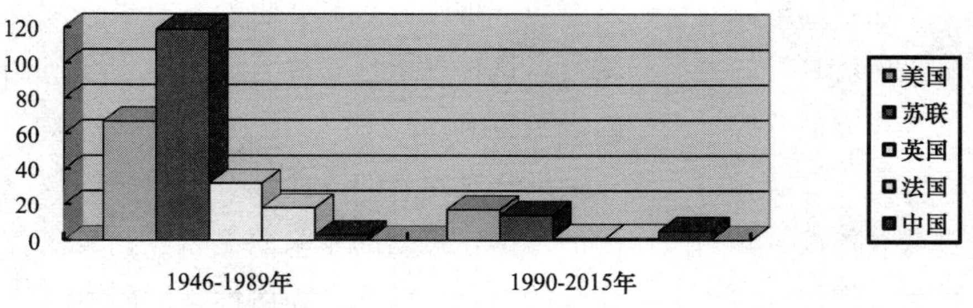

图表1　安理会否决权使用趋势统计图

资料来源：联合国网站：http：//www. un. org/chinese/aboutun/prinorgs/sc/pv/other_years. htm；http：//www. un. org/zh/sc/meetings/veto/90－present. shtml；部分资料转引自赵磊著：《构建和谐世界的重要实践——中国参与联合国维持和平行动研究》，北京：中共中央党校出版社，2010年版。

通过图表中的统计可以清楚地看到，以冷战结束为界线，将数据区间划定为维和行动建立到冷战结束和冷战结束后两个时期，不同时期的数据比英国高达32倍，苏联8.5倍，美国则接近4倍，充分显现出不稳定的特点。冷战时期，由于两极格局的限制，一旦某个中小国家做出了违反《联合国宪章》规定的举动，需要依赖安理会的决议实施集体安全措施时，作为安理会常任理事国的美苏却总是为了各自的利益，偏袒与自己结盟的一方而行使否决权。冷战结束后，大国间的合作势头有所增强，否决权的使用相应地减少，联合国集体安全保障机制的有效性随之有了较大的提高，这直接影响了冷战后联合国维和行动部署次数和频率的急剧提升。联合国集体安全体制政治基础的这种不稳定性，在某种程度上为集体安全的达成设置了实质性的障碍。

三、联合国集体安全机制属性的局限性

联合国集体安全机制作为一种国际机制，也必然具有一般国际机制所具有的内在局限性。这种局限性在联合国集体安全机制的运作方面造成了内在的机制性困境。

第一，联合国集体安全机制所内含的妥协性有损于它的权威性或有效性，影响其作用的发挥。机制的本义就是权衡，是对各种利益的规范之间进行权衡的结果。由此，妥协性是国际机制本身固有的属性。[①] 联合国集体安全机制同样具有妥协性，它体现在联合国集体安全机制的确立、决策、执行等多个方面：就其确立而言，美国总统罗斯福是其主要倡导者，他的设想是成立一个全球性的国际组织从而实现集体安全。这一设想之所以能够成为现实，主要还是由于战时美、苏、英三大国之间进行妥协并实现地区和全球利益交换的结果。从其决策来看，对集体安全机制的决策有着决定性影响的“雅尔塔公式”就是三大国之间妥协的结果。从联合国集体安全机制建立后的决策实践中也可以看到，各国之间尤其是常任理事国之间相互妥协，甚至是幕后利

① 门洪华：“联合国集体安全机制的困境”，载《国际观察》2002 年第 3 期，第 2 页。

益交易的影子。而据此产生的决策结果就很可能对集体安全机制的权威性和有效性造成损害。在执行方面，当事国特别是与之关联的大国之间在多大程度上能达成妥协，在很大程度上决定了维和行动以及包括裁军、军控在内的联合国相关工作能取得多大成果。这种由妥协性造就的行为，显然不可能真正履行《联合国宪章》的宗旨，必然有害于联合国集体安全机制作用的发挥。

第二，联合国集体安全机制是西方特别是美国政治文化的产物，在设计和运作等方面存在不公正性。联合国集体安全机制与现存的大多数国际机制一样，其基本原则、规则、规范乃至决策程序大多是西方文化的产物，与西方利益有着天然的联系。毫无疑问，西方尤其是美国主导下创建的这种国际安全机制，其在运行中难以摆脱原有机制规则所建构的思维框架，这种安全机制也“主要体现着西方尤其是美国的愿望与利益需求，而且西方各大国仍然是这一机制的主要实践者”。① 这种西方化的联合国集体安全机制属性体现了集体安全机制在理论运用和文化根基上的狭隘，使其在现实运作中更多地维护着美欧等西方发达国家的利益，“现行国际机制加强了发达国家对世界其他部分的统治，是不公正分配的结果，因而在道德上是应该受到谴责的”②。应该说这种集体安全机制在客观上加强了发达国家对世界其他部分的强大影响力，在现实运作中具有不公正性。

---

① 张永义：“论联合国集体安全机制的重构”，湘潭大学硕士研究生学位论文，2006年，第18页。

② Robert Cox，“Social Forces，State and World Order：Beyond International Relations Theory”，in Keohane（ed.），*Neorealism and Its Critic*，New York：Columbia University Press，1986，p. 224.

第三，联合国集体安全机制是在特定的时代背景下建立的，从当前的发展轨迹来看，具有时代滞后性。联合国集体安全机制是在二战结束后不久，在巨大的霸权阴影下和两极格局的国际体系中发展起来的，必然深深地带有鲜明的时代烙印。冷战结束后，联合国集体安全机制所运行的国际环境已经发生了重大而深刻的变化，大国之间的协调关系日益取代了集团性的对立，非传统安全问题也正逐渐成为影响世界安全的主要因素。但是国际机制的建立和发展是一个渐变而非突变的过程，冷战对联合国集体安全机制的影响短期内仍将难以消除，联合国集体安全机制的发展还明显滞后于国际安全形势的变化，这势必将会有损于联合国集体安全机制作用的发挥。

第四，联合国集体安全机制并非各成员国进行国际合作与维护本国安全的充分条件，具有可选择性。联合国集体安全机制作为促进国际合作的方式而产生，是各国政府政策协调的结果。然而尽管建立联合国集体安全机制的前提是参与的国家拥有只有通过合作才能实现的共同利益，但是国家之间拥有共同利益并不一定合作，即共同利益的存在是国家之间合作的必要而非充分条件。[①] 因此，联合国集体安全机制作用的发挥受到了自身特质的限制。

四、联合国集体安全机制运行中的不平等性

《联合国宪章》第二条第二款明确指出：“本组织系基于各会员国主权平等之原则，”从而在法律上确立了各会员国在参与联合国的一切事务中，应当享有平等的权利和承担相应的义务。一

① Andreas Hasenclever, Peter Mayer and Volker Rittberget, *Theories of International Regimes*, London: Cambridge University Press, 1997, p. 31.

致性原则是国家主权平等的具体体现。[①] 但是，在安理会这个联合国维护集体安全的决策机构中并没有体现出这种平等原则的精神，得到彰显的却是大国的特殊地位。其主要体现在：一是在安理会构成方面，五个常任理事国在安理会中居于主导地位并具有决策权。由个别大国组成的安理会在对涉及国际和平与安全的任何重大问题做出决策时，必然不能总是代表大多数成员国的利益与愿望，这显然有悖于平等与公正的原则。二是在安理会决策程序方面，决策程序中的否决权是大国特殊地位的集中体现。这种赋予大国的特殊权力，使得当任何一个常任理事国行使否决权时，都有可能使安理会乃至整个国际社会消除危机的共同努力作废，从而使联合国的集体安全保障作用在事实上瘫痪。安理会职能的真正发挥必须依赖于五个常任理事国的完全一致。

表面看来，一致性原则与国家平等原则并不矛盾，可实际上却产生了不平等的法律效果。联合国安理会一致性原则的确立本身便是遵照主权平等的原则，其本意就是希望以此实现大国合作，使大国担负起维护世界秩序的重任，这与大国在国际社会中的地位与实力相称，却实质上破坏了成员国投票的平等关系，在一定程度上有利于大国控制联合国，有利于大国逾越联合国框架行事，从而阻碍联合国集体安全机制的正常运行及有效性的发挥。但是必须承认，在当今国际社会中，大国的确对国际事务起着较一般国家更大的影响和作用，并承担着特殊的责任和义务，在事关国际和平与安全的重大问题上，如果没有大国

① 一致性原则指国际机构中的投票程序，它要求任何决定必须经过各国同意，如果不经某个国家同意，任何决定对它都不具有约束力。一致性原则一般都涉及“平等否决权”，即每个国家只要投票反对一个提案，都可以使之无效。参见倪世雄等著：《当代西方国际关系理论》，上海：复旦大学出版社，2001年版。

参与合作，一个有利于世界和平的局面难以形成。所以赋予大国一项广泛而特殊的权力，自然有其合理性的一面，而不仅仅是一个“时代的错误”。国际政治是立足于国际社会现实的土壤中的，国际关系准则在相当程度上受制于各种现实力量和利益因素的制约，从这一角度出发，主权平等原则与大国特殊地位相互冲突的现实困境几乎难以克服。这种介于理想与现实的冲突加剧了联合国集体安全机制运作的不平等性，增加了解决这一问题的难度。

第二章

联合国维和行动困境的内涵及表现

回顾联合国维和行动走过的历程，不难发现，维和行动的产生和发展摆脱不了一定的国际战略环境和条件，也只能在一定的历史条件范围内发挥作用，存在着明显的局限性。维和行动的困境反映了国家间利益关系的复杂性、大国权力的博弈以及国际法在理论与实践中的尴尬处境。尽管如此，联合国维和行动仍将保持旺盛的生命力，并继续在维护世界和平与安全中发挥积极的作用。正如保罗·肯尼迪（Paul Kennedy）所说：“如果没有国际组织的行动和存在，人类的境遇相比现今将会差之甚远”，“整个世界将变得更为破碎，国家之间也会更缺少了解，并且在面对重大危机时能够采取共同行动的可能性也大大降低了。”①

研究维和行动的困境，需要在对其主要表现展开较深层次的分析总结的基础上，探求维和行动困境的机理和解释模式，并对其内涵进行较为准确的界定。并据此探讨判断维和行动成败的标准，得出可能影响其成功的主要条件。本章还将在以上研究的基础上，根据变化了的国际形势及安全需求，对维和行动未来的发

---

① ［美］保罗·肯尼迪著、卿吉力译：《联合国过去与未来》，海口：海口出版社，2008 年版，第 243 ~244 页。

展前景进行分析预测。

第一节　维和行动困境的界定

“困境”（Dilemma）一词有两种解释：（1）“逻辑学”（使对手在两个或多个对他不利的事物中进行选择的）双关论法，双刀论法；二难推论。（2）窘境，进退两难。[①] 近年来，各国越来越关注的“安全困境”（Security Dilemma）就是一个典型的困境问题。“安全困境”，又叫“安全两难”，在国际政治的现实主义理论中，它是指一个国家为了保障自身安全而采取的措施，反而会降低其他国家的安全感，从而导致该国自身更加不安全的现象。一个国家即使是出于防御目的增强军备，也会被其他国家视为需要作出反应的威胁，这样一种相互作用的过程是国家难以摆脱的一种困境。与此相似的是，维和行动在多个层面中也同样存在着两难选择。

在法律机制方面：一方面，维和行动至今存在明显的法律机制缺失，对维和行动的原则、规范、规则和决策程序缺乏清晰而明确的规定；具体表现为维和行动没有明确的定义及法理依据，在行动的组建、授权、领导、实施和监管等具体实践环节上缺少较为完善的一整套法律机制等等。另一方面，这种缺失是由维和行动本身所决定的，甚至是一种正常的状态，而且似乎更加接近战后冲突管理的本质。鉴于每次冲突的起因、背景、类型、主要参与方等要素都不尽相同，因此对于维和行动的要求也是不一而足。维持和平行动本身是对外交手段和强制手段的一种有效补充，需要在实践中创造性地开展工作。

① ［英］霍恩比著、李北达译：《牛津高阶英汉双解词典》（第四版），北京：商务印书馆，1997年版，第401页。

在体制安排方面：一方面，“大国一致”原则在事实上提高了联合国处理和平与安全事务的效率，是联合国维和行动发挥积极作用的重要的政治基础；同时，给予安理会常任理事国否决权的设置，也在设计考虑上尽量规避了个别国家或集团的主导。另一方面，这种将维护国际和平与安全的主要权力集中在常任理事国为核心的安理会机制，无法真正体现普遍性原则，在实践中将不可避免地难以实现完全的公正和效益，有时甚至会出现公正和效益严重偏离的情况。

在理论指导方面：一方面，国家主权的概念确实已经发生了演变，现代国家主权已不再是绝对的而是有界限的；国际干预的增多对主权国家的影响加强以及国际干预对人道的维护和关注，这些在一定程度上体现了当今世界的道德进步和组织改善，反映出多数国家就一国的特殊利益与国际社会共同利益之间的关系正在逐渐形成更为合理地认识，对维护世界和平与安全产生了积极作用。另一方面，，冷战后的大国协调以及日渐突出的国内冲突和人道主义危机所引发的对国家垄断管理权的反思，促使了维和实践中“干涉主义”地位的上升，这类行动挑战了国家主权原则作为主导性国际规范的地位，事实上已经给对象国的主权构成了实质性威胁，甚至可能导致主权国家独立性的丧失。

在发展前景方面：一方面，维和行动本身带有天生的缺陷，这种缺陷受到国际政治现实的制约和限制，短期内难以得到真正解决。另一方面，半个多世纪来的实践证明，维和行动仍是缓解国际冲突、维持国际和平与安全的一种可行方式，受到世界上绝大多数国家的认可。这一困境使得维和行动在未来仍将是联合国协调和处理国际安全事务的重要手段，同时也仍将面临各种复杂的困难和挑战。

维和行动参与的主体是主权国家，维和行动困境的核心问题是国家的利己主义思想和国家间的不信任感。本书认为，对“维和行动困境”的界定可以主要从以下几个方面来考量：

1. 国家间利益关系的复杂性：当维和行动所获得的集体利益与一国国家利益基本或部分相符时，国家即持积极和支持的政策和态度；当获得利益与一国国家利益相悖时，国家即持反对态度；当获得利益不涉及国家核心利益和主要利益，并对一国国家安全利益影响微弱时，国家即持消极态度。

2. 国家间权力的相互博弈：当维和行动得到大国的支持，获得大国让渡的权力时，维和行动干预冲突的效力便强而有力；当大国相互对抗、相互制衡时，维和行动几乎不能发挥效力。[①]

3. 国际法的拘束力：联合国在为自身的决定、行动以及机制赋予全面的合法性时，不得不对各成员国所坚持的价值和权利进行平衡，但是这些需求从根本上并不相互兼容，反而会相互竞争，导致对国际合法性准则的界定十分困难，而维和行动因此也时常陷入“法”与“不法”的争执之中。

正是由于以上种种，在执行维和行动时，完全使用外交等和平手段无法发挥作用，而使用强制手段往往也难以真正解决问题。因此，维和行动不得不在两者之间寻找一种平衡、创造一种方法，对冲突予以解决。

本书将在对维和行动困境主要表现进行以下系统分析的基础上，得出对维和行动困境的进一步认识。

第二节　维和行动困境的主要表现

以动态的视角进行观察就会发现，联合国维护世界和平与安全的影响力在不断增强。一条鲜明的主线就是联合国会员国数量

① 冷战时美苏对峙最严重的10年时间里（1978～1988年），联合国没有通过部署一次维和行动。

在不断增加：1949 年有 49 个成员国、1959 年有 82 个成员国、1969 年有 126 个成员国、1979 年有 152 个成员国、1989 年有 159 个成员国、1999 年有 188 个成员国，到 2015 年联合国已有 193 个成员国[①]，几乎涵盖了世界所有国家，其他未加入的国家和地区也把成为这一组织的会员国视为政治殊荣和主权身份的象征。

越来越多的国家加入联合国，意味着有更多的国家愿意接受联合国组织的规章和约束。而维持和平行动作为联合国最受瞩目、最重要的一项工作，也已得到越来越多国家的认可和参与。作为当前世界上唯一超级大国的美国，尽管拥有在远离本土的世界其他地区打赢一场以上战争的强大力量，仍然没有完全摒弃参与联合国维和行动。正如美国前国务卿克里斯托弗所说："如果没有联合国维和，我们只有两种选择：独自行动或坐视不管，而这都是不能接受的。"[②] 然而，与联合国影响力日益扩大形成鲜明反差的是，维和行动长期存在的主要矛盾依然没有得到根本性解决。

一、维和行动中的利益困境

联合国维和行动的宗旨是"维护国际和平与安全"，其根本利益在于维护"集体安全"。但是，在现有的以主权国家为主要标志的国际体系中，一国的国家利益势必不可能与联合国所维护的"集体利益"完全一致。各成员国也不可避免地总是以国家利益为根本尺度来考量对维和行动的参与。因此，国家利益是制约维和行动的根本要素，国家利益与集体利益之间的矛盾与统一是维和行动发挥作用的重要前提。

① 2011 年 7 月 14 日，联合国大会接纳南苏丹共和国为新会员国，南苏丹共和国成为联合国第 193 个会员国。

② 陈鲁直："美国与冷战后的联合国维持和平行动"，载《国际问题研究》2001 年第 2 期，第 27 页。

（一）国家利益始终是决定主权国家衡量和决定是否参与维和行动的最根本、最核心要素

国家利益是国际政治的核心概念之一。国家利益的概念与国际政治中的权力、和平等重要概念一样，同样是极其不确定和多义性的，概念本身就提出了可争论的种种问题。虽然国家利益概念的内涵和外延难以用一句简明的话加以表述，但国家利益本身是客观存在的。在现实中，国家利益是包含各种利益的集合体，如按具体的领域来进行划分，它包含安全利益、政治利益、经济利益和文化利益；按效用持续的时间段可分为长久利益、长期利益、中期利益和短期利益。[①] 而按空间尺度则可以分为内部利益和国际联系利益。[②] 此外，从国家的主体性特征出发，亚历山大·温特（Alexander Wendt）将国家利益分成“生存（Survival）、独立（Independence）、经济财富（Wealth）和集体自尊（Self - Esteem）”。[③] 唐永胜则倾向于将其划分为“安全（Security）、自主、财富和威望（Prestige）”四个主要部分。[④] 还有学者提出，在分类的基础上还可按照国家利益的强度[⑤]划分四个层次：国家的生存利益（Survival Interest）、重大利益（Vital Interest）、主要利益（Major Interest）和次要利益（Peripheral Interest）。[⑥]

---

① 阎学通著：《中国国家利益分析》，天津：天津人民出版社，1996 年版，第 23 ~ 25 页。

② 高金钿主编：《国际战略学概论》，北京：国防大学出版社，1995 年版，第 54 ~ 55 页。

③ ［美］亚历山大·温特著、秦亚青译：《国际政治的社会理论》，上海：上海人民出版社，2000 年版，第 294 页。

④ 参见唐永胜等著：《寻求复杂的平衡：国际安全机制与主权国家的参与》，北京：世界知识出版社，2004 年版，第 165 ~ 168 页。

⑤ 所谓国家利益强度，是指不同的国家利益在受到威胁时对国家造成的损害程度。

⑥ Donald E. Nuechterlein, *America Over - committed*: *United States National Interests in the 1980s*, Lexington: University of Kentucky Press, 1985, p. 15.

国家利益作为影响国家关系变化的基本要素，在国家战略决策中具有十分重要的地位和作用。这种地位和作用主要表现在：一是国家利益是国家制定战略决策的基本依据。国家在战略决策中确定的战略目标以及战略任务，实质上是国家利益目标的具体化，是国家利益的集中反映。因此，国家利益需求是提出战略任务的最根本依据。大量事实证明，当具有独立主权意义的国家在人类历史上出现以后，其战略就始终紧紧围绕着自身的利益。在西方历史典籍中，利益观念是一个传统的观念。利益观念的确是政治的基本观念，是不以时间地点条件为转移的。修昔底德在吸取了古希腊的经验后认为，“利益一致是国与国之间或个人与个人之间最牢靠的纽带”。[①] 二是国家利益是考虑国家间战略关系的最高准则。国家间的利益关系决定了国家间的战略关系。具体来说，当国家间产生相互一致的需求时，当国家间的利益交往具有补偿性的时候，国家之间便产生“共同利益”，即“我所得即你所得，我所失即你所失”。与之相反，当国家间产生相互对立需求时，国家间便出现“冲突利益”，即“我所得即你所失，我所失即你所得”。[②] 国家之间的利益交往像一张经纬交错的大网，具有许多的“利益交汇点”。在这些“交汇点”上，国家的利益相互吸引或碰撞，从而形成共同利益或冲突利益，并以此作为国家判断与别国间的敌友、亲疏关系的基本准则。

国家利益是国际政治的动因和直接目标，是各国参与国际政治活动和扮演行为体角色的出发点和归宿。[③] 国家之间之所以会

① 转引自［美］汉斯·摩根索著、卢明华等译：《国际纵横策论：争强权，求和平》，上海：上海译文出版社，1995 年版，第 11 页。

② 洪兵著：《国家利益论》，北京：军事科学出版社，1999 年版，第 73 ~ 81 页。

③ 梁守德等著：《国际政治学概论》，北京：中央编译出版社，1994 年版，第 83 页。

形成互动，说到底，就是因为国家在不断满足自己的需求与欲求的过程中所形成的发展，必然会导致与其他国家的接触与互动。而一旦发生这样的接触与互动，国家实现自身利益的行为，就变成了对外政策行为。这种对外政策行为包括各种不同的形式，既有以合作为基调的友好往来、讨价还价，也有以冲突为基调的威胁、恐吓乃至战争。在这些对外政策行为中，不论是否以明确的语言加以阐释，国家利益都是一个基本因素。它是国家维护和争取的核心，也是指导国家采取行动的基本原则。1939 年，丘吉尔在分析对外政策行为时明确表示：“我不能为你预测俄罗斯的行动。这是一个谜中之谜；不过，也许有一个东西是关键所在，这就是俄罗斯的国家利益。”[①] 而对于列宁来说，这显然是一个“公开的秘密”：“我国的内外政策归根结底是由我国的统治阶级的经济利益和经济地位决定的。这一原理是马克思主义者整个世界观的基础。”[②]

美国是一个在战略决策中十分强调其“国家利益”的国家，甚至认为所谓美国的命运就是美国的国家利益。纵观美国近年来提出的许多有关国家对外战略的政府报告，都将本国和其他国家的利益分析放在首位。美国华盛顿传统基金会副主席兼外交政策与国防研究室主任霍姆斯的话很好地印证了这一点：“（在制定政策时）美国传统基金会的人，第一步是按重要程度排列美国的全球利益，明确对这些利益的威胁，并设计出可以保卫这些利益的军事力量。”美国陆军军事学院编辑出版的《军事战略》一书中也谈到了国家利益在战略实践中的重要性，国家利益“虽不是永恒不变的，但却是难变的。搞清楚一个国家相当长

① 转引自高金钿主编：《国际战略学概论》，北京：国防大学出版社，1995 年版，第 57 页。

② 《列宁选集第 17 卷》，济南：山东新华书店出版社，1949 年版，第 339 页。

的一个时期内寻求的是什么，我们便可基本判明它还可能需要什么；知道它通常都干了些什么，我们便基本上可以预料它还将干些什么。”①

冷战结束以来，非国家行为体的作用进一步加强，但当前仍未超越“民族国家时代”的根本特征，国家利益仍然是各国首先争取维护和追求的核心内容。在集体安全的目标中，民族国家对自我利益的追求必然决定了它们的自私本性。在肯尼思·沃尔兹（Kenneth Neal Waltz）看来，“我们面临着为共同所得而合作的可能，但在如何分配上国家是感到不安全的，它们并不问‘我们都有所得吗’，而是问‘谁所得更多’”。②

关于国家利益与国际组织的关系，汉斯·摩根索（Hans. Morgenthau）曾经做过这样的解释：“造成国际分裂的权力冲突和由冲突造成的不安全感使人们对国家的认同成为所有国家的大多数成员最关心的事情。国家为个人提供了保护、权力冲动的替代性满足和物质需要的迅速满足。除去极少数间歇性的例外情况外——例如世界卫生组织在对抗流行病的时候——联合国各专门机构提供给普通人民的希望和满足，距离他们的直接经验是很遥远的，而且这种希望和满足，也许只有通过国家机构的中介才能被感觉到，结果人们很难知道它的国际来源。”摩根索由此得出结论说：“在上述国际条件下，在当国家利益与国际职能组织的目标和行动发生冲突时，‘国家利益’必然战胜国际组织。”③

① 美国陆军军事学院编：《军事战略》，中文第1版，北京：军事科学出版社，1986年版，第849页。

② 转引自门洪华：“联合国集体安全机制的困境”，载《国际观察》2002年第3期，第2页。

③ ［美］汉斯·摩根索、徐昕等译：《国家间政治：寻求权力与和平的斗争》，北京：中国人民公安大学出版社，1990年版，第640～641页。

由此可见，主权国家在参与国际安全机制问题上的各种考虑，从根本上说都是由国家利益决定的，采取的任何一种选择也总是以最大限度地实现国家利益为目标的。冷战结束后，国际维和理论也发生了新的变化。西方的一些学者积极倡导“人权超越主权”的理论，人道主义干预也因此常常成为维和行动的重要依据。从表面上看，这种“人道主义”关怀与集体安全中所要维护的“集体利益”不谋而合，是关照到全人类和平与安全的伟大理想。但是，积极倡导以“人道主义”为名开展维和行动的美国总统比尔·克林顿（Bill Clinton），事实上却是以美国国家利益为根本目的：

> “若组建得当，和平行动可以成为推动美国国家利益、实现国家安全目标的有益工具。美国不能做世界警察，也不能无视愈来愈多的种族武装冲突、内战以及一些国家政权的崩溃——这些危机或者单独地，或者累积地，都会影响美国的利益。制定这一政策的目的，是迫使联合国和美国把和平行动变成更加有效的集体安全手段。”
>
> ——《第 25 号总统决策令》[①]

同样作为国际维和行动的积极参与者，法国参与维和行动的首要原则即维护国家主权和根本利益。正是基于这一原则，法国在派出部队的指挥权问题上坚持一定的独立性。法国会单独任命法国军官担任其维和部队司令，主要职责是监督核定多国维和部队对法国部队下达的命令是否符合法国的政策和原定目标，并随时向国内决策机构报告，以采取相应措施。在联合国维和行动

---

① “The Clinton Administration's Policy on Reforming Multilateral Peace Operations”, PDD25, May 6 1994, http://www.fas.org/irp/offdocs/pdd25.htm.

中，由一国单独为其维和部队任命司令的做法并无先例，但是法国的做法得到了许多参与国的肯定，一些国家现在也采取类似做法。①

（二）国家利益与集体利益之间的矛盾与统一是维和行动发挥作用的重要前提

如果国家只考虑自身的利益，那么国际合作的前景将必然是一片黑暗，看不到光明的未来。事实上，国际安全机制从一开始就是作为国际体系中无政府状态的对立面而存在的，两者之间的矛盾是国际安全机制产生和发展的最根本动力。而联合国维和行动赖以发挥作用的重要前提，正是国家利益与集体利益之间的矛盾与统一。

当国家作为由所有国民组成的共同体时，国家就是一种集体身份，这种身份使国家必须照顾并且代表国内各成员、各团体普遍的生存和福利，其利益主要体现为国内社会的一般性利益，或者说是“公共利益”。同时，在由国家组成的国际社会中，国家又作为一个行为主体存在，是一种“个体”身份。而作为个体，国家必须与整个外部环境打交道，并确保自己作为个体的生存与发展，因而这种身份所形成的就是国家的外部利益。但是这两种身份的主体却只有一个，这种多重身份的统一本身就使各种利益统一起来。

集体安全在努力保障其成员国的国家安全利益的同时，反对狭隘的国家安全利益观，为了维护体系的稳定与集体安全机制的成功运作，要求某些或某个部分的国家利益在特定的条件下是可以放弃的。《联合国宪章》中明确要求所有国家要“无条件地”倾尽全力卷入针对某一国的反侵略战争。集体安全与其他国际机

---

① 中国国际战略学会军控与裁军研究中心编著：《当代国际维和行动》，北京：军事谊文出版社，2006年版，第411页。

制一样，强调地是合作互利的“共同利益”。集体安全建立的理论假设前提之一，便是当集体利益和成员国的个体利益发生冲突时，各成员国能够形成超国家的道德规范和利益认同。然而，现实中驱使国家加入集体安全体系的动力在于采取合作政策的收益会超过单边行动的收益，而其根本的目的在于维护国家自身的个体利益。由此，要求国家安居于一个不能获益或是收益小于付出的体系是不现实的，这样的一个体系也是不和谐、不稳定的。“在任何有可能导致实现集体安全的条件下，国家与超国家之间的利益和道德发生冲突是不可避免的”，国家在解决这些冲突时，“不可避免地要站在自己国家的立场，从而使集体安全体系根本不可能发挥作用”。①

在维和行动中同样存在这样的问题。将联合国维和行动机制建立在条约的约束上，却不考虑各国利益的现实，无疑是乌托邦式的想法。通常，国际安全机制的形成需要具备以下条件：第一，大国必须想建立它，即相对于所有国家独立作为而言，诸大国倾向于更有条理的国际环境；第二，行为体共享共同安全与合作的价值观念；第三，即使大国安于现状，如果某一或某些行为体认为由扩张来实现安全为最佳时，则安全机制无法形成；第四，必须视战争和单方面追求安全为代价高昂。② 然而，即便具备以上这些条件，建立了相应的机制，国家利益仍然是各国首先争取和维护的核心内容，左右着国家的态度和行为。一个主权国家不仅考虑绝对收益，更会考虑相对收益，这就造成了联合国所倡导的集体利益与各主权国家个体利益之间的差异。在维和行动机制中占据强势地位的大国身上，这种矛盾表现得更为明显。例

① ［美］汉斯·摩根索、徐昕等译：《国家间政治：寻求权力与和平的斗争》，北京：中国人民公安大学出版社，1990年版，第249~250页。

② 门洪华著：《和平的维度：联合国集体安全机制研究》，上海：上海人民出版社，2002年版，第182页。

如，众所周知，美国对联合国维和行动一直保持着暧昧不明的态度。当集体安全有利于维护其国家利益时，它便积极谋求联合国框架内的集体行动；一旦联合国成为其获益的障碍时，则会毫不犹豫地绕开联合国自行其是。这种行为是对联合国集体安全机制的严重伤害，也是这种矛盾的突出体现。

可以说明这一问题的典型案例之一是联合国在卢旺达的维和行动（UNAMIR）。人们在回顾和总结卢旺达维和行动的经验教训时，经常会提到联合国因为缺乏维和的政治意愿和快速反应能力，未能有效地阻止 1994 年 4 月发生的种族屠杀，导致了数百万人死去的惨剧。相当多的人认为这一血腥事件的最大教训，就是要加强联合国应对冲突事件的快速反应能力和机制。为此，秘书长加利在 1995 年发表的《和平纲领补编》报告中提议，建立一支快速反应部队。

然而，事实远非这样简单。联合国其实是有机会遏制这场大屠杀的。1994 年 4 月 8 日，联合国卢旺达援助团部队司令罗密欧・A・达莱尔（Roméo A Dallaire）就已致电联合国总部，就加强联合国卢旺达援助团提出具体建议。他认为，联合国卢旺达援助团有能力制止屠杀。在当时，有人曾对其判断的准确性提出质疑。但是在平息种族屠杀三年后，某次会议的报告却指出：如果当初建立一支拥有空中、后勤和通讯支持的部队，本可以防止至少 50 万人遭到屠杀；这一机会出现在 4 月 7—20 日之间。还有一系列因素证明，在悲剧降临之际，安理会以及秘书长本人对此依然漫不经心。[①]

更为重要的是，即使秘书长及其高级幕僚们积极采取行动，

① 具体内容请参见［法］让－马克・夸克著、周景兴译：《迈向国际法治：联合国对人道主义危机的回应》，北京：生活・读书・新知三联书店，2008 年版，第 73～82 页。

他们仍将不得不面对美国的反对。事实上，秘书长在此期间继续等待美国发挥领导作用，但是，当时美国已于索马里事件后出台了一份文件——《第 25 号总统决策令》。该文件第一次全面回顾了冷战结束后美国在多边和平行动问题上的政策，为今后支持联合国维和行动设定了严格的条件。根据这份文件，美国若要参与任一维和行动，需要评估是否符合具体标准。这些标准包括：美国的利益处于危险之中、世界和平受到威胁、出现紧急人道主义灾难、任务目标明确、有效的停火、可以接受的代价、得到国会和公众及盟国的支持、由美国全面负责的指挥控制系统、顺畅的撤出点等等。而对于美国来说，卢旺达只满足了其中的一个条件：伴之以暴力的紧急人道主义灾难，而真正缺少了最首要、最核心的条件：对美国利益的威胁。1994 年 5 月 17 日，安理会第 918 号决议获得通过的现实表明，仅仅是“紧急人道主义灾难”这一标准还不足以让美国实施干预。如此，世界向卢旺达关闭了大门，血腥的惨剧就此发生。

二、维和行动中的权力困境

维和行动作为控制冲突、解决冲突的一种手段，若想切实发挥作用，还需要联合国具有对其他行为体的权威、影响和控制能力，而这实际上是一种权力。但是，联合国不是国际政府，准确地说是国际社会的一个协调机构而不是一个权力机构。作为一个派生的权力主体，联合国只有拥有了主权国家特别是大国让渡的权力，才在真正意义上具有对外实现权威、影响和控制的能力。因此，是否能够有效转化权力、运用权力是制约维和行动的另一个重要因素。

（一）联合国本身不是一个权力机构，作为一个派生的权力主体，需要依据主权国家让渡的权力来发挥作用

联合国是一个在第二次世界大战结束后由战胜国于 1945 年创建的政府间国际组织。所谓“政府间国际组织”，是指两个以上主权国家为实现特定的目的，以一定协议方式建立的有常设机构的组织，是制度性的多国机构，是成员国创立的服务于它们指定的国家利益的机制。[①] 组织的成员资格不是强制性的，加入与否取决于主权国家。与其他国际社会组织相比，政府间国际组织具有稳定性、持续性、自愿性的特点。

那么，联合国是否可以被视为一个独立的国际社会行为体，并拥有权力呢？国际体系中的权力至少包含四层含义：一是由于权力主要是一个政治的或政治学的概念，因而强调权力是一种影响国际政治关系或国家间政治关系的因素。二是作为一个关系范畴或互动范畴，权力只有在行为体之间相互作用的条件下才能发挥作用，对权力的双方均形成一定的制约。三是权力体现的是一种能力：即一方能够对另一方施加影响，要具备这种能力，行为体首先需要拥有一定的物质实力。但是，实力和权力之间并不存在正比例关系，能力受到多方面因素的影响。四是从表面看权力关系体现的是一种单向的施行过程，即一方影响或改变另一方的行为；实际上，这种关系是相互影响、相互作用的。一方在对另一方施加影响或改变他人的同时，也会受这种权力关系的影响和制约。值得注意的是，在权力关系中，并不总是大国、强国对小国、弱国施加影响，后者同样可以影响或改变前者。因此，能力也是一个相对的概念。一般而言，大国和强国比小国和弱国具有更强、更大的能力去影响或改变后者，但是在某些领域，小国和

① 梁西著：《现代国际组织》，武汉：武汉大学出版社，1984 年版，第 2～4 页。

弱国也可能具有比大国和强国更大的影响能力。

美国国际组织学界的重要学者迈克尔·巴内特（Michael N. Barnett）等人研究认为，国际组织是具有自主权的国际行为体。[①] 国际组织的这种自主性与它所拥有的权力是紧密相连的。国际组织的自主性有两种根源：一是其所体现的理性、合法权威；二是对专业技术知识和信息的控制。以此为基础可以把国际组织看成当代世界中的自主行为体。巴内特认为国际组织的权力有三种形式：一是将行为体进行分类，确定不同的行为体及其行动方式；二是将各种概念固定化；三是制定新的准则和原则并在全球散播。这些权力都来自于国际组织构筑知识的能力。

国际组织是主权国家为了协调冲突维护共同利益和实现多边合作的产物。同样，联合国是国家间组织，而不是凌驾于国家之上的超国家机构，国际组织不同于世界政府，不是国家主权之上的权力机构。从理论上讲，主权国家与作为政府间国际组织的联合国之间的内在逻辑联系[②]主要体现在：

首先，联合国是主权国家多边合作的产物。多国家体系的存在、国家间多边交往的需求，是政府间国际组织产生的两个前提，也是存在的必要条件。以多边合作为主旨的国际组织，是多国家体系的副产品和辅助者。因此，联合国不能凌驾于国家主权之上，无权干涉本质上属于国家管辖的事项，不得干涉国家内政，其主要职能是主权国家间的合作，提供一个各国就特定问题进行对话与协商的制度框架。

其次，主权国家是联合国权力的授予者。主权国家是政府间

① Michael N. Barnett and Martha Finnermore, "Politics, Power and The Symptom of International Organization", *International Organizations*, Autumn, Vol. 53, No. 4, 1999, pp. 699 – 732.

② 相关论述请参见梁西著：《现代国际组织》，武汉：武汉大学出版社，1984年版，第2～10页。

国际组织的主体，即参加者和主要成员。因此是联合国权力的最终来源。主权国家通过订立组织章程，规定了联合国的宗旨原则、机构设置、职能任务以及议事规则，也就规定了其权力和职能的范围。国际组织虽然和国家一样被视为是具有一定权利能力和行为能力的主体，可以和国家、国际组织缔结条约，但国际组织的权利能力和行为能力却不能像国家的权利能力和行为能力那样，是与生俱来的。

第三，联合国的权力运作表现在各个参与国权力的共享与分割。国际组织是一种派生的国际法主体。这就为国际组织行使职权提供了合法性依据，权力从国家独立行使扩展为由诸多主权国家共同行使，主权国家转移部分权力给国际组织，而国际组织则依据这些让渡的权力来发挥作用。联合国的权力保护则表现在依据国际法对各个成员国施以责任和义务。主权国家加入国际组织，并将部分的主权权力授予或移转于国际组织，是一种基于国家自愿、同意的主权行为，恰恰是国家主权原则的体现。而那些被让与的主权权力本质上仍归成员国所有，成员国可以通过修改章程、退出组织或解散组织等方式，部分地或全部地予以收回。

这种内在逻辑联系的分析说明了权力因素对联合国的规制，也部分解释了为什么联合国维和行动有时强而有力，有时却无所作为的窘境。

（二）联合国维和行动产生的前提之一就是对权力分配结构的认同

在国际政治领域，权力一直是一个不可回避的问题。作为与国家核心利益密切相关的国际安全机制，更是与权力的分配密切相关，都内含了一种权力的分配与安排。事实上，各国对其权力分配结构的认同是国际安全机制形成的一个必不可少的重要条件。

尽管在《联合国宪章》第一章“宗旨及原则”中明确表明，“本组织系基于各会员国主权平等之原则”，但是，“主权平等”却不等于“权力平等”。事实上，“一个机制不需要，甚至根本没有为每一个参与者的利益服务”。[①] 在很多情况下，权力大的国家拥有更大的发言权，使机制更多地为自己的利益服务，而弱一些的国家可能就没有自主选择的机会。斯蒂芬·D·克拉斯纳（Stephen D. Krasner）等人将权力因素作为机制研究的重点，并引用了“性别战”模式来解释这一问题。“性别战”是指一对恋人在安排业余时间上的博弈：男的想看足球，女的想看芭蕾舞，但是两个人都想共同度过这个夜晚。在这个博弈模式中不存在相互欺骗的可能，因而合作的成败与功能主义者强调的信息交流成本没有任何关系。由此可以看出，信息在解决合作问题中的作用下降了，而权力因素却凸显出来。换言之，是否合作和如何合作，在这一模式中不再取决于两人如何更好地交流和建立相互信任，而是取决于谁听谁。再进一步把这一博弈运用到国际政治的现实中，权力的作用就表现为：一是确定谁将处于游戏的首要位置。在国际关系中强国在绝大多数情况下处于首要地位，而弱国甚至连参与讨论的资格都没有。二是决定游戏规则。如谁将首先提出倡议并采取具体行动，占先的一方将为合作定调，同时也在很大程度上决定了合作的形式和结果。三是权力可以改变由选择途径的不同而产生的结果。[②]

---

① Donald J. Puchala and Raymond F. Hopkins, “International Regimes: Lessons from Inductive Analysis”, in Stephen Krasner (ed.), *International Regimes*, Ithaca: Cornell University Press, 1983, p. 15.

② Stephen D. Krasner, “Global Communications and National Power: Life on the Presto Frontier”, *World Politics*, Vol. 43, 1991, pp. 336 – 366. “Sovereignty, Regimes, and Human Rights”, in Volker Rittberger (ed.), *Regimes Theory and International Relations*, Clarendon Press, Oxford, 1993, pp. 235 – 265.

权力因素的引入触及了国际安全机制中最核心的部分。事实上，作为与国家生存紧密相关的国际安全机制都内在地包含了一种权力的分配与安排：首先，参与机制的国家通过部分权力的让渡和部分安全利益的获得，实际上是对各个成员国家可以拥有哪些权力和不能拥有哪些权力做出明确的规定，这种安全领域内的权力划分就形成了一种内在的权力结构；其次，由于机制对成员国具有约束力，因而机制本身也是一种权力资源。对安全机制中的规则、决策程序的制定权、对其运作过程的影响力，也按一定比例在成员国中进行分配。从这个意义上说，国际安全机制的本质就是将各国在安全领域内的权力结构以一定的规则和程序等方式固定下来。①

从以上的分析中不难得出，联合国维和行动必然从某种角度来说也是必须，包含自己的权力分配结构。按照规定，联合国维和行动的决策机构主要由以下部门组成：联合国大会、联合国安全理事会和联合国秘书处/秘书长，它们被誉为维和行动决策的“三驾马车”。实际上，仔细阅读《联合国宪章》就会发现，宪章中有关成员国大会的职责、权力和程序方面内容的措辞是“最为巧妙的”。表面上看，联合国大会从某种意义上来说形似一个人类的议会，所有国家都可以申请会员资格，并且在投票上以少数服从多数为准则，逢“重大问题”需 2/3 以上的成员国同意才能够决议。② 但是美国著名学者保罗·肯尼迪却直言不讳地指出：“对宪章的巧妙措辞进行仔细斟酌之后，我们可以看出其实大会在创立时并没有被赋予什么固有的权力，比如说就像是英国的国会下议院一样。细心的读者会注意到‘可以’（相对于‘应该’）

---

① 唐永胜、徐弃郁著：《寻求复杂的平衡：国际安全机制与主权国家的参与》，北京：世界知识出版社，2004 年版，第 22 ~ 24 页。

② 《宪章》第十八条第二款中对此有着明确定义。

这个条件词在很多部分的频繁出现。因此，虽然大会‘可以催促安全理事会关注’威胁和平的情势，但是宪章第四章第十二条也明确指出——当安全理事会对于任何争端或情势，正在执行本宪章所授予该会之职务时，大会非经安全理事会请求，对于该项争端或情势不得提出任何建议。大会通常背负着重要的名号，但是其决策却不具备约束力；而安理会的决策却对所有成员国都具有约束力，当然这也是促使安理会成员国签署《联合国宪章》的一大条件。也许这就是区分大会与安理会这两个机构之间权力‘差距’最好的标准。希望所有政府都可以牢记这一事实。”①

不少学者在分析维和行动的困境时认为，联合国赋予大国特别的“否决权”与各成员国主权平等之间的矛盾是联合国维和行动的主要困境之一。通过以上分析我们可以得出，尽管确实存在不合理和不公平，但是它却更加契合国际政治的现实，联合国维和行动产生的前提条件之一，恰恰就是对这种权力分配结构的认同。有了这种认同，维和行动才有可能在后来的岁月中发挥作用，即使在冷战的阴影下，依旧能够找到一种较为可行的方法付诸实现。

（三）大国权力对于联合国维和行动的影响存在两面性

维和行动中蕴含着权力运用，由于联合国机构本身并不直接拥有权力，这决定了它在现实中必然需要努力寻求实现某种权力的转化，从而最终达成其宗旨和目标。大国自身所拥有的具有优势的实力是联合国不得不依赖的重要资源。

在承认“大国一致”原则与“平等”原则这一矛盾的同时，也应该看到，正是因为联合国的设计者们理性地认识到了国际关系中国家在权力方面不平等的现实，赋予联合国集体安全机制与

---

① ［美］保罗·肯尼迪著、卿吉力译：《联合国过去与未来》，海口：海南出版社，2008年版，第31页。

传统集体安全思想及其机制不同的权力观念及权力分配模式，联合国才真正具有了得以长期运行并不断发展的重要保证。反观大国之间的分歧乃至对立导致国联以及冷战时期的联合国集体安全处于瘫痪状态的事实，从另一个角度再次说明了大国在联合国集体安全机制中的重要地位。

与此同时，这种集体安全机制设计的初衷本是将其作为制约强权的手段，大国之间一致的要求理论上限制了某个大国或集团单独的霸权行径。但是，与设想不尽相同的是，在机制的现实运行中，强权国家仍然有为了自身利益而利用或操纵联合国强制体系的可能，从而使强制结果违背联合国的初衷。丘吉尔曾指出，在任何区域性或世界性的机构中，都存在着一个或多个控制着权力的国家。美国在联合国中就担当着这样的角色。[①] 美国主要是通过控制安理会来控制联合国，因此可以解释为何安理会的决议比联大的决议要有效得多。例如，1992—1999 年间，联大连续 7 年以几近全体多数的投票结果，通过决议取消美国对古巴实行了 40 多年的经济封锁。而美国非但对此置若罔闻，甚至更是变本加厉，以美国国内法代替国际法，反过来要对同古巴有贸易往来的国家或公司进行制裁。[②] 对于美国来说，联合国作为最具影响力的国际组织实际上承担着使其权力行为"合法化"的功能，合法化的结果是能够增强其权力的效力。"没有被合法化的权力行为就是与大多数国家的意志相对立的行为，因此会降低其权力行为的效力。"[③] 所以，美国更愿意在其参与并主导的维和行动中采取

---

① See Kenneth W. Thompson, *Schools of Thought in International Relations*, Louisiana State University Press, 1996, pp. 115 – 116.

② 参见张睿壮："中国应选择什么样的外交哲学——评'世界新秩序与新兴大国的历史抉择'"，载《战略与管理》1999 年第 1 期，第 59 页。

③ 韦正翔："道德与国家对外权力行为——国际法与国际道德规范"，载《现代哲学》2000 年第 3 期，第 115 页。

多边形式，当行动可以通过安理会的授权以联合国维和行动的名义进行时，这将是美国首选的方式。但是，当美国在安理会受阻时，它就会设法绕开联合国转而通过其他国际组织及其机制，如北约，以达到自己的目的。

尽管国家对权力争夺的国际政治现实并没有发生根本改变，但是联合国集体安全思想及其机制的不断发展，正在逐渐改变着国际社会对权力概念的理解，使合作的长期性成为可能。联合国集体安全机制与成员国之间新的权力观的形成和内化是一个相辅相成的过程。“在集体安全体系下，成员之间强调对权力使用（政策）的重视，弱化对权力（权势）变化的关注。”① “在集体安全机制的运用模式之下，国家实力及其增长的潜在威胁性下降甚至消失，国家实力被认为是大家的财富，用来维护集体的利益，因而有可能进行长期的合作。”② 与此同时，全球化和国家间相互依存关系的发展，客观上也为国际社会成员更重视权力的绝对收益、重视相互协作以促进集体公益提供了认识条件，从而为集体安全机制的运行奠定了基础。

事实上，权力的概念本身是个中性词。英语“power”的词意中有两个主要含义，即权力和强权。为避免权力概念等同于强权，梁守德先生在其著作中专门使用了“国家权益”这个词来代替权力与国家利益的概念。他认为：“‘权力’是以实力为后盾，是不平等的。强权利益就是由权力所决定，以实力为依据。”虽然必须承认权力，但应强调以主权原则为分界线。“主权权益表明，它是由国际社会公认、以国际法为依据的，任何超出主权范

① ［美］约瑟夫·奈著、张小明译：《理解国际冲突：理论与历史》，上海：上海人民出版社，2002 年版，第 129 页。

② ［美］亚历山大·温特著、秦亚青译：《国际政治的社会理论》，上海：上海人民出版社，2000 年版，第 374～375 页。

围的权力，就是强权，是非正义的。”①

但是，单用“权益”概念既无法正确、全面涵盖权力的内涵，也会限制或严重束缚大国捍卫其正当国家利益的行为与政策。有学者认为，大国权力包含两个方面：一是强权，即“A 不允许 B 做什么，B 就不应该做什么，也不能做什么。如果 B 坚持要去做，A 就可以动用武力惩罚 B，迫使 B 做出行为纠正”。二是影响权，其中既有主动获得的方面，也有自然禀赋和历史原因形成的，如一国的规模、实力、在某问题结构中的作用等等，使其客观上拥有一种隐性权力。“如果这个国家不能参与地区的活动，不加入某国际机制、规则的制定与动作程序，不发挥积极作用，地区与全球的机制就是不完全的，秩序也是不稳定的。因为这可能存在潜在的破坏力，也可能会给其他中小国家带来坏榜样，构成不安全的心理因素。这就是大国所具有的各国普遍承认的典型权力，也就是一种发言权，如果自己不去运用，各国也会迫使你去使用。”②

因此，对于大国权力的存在，积极与消极的作用都应明确承认。不应该单纯就其不合理性而否定它的现实性，这也是国际体系的结构使然。权力本身是不能完全以主权原则来定性的，特别是权力中的影响权，将完全超越国界，其实际作用与合理性也可以得到更多地肯定。即使是强权，也需要置于特定条件下进行具体分析。大小国家在法律上、道义上是平等的，但在冲突中使用资源的手段上、作用上是不平等的，关键在于是否尽可能地在符合国际法的前提下达到捍卫自己国家利益的目标。

---

① 梁守德、洪银娴著：《国际政治学概论》，北京：中央编译出版社，1994 年版，第 87 页。

② 刘鸣：“大国的利益要素与权力互动的思考”，载《世界经济研究》2003 年第 10 期，第 23 ~ 25 页。

三、维和行动中的法律困境

维和行动所面临的来自法律方面的挑战，不仅在于长期缺失较为完备的一整套法律机制，同时还来自国际法基本原则的适用、对具体行动法理依据的解释，以及国际法与国内法的协调等多重问题。其中联合国在国际法中的权利和义务、国家主权的地位以及国际干预的标准和尺度，是维和行动的法律依据及其理论指导中争论的主要问题。

（一）联合国作为国际法主体的地位是客观存在的，但是作为一个非国家行为体，它的权利和义务必然受到一定范围的限定

在传统的国际法理论中，国家曾被认为是国际法的唯一主体。国际法主体，有的学者称之为国际法律人格者，“是指具有直接享受国际法上权利和承担国际法上义务的能力的国际法律关系的独立参加者”。[①] 20 世纪以来，国际法理论发生了新变化，国际组织被认为是一种新型的国际法主体，同样受到国际法律责任制度的调整和约束。作为国际法主体，它具备以下三个条件：一是有独立参加国际法律关系的能力；二是有直接承担国际法上义务的能力；三是有直接享受国际法上的权利的能力。

国际组织具有国际法律人格是国际组织在国际法上享有权利和承担义务的保证，是国际组织成为国际法主体的前提。[②] 国际组织的法律人格具有以下几个特点：一是国际组织的合法性源于

---

① 梁西著：《国际法》，武汉：武汉大学出版社，2000 年版，第 74 页。

② 梁西著：《国际组织法（总论）》，武汉：武汉大学出版社，2001 年版，第 8 页。

它所承受的国际法上的权利和义务。这些权利和义务主要载于国际组织的公约或章程中，国际组织的法律人格被限定在其中，如果超出了这些权利和义务，国际组织的合法性就会遭到质疑。二是国际组织的权利和义务必须是国际法上的权利和义务，而不是其他法律体系的。国际组织的权力和职能基于相关国家的同意，其行为和对行为结果的接受也都建立在相关国家意志统一的基础上。主权国家让渡的这部分权力成为国际组织得以运作的根本动力，受到国际法的调整，比如使节权、缔约权、求偿权、豁免权以及外交保护权等等。一般说来，国际组织只要拥有这些权利中的一项即可以表明它是拥有国际法律人格的；三是国际组织必须是这些权利和义务的直接承担者，而不是间接的承受者或利害关系主体，它与这些权利、义务的关系是点对点的，是直接由公约或章程载明的。

国际组织作为成员国权力让渡的产物，其法律人格是由成员国共同制定的基本条约所赋予的，国际组织到底能在多大程度上享有权利和承担义务的问题，在国际习惯法上并不明确。[①] 但是，由于国际组织行使的是一种派生权力，因此，可以肯定的是“其责任能力范围应与权利义务范围相一致的基本原则”[②]。

综上所述，联合国的国际法主体地位是不容置疑的。但是，与国家相比，联合国的权利和义务却要受到更多的限定。从法律地位来看，联合国是主权国家根据国际协议建立的国际组织，具有自己独立的法律人格。但其法律人格只是其成员国通过条约或者其他方式授予的，离开了主权国家的授权，任何国际组织在法律上的权利能力与行为能力都不可能存在。从法律基础

① 梁西著：《国际组织法（总论）》，武汉：武汉大学出版社，2001 年版，第 5 页。

② 蒲傅著：《当代世界中的国际组织》，北京：当代世界出版社，2002 年版，第 245 ~ 246 页。

来看，联合国的法律基础《联合国宪章》本身是国家间的正式协议，通常表现为政府间的一种多边条约，是国际组织建立组织机构和进行活动的基本书件。由于联合国的权利能力和行为能力是由其成员国通过签订作为国际组织章程的国际协定而赋予的，所以，联合国只能在其组织章程规定的范围内活动，其权利能力和行为能力是有限的，“不能像国家那样全面地参加国际关系，享受国际法上的全部权利并承担国际法上的全部义务”。[①] 因此，在联合国对维和行动进行授权和部署时，应当充分认识到自身作为有限范围内的国际法主体的事实，应该对维和行动权利和义务的界定有所限制。尽管维和行动的法律基础来源于《宪章》赋予联合国的广泛权力，但是联合国不是“世界警察”，维和行动同样不能“包治百病”。事实上，为顺应国际形势及安全需求的变化，按照《宪章》的宗旨和原则，适当地调整维和行动的职能和任务是合理的，也是需要的；但是无限制地扩大维和行动的职能范围，或是对它所能发挥的作用期望过高都是不切实际的。

（二）维和行动的参与主体以及规范对象主要是国家，因此维护、尊重国家主权是必要的法理基础

从法律的视角来审视，维和行动属于一种法律行为，其合法性主要来源于国际法。国家既是维和行动的参与主体，也是其规范的主要对象，这一点是因国际法不同于国内法的基本特点所决定的。国际法的制定和实施不依赖于某一个超国家机器（即世界政府、世界议会或是世界法院），而是依赖国际法的规范对象——国家本身。国际法的原则、规则和制度只能由国家之间在平等的基础上以协议方式制定。同样，它们的实施也只能依靠国

① 马呈元主编：《国际法》，北京：中国人民大学出版社，2003 年版，第 20 ~21 页。

家自身的行动。亦即国家一身而二任，既是国际法的制定者，又是国际法的实施者和被规范对象。这是国际法明显不同于国内法的一个基本特点。这一特点凸显出国家的主体地位，凸显了国家意志在国际法制定实施过程中的决定性作用。一项国际法规则能不能制定、如何制定、制定以后能不能产生效力、能不能被遵守，均取决于国家单独的和集体的意志。国际法的制定和实施不依赖于超国家的强制力这一特点，既在某种程度上决定了国际法的“弱法”性质，也为大国、强国主导或危害国际法的制定、实施提供了可乘之机。了解了这一特点，有助于正确地认识、对待国际法。也就是说，既不能用国内法的标准来要求、衡量国际法，对国际法抱有不切实际的期待，也不能用虚无主义的观点来否定国际法的作用，将之视为“留之无用，弃之可惜”的东西。

国家是国际法最主要、最基本的主体，因此维护和尊重国家的主权是联合国及其维和行动必要的法律基础。也正因此，现代国际法的基本原则中“国家主权平等原则”被居于首位。在联合国维持和平行动中，主权原则转化成为“同意原则”。联合国作为由主权国家组成的政府间国际组织，本身并不当然具有法律人格，其职权来自基本书件《联合国宪章》的授予。一方面联合国维和行动从筹划建立到实地实施的整个过程都离不开会员国、东道国、出兵国及过境国的同意，而有关国家做出同意接受或参加维持和平行动的表示又是行使国家主权的具体体现。另一方面，无论行动的宗旨如何正当，在采取行动的全过程中，都应该以尊重国家主权为前提条件，否则行动就会背离原先的目标，演变成国际干涉。“不论联合国在维持和平方面的活动如何坚实，不论是导致一项决定或一项建议的单纯干预，或是按照宪章第十一条第二款规定的严格意义上的一种‘行动’，事实上其维持和平的活动都是在一个由主权国家组成的世界中实施的，而国家主权在没有得到该国同意的情况下是不能限制的。受干预国家的同意，是安全理事会或大会行动合法性的必要的和充分的条件。”[①]

对国家主权地位的讨论，事实上已不仅是学术问题，而是国际政治问题，同时也带动了维和行动理论指导的变化。20世纪90年代以来，随着信息技术革命的迅速兴起和全球化浪潮的蔓延，推动国际政治格局发生的重大变化，对传统的国家主权理论带来前所未有的冲击，致使理论与实践产生了分离，让当今国家主权理论陷入了困境。主权理论受到冲击的具体表现为：当今国际法不断向国家主权渗透，超国家的国际组织限制了国家行使主权的空间，跨国公司严重侵蚀了国家主权。国际法学界因此出现了“主权弱化论”、“主权受限论”、“主权让渡论”，以及“主权过时论”乃至“主权消亡论”、“人权高于主权论”等纷繁复杂的各种国家主权理论思潮。这种思潮同样影响、催生了维和理论的演变。1999年8月25日，联合国前秘书长安南就在第54届联合国人权委员会上提出了建立“新国际准则”以及“人权高于主权”的理论。他说，虽然联合国是一个由主权国家组成的国际组织，但是联合国存在的理由是要保护世界人民的权利和理想，任何一个政府都无权躲在国家主权的后面侵犯其人民的人权和基本自由。[②] 正是在这种“人权高于主权”的理论影响下，“人道主义干预”、“保护的责任”等维和理论在实践中成为部分维和行动的重

① 盛红生著：《联合国维持和平行动法律问题研究》，北京：时事出版社，2006年版，第84页。

② “Status of the International Covenant of Economic, Social and Cultural Rights, the International Covenant on Civil and Political Rights and the Optional Protocols to the International Covenant on Civil and Political Rights: report of the Secretary－General”, A/54/277，联合国人权事务网站信息中心，http://daccess－ods.un.org/TMP/6647503.37600708.html。

要法律依据。

主权概念在一定的历史条件下产生，因而也必然随着历史的发展而发展。然而，主权概念的演变也同国际斗争密切相联，而并非仅仅是经济、社会发展的结果。[①] 应该承认，当前的国家主权的概念本身较之以往确实发生了一定程度的演变，但是以下两点是在维和行动中把握国家主权地位的关键：

一是主权概念的演变既不能否定主权国家的存在，也不意味着国家主权的削弱或消失。传统的国家主权理论主要强调主权的至高无上性和不可侵犯性，突出了国家的固有属性，但其却未能很好地解决主权依据问题，这使得主权无论在理论上还是实践上都具有矛盾性。国家主权是在特定的社会和经济条件下产生的，随着国际社会的不断发展和演变，它的内涵和外延也在不断改变和充实。但是这种演变和发展都不能否定主权国家的存在，即使是那些主张干涉别国内政的人，在涉及本国利益时又回到了维护国家主权的立场。

二是人权的国际保护应该建立在对其国家主权承认和尊重的基础上。在联合国维和行动中，关于人权与主权、人权的国际保护与国内管辖权或不干涉内政原则之间关系的问题的争论从未停止过。战后西方人权学说因国际人权思想的迅速发展而成为了显著的热点，这部分体现了人类社会道德文明的进步和改善。但值得注意的是，尊重人权必须严格遵循尊重主权的原则，这是由主权与人权在国际法中的关系所决定的。尊重主权与人权的国际保护在国际法上是对立统一的，没有主权国家的参与，任何个人和集体或民族均不可能直接享受到国际人权的保护。人权的保护主体是国家，人权和人权保护任何时候均离不开国家。国

① 钱文荣："《联合国宪章》和国家主权问题"，载《世界经济与政治》1995年第8期，第3页。

家不仅直接制定国内人权法，国家还参与制定国际人权法，而且国家还承担着将国际人权法转化为国内法的义务。国内人权的实现是国家立法和司法实践的结果。保护人权的国际法或条约都是由国家集体参与制定，并通过国家之间的国际合作履行国际法义务的结果。与此同时，国际人权法规定的基本人权和自由，必须经过国家将其转化为国内立法，并保证在国内得以贯彻和实现。

（三）维和行动对冲突各方进行必要的国际干预是合法的，但是非强制的原则不能被任意突破

国际干预和国际干涉是国际关系中难以准确区分的两个概念。“干预”和“干涉”两词含义相近，都是指过问（别人的事）。[①] 但是在中文含义中“干涉”的合法性比“干预”要弱。而在英文中，这两个词没有明显区别，动词形式都是 interfere 或 intervene，名词形式 intervention，同时还含有介入、调停、斡旋等义。[②] 本质上，国际干预与国际干涉都具有强制性，但是，“干涉”一词所隐含的不合法性远比“干预”强。就国际干预而言，狭义的国际干预专指暴力性的军事干预，广义的则包括从发表言论、实施经济制裁、部署人道主义救援、监督选举、进行预防性外交、派驻维和部队到采取军事行动等不同程度的干预行为。就国际干涉而言。国际法中对它的界定是：“一国为了维持或变更事物的实际情况而对另一国事务的专横干预，它影响有关国家的对外独立或对内的最高权力。”[③]

① 参见中国社会科学院语言研究所词典编辑室编：《现代汉语词典》，北京：商务印书馆，2002 年增补本，第 405、406 页。

② 参见《牛津高阶英汉双解词典》（第四版），北京：商务印书馆，1997 年版，第 781、785 页。

③ ［英］劳特派特修订：《奥本海国际法》，上卷，第 1 分册，北京：商务印书馆，1981 年版，第 229 页。

应该看到，为维持国际和平与安全，必要的国际干预有时是不可或缺的。从广义来看，联合国安理会授权的维和行动也属于干预的范畴。但是，联合国组织或授权的国际干预多为集体干预，这类干预之所以被认为是合法的，原因在于其根本目的不是侵略而是维护国际和平与安全，是以集体安全的名义来防止和消除对和平的威胁，制止侵略行为或其他破坏和平的行为，其积极作用不容忽视。同时传统的维和行动更多坚持“同意原则”，即得到东道国的认可和授权，这一做法践行了“不干涉内政”原则，因此也可以视为是非强制性的。但是，冷战后的大国协调以及严重的国内冲突和人道主义危机所引发的对国家垄断管理权的反思，促使了干涉主义地位上升，挑战了国家主权原则作为主导性国际规范的地位。[①] 以人道主义干涉为主要特征的“新干涉主义”地位上升也是一个不争的事实。干涉主义的缺陷在于它极可能被霸权主义国家操纵而服务于其狭隘的国家利益。在美国 1999 年出版的《新干涉主义》一书中就明确提出，美国军事干涉的类型包括：威慑、预防、强制、惩罚、维和、作战、调停、重建国家、封锁、人道主义援助和营救。[②] 与此同时，干涉主义也逐渐被一些重要的国际力量所接受，具有较大的国际影响。如联合国前秘书长科菲·安南（Kofi A. Annan）就提出：“世界发展的趋势就是朝着‘干涉’的方向发展，当出现了难以解决的人权状况时，外界就会参与进来。”[③]

其实，联合国维和行动作为《宪章》“第六章半之行动”的

① 毛瑞鹏：“主权原则与中国在联合国维和议案中的投票行为（1994 ~ 2004）”，载《世界经济与政治》2006 年第 4 期，第 57 页。

② ［美］理查德·N·哈斯著、殷雄等译：《新干涉主义》，北京：新华出版社，2000 年版，第 49 页。

③ 转引自金鑫：“西方政要及有关人士关于‘新干涉主义’若干言论”，载《太平洋学报》2000 年第 1 期，第 95 页。

特质，决定了它本身区别于强制行动，这也应该被视为是它作为集体安全机制中一个重要的组成部分而独立存在的价值。与《宪章》第七章规定的强制方法相比，虽然两者都带有军事色彩，并都涉及部署部队，但是按照《宪章》的规定，强制行动是针对敌人使用武力以达到惩罚和制裁的目的，而维和行动则是“无战斗之敌，无战胜之地，武器用于自卫，效果靠自愿合作”。冷战后，维和行动的强制色彩日益浓重，使其与以武力强制执行和平行动的界限越来越模糊。“这其实是一种倒退，亦是对完整而有效的维持国际和平与安全的方法体系的破坏。”① “非强制原则”是联合国维和行动最早确立的三项基本原则之一，至今仍被证明在实践中是切实有效的。从国际法的角度分析，这一原则转化自国际法的基本原则之一：禁止以武力相威胁或使用武力原则，同时也包含了对国家主权平等原则、和平解决国际争端原则等其他国际法基本原则的承诺与履行。《联合国宪章》第二章第四条规定：“各会员国在其国际关系上不得使用威胁或武力，或以与联合国宗旨不符任何其他方法，侵害任何会员国或国家之领土完整或政治独立。”这一原则就国际争端当事国或国际冲突各方之间的关系而言，主要是指各国（方）应尽量利用和平手段解决争端，避免以武力相威胁或使用武力，在联合国维持和平行动的配合下，维持现状，并最终通过政治、外交手段解决争端，实现和平；冲突各方对联合国维持和平行动也不应以武力相威胁或使用武力。就联合国维持和平行动而言，维持和平部队或军事观察员在行动中不是冲突或交战一方，而是作为不偏不倚的第三方介入其间以缓解冲突。

此外，以“人道主义”、“保护的责任”作为理由的强制性国

① 贺鉴：“论冷战后联合国维和行动与国际干预”，载《求索》2005 年第 5 期，第 68 页。

际干预行动看似“合理”，但是从国际法的法理分析来看，却并不具有明确的责任和义务。在西方国际法学界讨论人道主义干涉问题时，常常或者将其作为“禁止干涉的例外”①，或者将其归属于“正义战争”，从而证明人道主义干涉的合法性与正当性。历史上，当人权问题同国际和平与安全问题相结合时，确实会促使人们采取行动，有时也会成为采取行动的正当理由。但是，国际法中几乎没有关于这一问题的任何规定。事实是，在发生人道主义危机的国家的领土上部署国际部队，需要获得该国的同意。这表明，以人权名义进行的外部干预，虽然高于主权，但并不构成权利。人道主义干预更不可能成为一种义务或责任。即使是在发生种族灭绝这样极端的情况下，法律上也没有强制要求外部进行干预。例如《防止及惩治灭绝种族罪公约》并没有明确赋予外国进行干预的义务。《公约》的名称表明其范围包括防止此类罪行的发生，其中第一条规定“缔约国承诺预防种族屠杀”；第八条规定“缔约国可以为预防种族屠杀而向联合国有关机构提出申请。”但是除此之外，该公约便没有作什么具体规定了，预防种族屠杀的义务相当于一张白纸，等待着缔约国的实践和案例法的勾画。② 事实上，以“人权”等所谓道德为基础采取的国际行动，与以法律和各种法律机制为基础而采取并得到支持的行动相比，是非常危险的。缺乏法律支撑的国际干预，其道德基础是脆弱的，最终会导致资源短缺，从而使道德而不是法律受到损害。维

---

① 干涉例外论，认为四种可以进行战争的例外情况：一是先发制人的干涉；二是必须平衡在先的干涉，即进行反干涉是有道理的；三是当必须拯救受到屠杀或威胁的人民时，进行干涉是有道理的；四是当拯救分离主义运动时，干涉是有道理的。

② 具体内容请参见［法］让－马克·夸克著、周景兴译：《迈向国际法治：联合国对人道主义危机的回应》，北京：生活·读书·新知三联书店，2008 年版，第 113～115 页。

和行动若因缺乏法律支撑便转而寻找道德上的理由，往往会引发争议和质疑。

四、小结

“维和行动的困境”是与生俱来并随着联合国维和行动的发展演变而发生相应变化。综上所述，可以将联合国维和行动的困境概括为这样一种矛盾情况：维和行动在适应国际形势发展而为维护国际和平与安全发挥积极作用，并被寄予更大期望的同时，由于受到法律缺失、大国利益差异及权力竞争、干预扩大等因素的影响，其作用和效率受到明显制约，公正性受到冲击，甚至出现严重偏离。这种矛盾情况决定了维和行动在未来的国际事务中仍将发挥其重要而独特的积极作用，同时又必须面对各种复杂的挑战。

联合国作为第二次世界大战后最权威的综合性国际组织，对国际和平与安全负有最重要的责任。但是联合国不是国际政府，而是国际社会的协调机构。“不能说联合国能够制订政策、作出决策和执行决策。联合国不是一个具有统一思想、统一意志和统一权力的实体。它只是个论坛，在这里各国相聚。”① 这从一个侧面反映出了联合国在具有权威的同时也受到许多制约。然而尽管面对怀疑和指责，尽管确实存在不如人意的地方，但在总体上，联合国以其成功的实践证明了自身的价值，联合国集体安全机制也因为维和行动的显著的、不可磨灭的重大功绩，而被证明发挥了不可替代的重要作用。

过往所取得的成绩，无法掩盖维和行动的困境所暴露出来的

① Kenneth W. Thompson, *Political Realism and the Crisis of World Politics*, Princeton: Princeton University Press, 1960, pp. 150 – 155.

问题以及由此对维和实践带来的困难。与其他重大的国际政治问题一样，维和行动的困境，在很大程度上是无法真正解决的，并将长期存在且影响维和行动自身的实施和发展。冷战后的国际关系发生了变化，国家间相互依存关系的发展和接触增多，各国之间摩擦与冲突的可能性随之提高，但是解决争端的手段的暴力程度在下降。这种新的发展对国家安全带来的影响，为维和行动困境的缓解、维和行动合作的增多提供了契机。相互依存关系下的国家间共同安全利益在不断上升，使国家更趋向于选择集体安全手段维护自身安全。随着经济全球化的深入发展，国家安全利益的内涵和外延都发生了变化。当今世界各国间国家利益的联系点和接触点都较冷战前有了空前的增加。今天，一国国家利益更多地需要在与其他国家的联系中获得和维护，这种状况一定程度上推动了国家间合作的增多。

此外，安全威胁形式、构成及来源等要素的变化也是国家间合作增强的一个因素。安全威胁的多样化和复杂性发展，使得简单直接的传统军事手段难以真正彻底地解决安全问题，反而有可能带来更多的麻烦，比如美国深陷伊拉克战争的事实就是一个很好的例子。因此，介于外交手段与军事手段之间的维和行动可能更加接近冷战后冲突预防和控制的本质。

同时，实践证明，单边的军事行动已经越来越难以适应今天的条件。事实上，拥有单边军事行动能力的美国对此有非常清楚的认识。采取单边军事行动与多边行动相比，一方面单边行动代价高昂，而多边行动可以部分分担责任；另一方面多边行动的合法性或合理性比单边军事行动更高，当然，重点是这种多边行动必须在确保美国保留单边军事行动权利的条件下完成。由此，我们就不难理解为何美国在利用联合国遭到反对时，总会拉上“北约”各成员国与其一起进行军事行动。

国际组织等非国家行为体已经成为国际关系中新的角色和主

体。传统的权力政治理论认为只有国家及其代表政府才是国际关系的基本角色，是国际间发生联系的唯一渠道。复合相互依存理论，并不否认国家作为国际关系的主体在国际联系中发挥的作用，但是认为国家并不是国际关系的唯一主体，除国家外，国际组织、跨国公司、非政府团体也已成为新的国际关系角色或主体，国际关系的所有角色或主体都是国际间发生联系的渠道。无论哪一种渠道都使国际联系和相互依存的趋势得以加强，尤其是国际组织、跨国公司和非政府团体发展得极为迅速，它们使相互依存的关系日趋复杂化和多样化。[①] 需要注意的是，以上的认识变化是建立在今天全球化时代的历史背景下的。在全球化时代，“主权国家在国际国内的局限性日益显现、政府行动受多因素制约的情势下，通过国际组织所特有的法理性、联合性、行动力，来最大化地参与实现国家在全球社会中的价值分配的过程，已成为各国在总体战略方向上应对全球化挑战、适应新形势的重要内容”。[②] 今天，国际组织的作用和影响力都是毋庸置疑的，几乎世界上所有国家都不得不谨慎考虑践踏国际组织的原则所要付出的严重后果，因为这意味着在和国际社会及庞大的规则对立。

第三节　维和行动成功的主要条件

尽管几乎所有的研究都从总体上肯定了联合国维和行动为维护世界和平与稳定发挥的重要作用，但是，在维和行动存在的问题上却评价不一。其中最根本的问题是：联合国维和行动为什么有的成功，有的失败？其成功的条件究竟是什么？回答这些问题

---

① 赵怀普等：“权力政治与相互依存”，载《世界经济与政治》1993 年第 7 期，第 38 页。

② 董健著：《从主权破裂到新文明朦胧》，北京：当代世界出版社，2002 年版，第 232 页。

具有重要的现实意义，一方面明确成败的原因，有利于增强维和行动决策的预见性；另一方面明确成功的条件，有利于联合国及其会员国创造条件确保行动取得成功。

一、维和行动成功条件的现有研究

对维和行动成功条件的研究，首先要解决的问题是判定维和行动成功的标准。目前对维和行动成败的判定标准并没有统一的认识和规定。成败判定标准的差异导致了对维和行动成功条件的认定不同。

保罗·戴尔（Paul F. Diehl）[①] 在其开创性的研究中，设置了判定维和成功的两个标准：第一，限制了武装冲突，即维和部队在其部署地区遏制或阻止了武装冲突的发生；第二，解决了冲突。从以上标准出发，戴尔分析了维和行动成功的条件，认为成功限制武装冲突水平的条件有：维和部队的中立性；维和行动的指挥；控制与协调；适度的维和区域；明确的维和使命；足够的财政支持；东道国以及主要冲突方的合作；第三方以及次国家行为体的支持。是否能够解决冲突的条件有：维和行动能否限制冲突水平；能否推动冲突双方谈判；是否产生了事与愿违的不利于谈判的环境及维和战略是否恰当。

丹尼斯·杰特（Dennis C. Jett）[②] 则从反面探讨了导致维和失败的原因。他主要从维和行动部署前、维和过程中以及外部因素这三个方面进行了梳理：在维和行动部署前：（1）结构因素，即以何种方式介入冲突。“冷战结束后，联合国越来越多地在一国

① Paul F. Diehl, *International Peacekeeping*, Baltimore: The Johns Hopkins University Press, 1994, pp. 62 – 91.

② Dennis C. Jett, *Why Peacekeeping Fails*, New York: St. Martin’s Press, 1999, p. 19.

内部冲突方没有达成协议的情况下使用武力维持和平”，增大了失败的可能性。（2）部署维和行动的时机。“部署时间不适当，在没有达成协定的情况下部署维和行动，就可能导致维和行动的失败。”（3）维和行动的任务。“如果维和行动的任务不现实，或没有得到国际社会的广泛支持，或联合国对维和行动的授权含糊、虚弱，这样的维和行动也将以失败告终。”在维和行动过程中：主要包括联合国内部因素对维和行动实施产生的影响，如联合国运作方式的缺陷、合作沟通、工作效率等等。同时，可能产生影响的外部因素则包括：（1）冲突方不愿为达成和平做更多的努力或妥协。（2）冲突方向公众提供的不利信息。（3）包括大国在内的外部力量的介入。

让－马克·夸克（Jean－Marc Coicaud）[①] 重点对20世纪90年代以来的维和行动，即第二代维和行动进行了研究。他认为，这一时期判定维和行动是否成功的标准主要有三：第一，总体和首要目标是在较短时间内结束冲突；第二，提供人道主义援助，尊重人权；第三，建设和平。按照这三条标准，将行动分为：成功型、成败不清型[②]、明显失败型。造成维和行动结果成功或是失败的主要原因有：1. 成功型的维和行动：（1）在冲突有关各方同意的情况下进行；（2）不包含执行和平的内容；（3）冲突各方愿意解决冲突。维和行动得以成功，或是在冲突爆发之前，通过预防性外交已经解决了问题；或是因为交战各方真正承诺要结束

① ［法］让－马克·夸克著、周景兴译：《迈向国际法治：联合国对人道主义危机的回应》，北京：生活·读书·新知三联书店，2008年版，第30～54页。

② 让－马克·夸克认为此类行动：既没有取得明显的成功，也没有遭受明显的失败。主要有两个特点：一是联合国在干预危机的过程中，实现了安理会有关决议确立的某个一般性目标，但没能实现其他目标。二是联合国尽管完成了总体目标即结束了冲突，但是没有较好地完成其他目标，甚至有的遗留下难以解决的问题和矛盾。这类行动包括：联合国在海地、塞拉利昂、东帝汶、柬埔寨等地的维和行动。

冲突，并请求联合国帮助其进行国家重建。2. 明显失败的维和行动：（1）交战各方缺乏真正实现和平解决的意愿；（2）联合国维和部队几乎无所作为。

聂军[①]研究认为，冲突的解决是维和行动的根本任务。根据维和行动任务和形式的不同，将维和行动分为两类，且判断成败的标准分别为：一类是传统维和行动，主要考察是否控制了冲突；另一类是非传统维和行动，主要考察是否解决了冲突。他运用归纳推理的方法得出维和行动成功与否的条件主要有：（1）大国是否一致支持联合国维和行动。一致度越高，成功可能性越大。（2）冲突方认可联合国维和行动的程度。认可度高，则成功的可能性越大。（3）维和力量的强弱。维和部队有足够力量为冲突各方提供强有力的安全保障，则成功的可能性较大。（4）是否涉及领土争端。涉及领土的争端，维和行动成功的可能较小。（5）冲突是否涉及种族因素。维和行动介入的冲突涉及种族因素，成功的可能性较小。

以上研究都具有一定的学术价值，是后续研究的重要基础，但是他们也都不可避免地存在着一些缺陷。比如，戴尔的研究没有对评价维和行动的标准给予操作化定义，因此在对案例进行评价时带有主观因素。同时他没有把确立的标准用于检验所有的维和行动，因此难免缺乏一定的普遍性。杰特试图从维和行动的整个过程中找出维和失败因素的做法，在很大程度是归纳的方法。这种描述性的研究可以发现很多问题，但是它们大多时候并不是真正的问题。此外，杰特认为，要是只有一个因素能够导致维和行动成功的话，它就是冲突方的合作。但是，这个结论具有明显的同义反复嫌疑。夸克对维和行动成功的标准界定为：是否完成

① 聂军："联合国维和行动成功的条件"，载《国际政治科学》2008 年 2 月总第 14 期，第 1～37 页。

了维和行动的主要目标，而事实上这些目标中有的只是阶段性或临时性的。同时他将是否提供了足够的人道主义援助作为成功的标准之一，由于难以准确界定和难以精确量化，因此并不科学。聂军对所有的维和行动进行了较为完整地归纳整理，并运用国际危机数据库（ICB）的统计加强了自身研究的科学性和说服力。但是将领土争端以及种族因素作为判断维和行动成功的条件时，似乎再次跌入维和行动的困境，按照这样的标准来考量，大多数的维和行动将从一开始就注定了失败的命运。

二、维和行动成败的标准

目前对维和行动成败的判断、评估还没有形成较为明确的、统一的、并得到广泛认可的标准。本书认为判断维和行动是否成功的标准，应该是看它是否履行了其主要宗旨，即是否有效控制甚至解决了冲突。众所周知，联合国维和行动的根本目标是缓解和解决冲突，从而维护世界的和平与稳定。因此，在维和行动的一系列任务中，冲突控制与解决是最根本的任务，其重要性是第一位的。无论是传统的第一代维和行动，还是第二代维和行动，尽管具体任务和形式有显著的差异和突破，但是根本任务并没有改变，而其他任务则都是服从或服务于这个根本任务的。如果维和行动没能有效地控制冲突，或是导致冲突的因素没有消除，那么维和行动在其他地方取得成绩的可能性较小。有时即便是行动已经取得了一些成绩，也可能会因冲突再起而大打折扣，甚至让已有的成绩化为乌有。此外，很多时候一旦冲突得到基本解决，即便其他任务尚未完成，比如人道主义援助、排雷等等，安理会通常也会通过相关决议撤离行动，这从另一个侧面说明，联合国是将冲突的控制或解决看成是维和行动的根本任务。基于此，判定维和行动成败的标准应设定为：是否解决了或至少控制了冲突。

具体的操作化定义分别是：第一，是否控制了冲突：指的是在维和行动执行任务期间，冲突双方或者冲突一方与维和行动之间是否发生严重的武装冲突。对“冲突双方是否发生武装冲突”的界定，本书主要考察维和行动执行任务期间是否发生了严重的武装冲突，统计参考的事实和数据主要来源于斯德哥尔摩国际和平研究所数据库[1]公布的各项相关数据，以及联合国维持和平行动网站上的公开资料和数据统计。把“严重的武装冲突”作为判定是否发生武装冲突的标准，主要是考虑到，现实中冲突一方或双方时常会违反停火协议或停战协定而引发一些小规模冲突，因此这样的判别标准不至于使联合国维和行动成败的标准过于苛刻。第二，是否解决了冲突：在考察“是否发生严重武装冲突”的基础上，考察导致冲突的议题是否得以消除或者化解，并且在联合国维和行动撤离一年之内冲突双方没有爆发冲突。联合国维和行动介入冲突的议题各不相同，因此尚无相关的数据库来确定冲突的议题是否得以消除或化解，不过还是可以根据相关文献资料做出判断。[2]

对于判定成败的考察对象，研究中选定为“目前已经结束了的联合国维和行动”。这样选定是因为目前没有结束的维和行动尽管在控制冲突方面确实发挥了重要而积极的作用，可是由于它没有真正结束，一方面表明冲突没有得到解决，另一方面表明冲突仍在发展中，还需采取措施进行控制。因此，此时就判定这些没有结束的维和行动的成败似乎为时尚早，所以考察、检验的对象不包括尚未结束的维和行动。

---

① 斯德哥尔摩国际和平研究所数据库，http：//www. sipri. org/databases。

② 此处本书参考、借鉴了聂军的研究成果，具体参见聂军：“联合国维和行动成功的条件”，载《国际政治科学》2008 年 2 月总第 14 期，第 10 页。

三、维和行动成功的条件

事实上，联合国维和行动的成败与多方面的因素有关。有些维和行动的成败是与维和行动本身息息相关，而有些维和行动的成败则与维和行动以外的因素相互关联，当后一种情况出现时，即使维和行动本身的计划及其执行再完美无缺，维和行动也可能以失败而告终。若想穷尽维和行动成败的因素是不可能的，即使能够分门别类地探寻维和行动成败的因素，这些因素也不是孤立地存在的，而是相互影响的。对此，华尔兹曾说过："既然经验知识在广度上有可能是无限的，那么如果没有任何指导原则的话，我们就无从知道需要收集哪些信息，也不知道如何将已有的信息进行组织以使其为人理解"，其结果是，"如果我们收集到越来越多的数据并建立起越来越多的关联，最后我们会发现其实我们并没有发现什么东西，只不过是越来越多的数据和更为庞大的关联系列而已。"① 通过综合分析，本书认为维和行动成功的条件主要有以下几点：

（一）大国是否一致

这里的"大国"，主要指联合国安理会五个常任理事国。"大国一致"指的是安理会五大常任理事国对维和行动一致的政治支持。冷战时期，美国和苏联的态度对维和行动成败的影响要比其他三个常任理事国大得多。冷战结束后，作为世界上唯一超级大国的美国，其对维和行动成败的影响要比其他常任理事国大得多。

大国一致是联合国维和行动得以部署和延续的前提条件，没

① ［美］肯尼思·华尔兹著、信强译：《国际政治理论》，上海：上海人民出版社，2003 年版，第 5～7 页。

有安理会常任理事国的一致同意，部署联合国维和行动的决议不会得到通过。安理会常任理事国对联合国维和行动的一致支持，向冲突双方表明了国际社会防止冲突、维护和平的坚强决心，代表了国际社会一致的呼声。如果违背了这些愿望就可能要面临受到国际社会的谴责甚至制裁——这种可能会迫使冲突双方执行达成的协定，最终促成联合国维和行动的成功。如果安理会常任理事国存在较大分歧，或者某一常任理事国与冲突一方具有共同利益或是同盟关系（如美国与以色列、俄罗斯与阿布哈兹），那么，出于维护本国利益或者两国特殊关系的考虑，该大国在对待维和行动的态度上就会摇摆不定，或者暗中在事实上支持冲突中的一方，因而阻碍联合国维和行动的任务执行，最终导致行动的失败。例如，联合国在中东的停战监督组织，至今没有完成任务，结束行动，主要原因就是由于美国对以色列的支持和偏袒。再如，联合国第一支紧急部队的部署及其成功，与美苏两国在苏伊士问题上的意见一致是密不可分的。同样，没有安理会五大常任理事国的一致支持，联柬行动中的柬埔寨四方就不可能达成全面和平协定。

（二）冲突各方是否认可

回顾以往的案例可以看出，维和行动的成功必须依赖冲突双方的充分合作。而冲突双方之间合作的前提条件是，维和行动的部署得到冲突双方或至少部署区域所在国家的同意。冲突双方同意或一方同意部署维和行动，在一定程度上表明了冲突方认可维和机制的原则、规范、规则与决策程序，接受维和机制对本国所施加的禁止性规定。一方面，冲突双方在维和机制的框架下进行合作的目的是获取更多的权力，并实现更多的国家利益；而一旦环境发生变化，当维和机制对实现国家利益不利时，冲突方就会改变对维和行动的态度并终止与冲突另一方的合作；另一方面，在参与维和机制时，国家或冲突方考虑更多的是相对收益。如果一方相对收益太多，势必威胁到另一方的安全和改变双方力量的对比，从而会加剧另一方对生存的担心继而改变合作的态度。[①]因此，冲突方的认可就成为维和行动成功的重要条件。

（三）维和力量是否匹配

维和力量是指运用并参与到具体维和行动中的人员、物资、经费等要素所形成的整体力量。由于冲突双方高度关注自己的安全，在调解与解决冲突的过程中，尤其是在涉及到裁军、解散武装等敏感问题的维和行动中，维和行动需要有较强的维和力量保证双方，特别是力量相对较弱一方的生存，并阻止一方对另一方的突然袭击。因此，较强的维和力量通常是需要的。对此反对的意见是，维和部队并非通过军事力量以武力强制和平，维和行动的有效性主要在于通过显示联合国的存在，对违反和平、停火协定的一方面实施威慑作用；因此，维和行动力量的强弱并不重要。但是在维和实践中，维和力量的强弱有时决定了维和部队的规模是否能够遏止冲突方的越界行为，这与维和部队规模的多少、冲突方军事力量的情况以及缓冲区、隔离区或非军事区面积等因素都密切相关。例如，在一国内部的冲突中，执行全面的和平协定要求各方武装裁军、解除部分武装等，这个过程事实上意味着双方军事力量的减少。如果存在欺骗，如不同时或不对等裁减，感到被欺骗的一方就有可能撕毁协定，甚至对维和部队的人员进行报复。在这种情况下，虚弱的维和力量不但无法为实施协议、维护稳定提供安全保障，就连自身的安全也难以保障。例如联合国卢旺达援助团由于维和人员主要来自发展中国家，装备较差，而且未得到安理会大国强有力的政治与财政支持，导致维和

① 聂军："联合国维和行动成功的条件"，载《国际政治科学》2008 年 2 月总第 14 期，第 12 页。

队员遭到杀害，维和行动被迫撤离。[①] 因此，每一次行动的维和力量应该与具体任务要求相匹配。

（四）维和策略是否适当

维和行动本身就是联合国在解决国际社会冲突的实践中创造出来的一种“办法”。国际政治的现实决定了维和行动不可能有固定的模式，每一次维和行动的策略制定和具体实施都必须关照到当时的具体情况和环境。因此，在制定维和策略时，联合国秘书长以及维和行动的指挥者应充分考虑正在发生的冲突的类型、程度、所在地区等因素的综合影响，尽量为维和行动的介入选择较为适当的时机和方式。在维和实践中，还应充分考虑双方力量的平衡。在不以改变双方力量对比为目的、并确保冲突双方生存利益不受威胁的前提下，向冲突双方提供可靠的信息，减少信息的不完全性和不对称性，降低双方达成交易的成本，使冲突双方在维和机制的框架内来调解与解决冲突。因此，实施适当的维和策略就成为维和行动成功的重要条件。

对于以上的条件，我们可以通过表1 的数据进行说明和检验：

表1

序号	维和行动名称	评价	大国一致	认可程度			维和力量	策略适当
				同意	默许	反对		
1	第一支联合国紧急部队	成	否	2			强	是
2	联合国黎巴嫩观察组	成	否	1	1		强	是
3	联合国刚果行动	败	否	1		1	强	否
4	联合国驻西新几内亚（西伊里安）安全部队	成	是	2			弱	是

① 事件具体情况参见本书“研究案例一”。

续表

序号	维和行动名称	评价	大国一致	认可程度			维和力量	策略适当
				同意	默许	反对		
5	联合国也门观察团	成	否	2			弱	是
6	秘书长代表驻多米尼加共和国特派团	成	是	1		1	弱	是
7	联合国印度—巴基斯坦观察团	成	是	2			强	是
8	第二支联合国紧急部队	成	是	2			强	是
9	联合国阿富汗和巴基斯坦斡旋特派团	成	是	2			弱	是
10	联合国伊朗—伊拉克军事观察团	成	是	2			弱	是
11	联合国安哥拉核查团一期	成	是	2			弱	是
12	联合国过渡时期援助团	成	是	2			强	是
13	联合国中美洲观察团	成	是	2			强	是
14	联合国伊拉克—科威特观察团	成	是	1	1		强	是
15	联合国安哥拉核查团二期	败	是	2			弱	否
16	联合国萨尔瓦多观察团	成	是	1	1		弱	是
17	联合国驻柬埔寨先遣团	成	是	2			强	是
18	联合国保护部队	败	是	2			强	是

续表

序号	维和行动名称	评价	大国一致	认可程度			维和力量	策略适当
				同意	默许	反对		
19	柬埔寨过渡时期权力机构	成	是	1	1		强	是
20	联合国索马里行动一期	败	是	1	1		弱	是
21	联合国莫桑比克行动	成	是	2			强	是
22	联合国索马里行动二期	败	是	1		1	强	否
23	联合国乌干达—卢旺达观察团	成	是	2			弱	是
24	联合国格鲁吉亚观察团	败	否	1	1		弱	是
25	联合国利比里亚观察团	成	是	2			弱	是
26	联合国海地特派团	成	是	1		1	强	是
27	联合国卢旺达援助团	败	是	2			强	否
28	联合国奥祖地带观察组	成	是	2			弱	是
29	联合国塔吉克斯坦观察团	败	否	1	1		弱	是
30	联合国安哥拉核查团三期	成	是	2			强	是
31	联合国克罗地亚恢复信任行动	败	是	1		1	强	否
32	联合国预防性部署部队	成	是	–	–	–	弱	是
33	联合国波斯尼亚和黑塞哥维那特派团	成	是	2			强	是
34	联合国东斯拉沃尼亚、巴拉尼亚和西锡尔米乌姆过渡行政当局	成	是	2			弱	是

续表

序号	维和行动名称	评价	大国一致	认可程度			维和力量	策略适当
				同意	默许	反对		
35	联合国普雷维拉卡观察团	成	是	2			弱	是
36	联合国海地支助团	成	是	–	–	–	弱	是
37	联合国危地马拉人权核查团	成	是	2			弱	是
38	联合国安哥人权核查团	败	是	1	1		强	否
39	联合国海地过渡时期特派团	成	是	–	–	–	弱	是
40	联合国海地民警特派团	成	是	–	–	–	弱	是
41	联合国克罗地亚民警支助组	成	是	–	–	–	弱	是
42	联合国中非共和国特派团	成	是	2			强	是
43	联合国塞拉利昂观察团	败	是	1		1	弱	否
44	联合国塞拉利昂特派团	成	否	1	1		强	是
45	联合国东帝汶过渡行政当局	败	是	–	–	–	弱	否
46	联合国埃塞俄比亚和厄立特里亚特派团	败	否	1		1	弱	否
47	联合国东帝汶支助团	成	是	2			强	是
48	联合国布隆迪行动	成	是	–	–	–	强	否

资料来源：联合国维持和平行动网站：http：//www. un. org/peace/peacekeeping/；斯德哥尔摩国际和平研究所：http：//www. sipri. org/databases。

这里需要对其中数据的分类和编码进行简要说明。对维和行动成败的评价标准主要参照前文论述过的维和行动成功的标准，考察的对象不包括正在执行、尚未结束的维和行动。在考察大国是否一致时，本书考察的是安理会五大常任理事国对待维和行动的态度以及是否支持冲突中的任何一方。[①] 在认可程度中，为了分析方便，假定介入冲突的主要有两方，如果有更多的行为体参与冲突，则重点研究主要的冲突双方；[②] 因此，表中数字“1”表示冲突中的一方，数字“2”表示冲突双方，“—”表示无法确定冲突方的态度。[③] 维和力量的强弱是在综合考虑维和部队规模的多少、维和经费的供给、冲突方军事力量以及缓冲区、隔离区或非军事区面积等因素的基础上得出的。维和策略是否适当主要考

---

① 在联合国维和行动介入的冲突中，有的大国直接参与了冲突：如英国、法国是苏伊士运河危机中的冲突方；或者虽然大国没有直接参与冲突，但或明或暗地支持冲突中的一方：如在阿以冲突中美国支持以色列；在西撒与摩洛哥的争端中美国支持摩洛哥；在联也观察团中英国支持沙特；在格鲁吉亚的国内冲突中俄罗斯支持阿布哈兹分裂武装，等等。面对这样的情况，即使部署维和行动或延长维和行动任期的决议得以一致通过，也不能视为大国一致支持联合国维和行动。只有大国对部署联合国维和行动以及延长其任期的态度是一致的，并且大国不是冲突中的一方或不支持冲突中的一方时，才能视为大国达成一致。如联刚行动中，尽管美国与苏联在对待加丹加分裂的态度上是一致的，美苏都明确表示支持刚果保持领土完整与政治独立，但美苏在其他许多问题上存在着严重分歧。在刚果总统卡萨武布与总理卢蒙巴之间的严重分歧中，美国支持卡萨武布而苏联则支持卢蒙巴。起初，卢蒙巴要求联合国维和部队使用武力制止加丹加的分裂，但遭到哈马舍尔德秘书长的拒绝，卢蒙巴与哈马舍尔德之间的关系因此而恶化。随后的卡萨武布与卢蒙巴相互解职、蒙博托发动军事政变后如何对待卢蒙巴以及后来卢蒙巴被害等一系列事件，皆反映了美苏在刚果的维和行动中存在严重分歧。最突出的表现是，在1960年和1961年两年的时间里，苏联在有关刚果问题的议案中四次行使了否决权。

② 比如，在柬埔寨国内的冲突中虽然有四方参与，但冲突主要是在金边政权与红色高棉之间进行。在黎巴嫩与以色列的冲突中，冲突中主要的两方是以色列与巴解组织和黎巴嫩真主党武装之间。

③ 因为有些维和行动的部署并不是针对特定的冲突。如联合国预防性部署部队“是在当地并没有发生战乱的情况下部署的”，因此无法确定冲突双方的态度。而联海支助团、联海过渡团、联海民警团以及波黑特派团主要任务都是培训当地警察和维持治安，也无法确定冲突双方或者冲突一方的态度。

察维和行动介入时机、制定的政策、实施时中立性的把握以及效率和效果等因素。

通过对以上数据的进一步分析可以得出，在被判断为成功的35次维和行动中，“大国一致”的行动有31次，占66%；维和力量较强的有17次，占53.12%。在冲突方态度较为明确的29次成功的维和行动中，冲突双方都对维和行动态度认可的有22次，占75.86%。在成功的35次维和行动中，策略恰当的有34次，占97%；而在失败的13次维和行动中，策略不恰当的有9次，占69.23%。数据进一步检验了大国一致、冲突方认可、维和力量以及策略恰当是维和行动成功的主要条件。

第四节　联合国维和行动的前景分析

冷战结束的20多年时间里，国际格局发生了深刻而复杂的调整和变化。面对这种变化，联合国不得不进行必要的改革，要以更为宽泛的安全理念为基础构建全球共识，否则将难以适应冷战结束给国际形势带来的深刻变化，甚至将严重影响到其自身作用的发挥。不可否认的是，改革绝非易事，联合国与各成员国一道还有很长的路要走。科索沃战争后，人们曾一度担心联合国有被边缘化的危险。尽管这种可能并非不存在，但是世界需要秩序，国家需要安全，联合国的作用并不会由于暂时的挫折就受到根本动摇，即使是在伊拉克战争爆发后，“美国也仍然需要联合国”①。

① Shashi Tharoor, Why America Still Needs the United Nations, *Foreign Affairs*, September/October 2003.

一、影响联合国维和行动未来走向的主要因素

时至今日，联合国维和行动仍然难以从困境中完全摆脱出来，而且随着“9·11”事件、阿富汗战争、伊拉克战争等国际事件的发生，美国单边主义外交政策对联合国维和行动的冲击变得更为直接和明显。如果将冷战后到现在再到未来一段时间看作一个时间段，那么在这期间影响联合国维和机制发展和未来走向的因素又会有哪些呢？

（一）国际格局的发展变化

当前世界正处于新旧格局的转换时期。与以往凭借武力和战争来结束旧格局、建立世界新秩序有所不同的是，以苏联解体、冷战宣告结束为标志的这一次世界格局的更替是以和平的方式完成的。两极格局终结后，美国成为唯一的超级大国，在世界政治、经济、科技、军事等领域都拥有超强的实力。但是在经济全球化加速发展和恐怖主义等非传统安全因素上升的趋势下，美国与其他国家利益的相互依存增加，在许多重大的国际问题上，美国也不得不有求于多方合作。冷战结束后的20多年实践证明，美国单独领导世界的愿望难以实现，其在世界经济领域的绝对优势地位正在逐渐下降，支持美国“一超”地位的基本要素也正在出现变化。与此同时，日本、欧盟、俄罗斯和中国等一些国家或国家集团日益挑战美国的实力，但是目前尚未形成独立的足以制衡美国的“极”；并且相互之间也未形成比较稳定的制衡。

总的来看，冷战后的国际格局正处在向多极化发展的过渡时期。“‘一超多强’较为准确地反映了冷战后唯一超级大国与若干强国或若干地区政治力量崛起的此消彼长的动态过程。”虽然新兴大国纷纷崛起，欧洲加速推进一体化进程，日本政治自主性不

断强化，但是单极世界的缺位并不意味着这个世界便是多极世界，而表现出“一极倾向与多极倾向（或曰一体化和多极化）同时并存的复杂局面”。[①] 在和平时期，充当格局主角的国家或国家集团调整相互关系、积极重新定位，需要经历较为长期复杂的发展过程，它们相互间的力量消长及分化组合也只能是逐步、自然地进行，“从量变到质变，从不平衡到新的平衡”。同时在原有格局体制下建立起来的一整套国际政治经济旧的秩序和规则仍然在发挥作用，并在相当长的一段时间内仍将影响世界各国的发展和权益分配的情况下，新的力量中心的形成伴着国际新秩序的建立，必然要经历一个相当长的时间发展过程。[②]

一般来说，多极体系可以为集体安全属性的联合国维和行动提供更多的发展空间。通常，在一种完全的霸权格局下，为了维护和维持现有的格局及世界秩序，霸权国的“干涉主义”倾向往往较强。为了追求自身利益的最大化，霸权国可以采取的维护手段也比较多样：可以是在权威国际组织的授权下的维和行动，可以是绕开权威国际组织、转以其他国际组织为载体的维和行动，也可以是以“人道主义”和“正义战争”为名进行的一国或多国的外来干预。霸权国的优势实力使其可以少有顾忌，此时集体安全机制受到霸权国的冲击，发挥的作用也受到牵制，甚至面临着被“边缘化”的危险。而如果在完全的多极格局下，由于不存在实力占居支配地位的国家，当遇到国际安全问题时，国际社会将更倾向于以权威的国际组织为载体进行国际干预和协调。虽然目前美国的总体实力有所下降，但在安全和军事领域，美国的“一超”地位仍然是不容置疑的。在国际安全问题上，美国单边主义

① 俞正梁等著：《大国战略研究：未来世界的美、俄、日、欧（盟）和中国》，北京：中央编译出版社，1998年版，第317页。

② 徐会全：“论冷战后国际格局的变动对联合国地位的影响”，山东师范大学硕士学位论文，2007年，第18页。

的倾向一直存在，只是因为不同时期美国政府对自身实力的评估不同以及不同执政者的施政理念不同而在程度上有所差异。同时，美国的“一超”实力在一段时间内没有成为“单极霸权”的可能，一方面是由于美国自身经济等实力一直处于下降态势，另一方面是因为中国、俄罗斯等国家随着自身实力的增强以及联合国集体安全机制的存在，一定程度上制衡了美国霸权产生的消极影响。由此可见，国际格局的发展变化是影响联合国及其维和行动未来走向的最主要因素之一。

（二）主要大国安全政策选择

尽管冷战后国际关系复杂性增强的趋势，加强了国际关系整体的作用，相对而言削弱了大国的特殊性，但是，国际政治中的权力政治逻辑，长期以来并没有发生根本性的变化。大国仍然是国际关系中的一个重要的权力单元。国际机制一旦形成，就会自然而然地对机制内部成员产生一定的约束力，就算是大国也不例外。但是，由于具备优势实力，特别是在安全和军事方面，大国在集体安全机制中提供的“公共物品”显然要比其他成员国更多。因此，大国在机制内部所拥有的影响力更大，自主性更加明显。这一点对于超级大国来说更为突出。

应该看到，大国对国际安全机制的影响是具有两面性的。正如缺少了当时主要世界大国——美国的参与，国联必然会走向失败的结局。事实上，大国的政治共识和积极参与是维和行动成功的关键。由于安理会常任理事国拥有否决权，没有大国的政治共识，根本就不会形成相关的维和决议，更勿谈开展相关的维和行动。比如冷战期间，美苏两个霸权国家以“零和”的方式进行斗争的结果，使大多数维和行动无法在安理会获得通过部署。此外，必须看到，在维和实践中大国也发挥着无法替代的作用。

主要大国如何看待联合国以及联合国维和行动本身、如何看待两者在其国家安全中的地位和作用，都将会直接体现在其国家安全政策选择中，而这种选择同时又将进一步影响联合国维和行动的未来。当主要大国基本认可联合国维和行动，并在维护国家安全中更多地选择联合国集体安全方式时，联合国维和行动就有可能发挥较强的作用并具有旺盛的生命力。当主要大国否定维和行动的作用，并在实践中更多地选择单边或其他方式来维护国家安全时，联合国维和行动就将受到严重的冲击，甚至有被其他方式取代的危险。

（三）联合国改革进程

联合国维和行动发展到今天，尽管还未形成非常完整、规范的国际制度，但是从它的实际发展过程中，其在组织、管理等方面一直在不断地发展和完善。维和行动从第一个阶段向第二个阶段发展的过程，可以较为清楚地反映出联合国试图对维和行动进行适当的调整和改变，以适应新时期安全问题的需要所做出的各种努力。

冷战后，几次维和行动的失败引发了国际社会，特别是联合国本身对维和机制的总结和反思。这些反思一般是由维和专家应秘书长的请求展开调研，最后以研究报告的形式提交安理会或者联合国大会，有的还最终形成联合国的文件。这些反思主要针对冷战后维和机制面临的挑战与问题，并在总结以往经验的基础上，或从理念，或从原则，或从具体制度安排，对未来联合国维和行动的开展提出了诸多政策建议。较有影响力的文件有：2000年8月由“联合国维持和平专家小组”所做的《联合国维持和平小组报告》（又称《卜拉西米报告》）[①]、2001年12月由“干预与

① 联合国维持和平专家小组：《卜拉西米报告》，A/55/305 - S/2000/809，载联合国网站信息中心，http：//www. un. org/en/peacekeeping/resources/reports. shtml。

国家主权问题国际委员会”所做的《保护的责任》[①]、2003 年 3 月由“威胁、挑战和改革问题”高级别名人小组所做的《一个更安全的世界：我们的共同责任》[②]、2005 年 3 月由秘书长安南所做的《大自由：实现人人共享的发展、安全和人权》[③]、2009 年 7 月由联合国维持和平行动部和外勤支援部共同所做的《新的伙伴关系：开辟联合国维和新视野》[④] 等。

联合国成立于 70 年前，当时的设计者没有，也不可能完全照应到今天世界的需求。旧有的机制已经难以适应当前大量新问题和新任务带来的挑战和当今世界和平与发展的需要，因而联合国改革势在必行。对维和行动改革的内容取决于改革的基本原则。联合国维和行动改革的主要原则应该坚持以下两点：第一，改革联合国维和工作而制定的任何措施都应旨在提高联合国维和行动的效率。联合国维和行动是一个独特的全球安全责任分担机制，在使用恰当的时候，具有很高程度的合法性。因此，提高效能是改革的基本原则。第二，联合国必须充当忠实的“调解人”。联合国维和行动不是一个适合所有局势的工具。在使用不当的时候，它的失败不仅损害维和行动的形象，也会损害联合国作为最权威集体安全机制的公信力。[⑤]

① 干预与国家主权问题国际委员会：《保护的责任》，载干预与国家主权问题国际委员会网站，http：//www. iciss. ca/report2 – en. asp。

② 联合国威胁、挑战和改革问题高级别小组：《一个更安全的世界：我们的共同责任》，A/59/565，载联合国网站，http：//www. un. org/chinese/secureworld/reportlist. htm。

③ 安南：《大自由：实现人人共享的发展、安全和人权》，A/59/2005，载联合国网站，http：//www. un. org/chinese/largerfreedom/ reportlist. htm。

④ A NEW PARTNERSHIP AGENDA：Charting a New Horizon for UN Peacekeeping，New York，July 2009，http：//www. un. org/zh/peacekeeping/operations/reform. shtml.

⑤ 赵磊著：《构建和谐世界的重要实践——中国参与联合国维持和平行动研究》，北京：中共中央党校出版社，2010 年版，第 78 页 .

二、联合国维和行动未来可能的发展趋势

进入 21 世纪以来，国际环境的一个突出变化是，国际多边体制成为维护周边和平与稳定的重要途径。安全合作内涵进一步发生变化，非传统安全问题仍然没有得到较好解决，区域组织对联合国维和行动参与的增多、发挥的作用日益突出等等，诸多现实显示，在可见的未来，联合国维和行动仍将在维护世界和平与稳定中发挥不可替代的作用。

（一）安全合作内涵的变化将会促进多边安全合作的发展，联合国维和行动仍将是最权威、最主要的国际安全机制

冷战结束后，国际安全格局发生了巨大变化，两极对峙格局的瓦解使得国际安全合作与协调获得了更为宽松的环境和更为广阔的空间。与此同时，伴随着经济全球化的不断深化以及非传统安全威胁的日益凸显，国家间的相互联系和相互依赖性日益增强，国际社会对安全的认知随之发生了显著的变化。安全合作内涵的变化主要表现在以下几个方面。

1. 国际安全合作主体的扩大。安全主体是指在国际安全领域拥有自己的特殊利益，能参与对外安全活动并发挥重要作用的实体。冷战结束后，随着全球相互依存关系的加深以及各种全球性问题的出现，人类面临着越来越复杂的安全议题，以国家作为参照物的传统安全观显然难以回答这些问题。新的安全观倡导安全单元的多元性。非国家安全行为体的出现，使国际安全合作的主体出现了新的因素。“安全行为主体的多元化实际上是安全的参照物——安全分析单元拓展后合乎逻辑的结果，也是国际关系行

为主体多元化在安全领域的反映。”①

2. 国际安全合作领域的拓展。传统意义上的安全涉及的范围较窄，仅限于军事领域。随着非传统安全威胁的出现，安全所涉及的范围扩大了。尽管学界对安全合作的议程到底包含哪些内容仍有争论，但是近年来各国学者们在以下方面已经取得了一致的意见，即国家安全包含传统领域和非传统领域的安全；国家安全威胁的来源包括国际和国内两个方面。这种安全关注范围的拓展带来了安全合作领域的扩大，事实上促进了国家间双边和多边安全合作的发展和实践。

3. 国际安全合作性质的演变。安全合作的性质源于安全的性质以及国家对安全性质的认识和判断。随着冷战体制的崩溃和非传统安全威胁的加剧，安全领域出现了传统安全与非传统安全相互交织的复杂局面。部分非传统安全威胁，如恐怖主义、金融危机、重大自然灾害等，已经成为影响国家、地区乃至世界安全的重要因素。安全内涵和安全威胁来源的变化，使人们对安全性质的认识出现了相应变化，即“从强调安全的相对性、分离性、竞争性和对抗性，到更多地关注其非对抗性、整体性、联系性和共同性”。②

正是在这样的大背景之下，各种层次、不同类型的安全合作日益兴起，国际安全合作进入了一个繁荣发展的时期，无论在广度还是在深度上都在不断加强，除了极个别国家外，几乎全球所有的国家都参与了不同领域的安全合作活动。参与层次涵盖了双边、多边、地区、全球等等各个层面，内容也几乎涉及了国际安全的方方面面。

---

①　李学保著：《当代国际安全合作的探索与争鸣》，北京：世界知识出版社，2006年版，第95页。

②　李学保著：《当代国际安全合作的探索与争鸣》，北京：世界知识出版社，2006年版，第102页。

由此，可以认为，联合国维和行动在未来可以预见的一段时期，仍将具有旺盛的生命力。主要原因有：首先，联合国是当今世界唯一的全球性集体安全机制。联合国是当代世界规模最大、最具普遍性的国际组织，为维护国际安全和稳定发挥了重大的、不可替代的作用，得到了国际社会的普遍认可。联合国成立于第二次世界大战结束后、新的国际格局建立之际。它不仅经历了冷战时期两极对峙的严酷斗争，也经受住了冷战结束、两极格局崩溃的巨大考验，用事实证明了自己的生命力。其次，会员国支持联合国维和行动的意愿在不断增加。维和行动离不开国际社会，特别是会员国的支持。目前，相当数量的国家已经将参与联合国维和行动作为其外交政策的一个基点，并忠实遵守该国在联合国集体安全合作方面做出的承诺，其中包括一部分原本并未参与维和行动的国家。无论是大国还是发展中国家都在力所能及的范围内为维和行动贡献力量。例如，法国对联合国维和行动的财政贡献每年都超过 10 亿欧元；其月度维和人员派遣总数已近 2800 人。同时，联合国维和人员 80% 来自不结盟运动国家。目前，仅巴基斯坦派遣的人数已达 11135 人，占到联合国所部署人员总数的 12% 以上。再次，联合国维和行动相较于其他单边或双边行动来说效率更高。虽然联合国维和行动的花费越来越多，其效率问题备受诟病，行动成果也是毁誉参半，但是，研究表明，联合国维和行动比起一些单边或双边行动来说效率更高。例如，美国联邦审计局进行的研究显示：如果美国在海地开展维和行动，其所需要的经费将是“联合国海地稳定特派团”经费的 3—8 倍。[①]

① 联合国电台网站：“联合国维和行动面临挑战但成效显著”，2009 年 5 月 21 日，http：//www.unmultimedia.org/radio/chinese/detail/125990.html。

（二）非传统安全问题的兴起将成为联合维和行动新的问题领域

冷战后，安全领域一个十分显著的变化就是非传统安全的重要性凸显，成为影响国际安全和秩序的重要变量。一方面非传统安全问题同传统安全问题之间的关系越来越密切，呈现出相互影响、相互作用、相互转化的趋势。另一方面非传统安全问题的破坏性比传统安全问题往往更大，如不及时正确加以应对，可能还会殃及传统安全领域。当前非传统意义上的矛盾，如金融危机、生态环境恶化、能源匮乏、贫富差距等，已不再为特定的国家所独有，而是各国都不同程度上共有的问题，甚至一国所引发的国内危机可能扩散至周边地区，乃至全球。某一个领域的安全问题也可能引发连锁反应，涉及其他相关领域，进而影响国家发展和稳定的大趋势。作为维护世界和平与安全的国际组织，联合国应当在预防和处理这些非传统安全问题上不遗余力，而增加联合国维和机制的职能内容则是这一国际现实变化的内在需要。

现今猖獗的索马里海盗威胁，就是存在于非传统安全领域的一个严重问题。由索马里经亚丁湾一直到红海的海域是一条非常重要的国际贸易航道。而其中的亚丁湾还是从印度洋通过红海和苏伊士运河进入地中海及大西洋的海上咽喉，战略地位十分重要。据统计，全世界90%的贸易依靠海运，而其中每年需要通过亚丁湾海域的船只约有2万艘。正是由于其地理位置的重要性，索马里海盗的肆虐横行所产生的后果引起了国际社会的严重关切：首先，它是一种国际有组织犯罪，直接威胁过往船只、船员和旅客的生命和财产安全。其次，它会迫使船只考虑安全问题而改走更长的航线，进而提高保险费用和运输成本，这不仅可能会造成一些非洲国家进口商品价格上涨，也可能影响到全球海上贸易和国际物流的畅通，导致近年遭受金融危机冲击的各国经济雪上加霜。再次，如果处置不当，被海盗攻击而失控的石油船只一旦发生颠覆事件，还可能会造成无法估计的生态危机。而且参与海盗活动的人很多本身是可以用联合国的难民标准来加以界定的，所以打击海盗之余又不能不防止引起新的人道主义灾难。[①]

面对索马里海盗的猖獗，2008 年 6 月起，联合国安理会先后通过了四项决议[②]，对其予以打击。但是，由于各种原因，目前国际社会采取的措施和对策主要集中在微观层次，比如教育船运企业和海员提高防海盗意识、鼓励民间安保措施、派出军舰护航等等。从实际效果看并不理想，不但打击效果比较有限，甚至军舰护航还陷入法律困境，现实中索马里海盗仍然作案频繁，案件依旧高居不下。

以索马里海盗为代表的非传统安全问题正在成为联合国关注的新的问题领域。在可以预见的未来，这种趋势还可能进一步增强，成为国际社会不能回避的新课题。传统上主要解决或缓解国家传统安全问题的维和行动，在解决当前国际社会面临的非传统安全问题时是否同样能够发挥积极的作用？若要回答这个问题，仍然需要谨慎的思考和探索。仅就索马里海盗问题而言，目前联合国应该积极推动的至少有以下几点：

1. 在联合国框架内建立临时的统一指挥中心协调各国反海盗行动。应考虑经由联合国授权，建立一个统一的临时指挥中心，

---

① 谭竑鹄："索马里海盗问题需要全球治理"，载《消费导刊》2010 年 2 月，第 243 页。

② 四项决议分别为：1816 号决议（各国应进行国际合作，以维护索马里附近海域海上航运安全）；1838 号决议（各国应按照《联合国海洋法公约》规定打击海盗）；1846 号决议（各国要尊重索马里国家主权，进入索马里领海及陆地必须征得索马里联邦过渡政府的同意）；1851 号决议（授权各国使用包括武力在内之一切必要手段打击海盗和武装劫船行为）。

协调包括亚丁湾和索马里海域的多国军舰对索马里海盗进行打击，以保护各国船只的安全，在该中心统一协调下，各国可以在多个方面开展合作：一是建立共享信息平台，进行海盗活动的信息和情报的交流。二是开展技术合作，相互交流学习反海盗和海上救护的经验和技术。三是进行军事合作，相互协调、相互配合，共同对海盗比较活跃的海域形成一定的军事威慑，并对较为猖獗的团伙实施联合打击。

2. 应设立临时国际法庭解决相关的法律问题。打击和惩治海盗必然会涉及相关的法律问题。但是，根据现有的国际法文件，目前设在海牙的国际刑事法院“只对4种最严重的国际犯罪具有管辖权”，海盗罪并未纳入其管辖范畴。虽然有关国际公约规定了对海盗行为的普遍管辖、属人管辖和属地管辖等几种方式，但并不是所有国家都对海盗行为有相应的立法规定，有的国家在海盗犯罪方面的立法极为不足，还有的国家法律没有对海盗行为做明确解释。由于没有国内立法的支持，一些国家难以对海盗进行法律惩治。① 基于上述情况，应考虑由联合国安理会设立临时法庭来审判海盗犯罪，以对索马里海盗进行有效惩治。

3. 应致力于解决索马里面临的“和平与发展”问题。作为特例，联合国安理会决议已经授权各国在索马里境内对海盗采取行动。但是，这一措施只能在海上打击无效的情况下才能谨慎采用，并应通过联合国维和部队加以实施。实际上，仅仅依靠军事手段是难以彻底解决索马里海盗问题的，必须同时采取多种措施加以综合治理才有可能从根本上解决海盗问题：一是国际社会应支持索马里尽快实现国内和平，恢复社会正常秩序，为索马里民众创造安定的生产和生活环境。二是提供必要的经济援助和科学

① 张明明：“索马里海盗难以制止的原因和解决思路”，载《理论前沿》2009年第23期，第33页。

技术援助，帮助恢复和发展当地的农业和渔业，使当地居民有较为稳定的谋生手段。三是协助索马里政府加强海岸警卫和地方治安力量，重建陆上、海上的司法管理体系。通过以上的努力和举措，彻底消除海盗得以滋生的土壤。

（三）区域性组织对联合国维和行动的参与将会有更广阔的发展空间

冷战结束以来，由于维和行动数量和规模的迅速增大，特别是近年来联合国非洲维和行动中使用武力现象增加，维和人员伤亡加大，单纯依靠联合国维和部队本身已经难以应付所有的任务。因此，安理会在处理热点问题时应从地区全局角度来统筹考虑，重视区域组织、国家组织与非政府组织的意见，并在具体维和行动中与之加强合作。

在非洲，一些区域组织参与到维和行动中，为联合国维和行动注入了新的动力，成为联合国维和行动中不可忽视的补充力量。据联合国维和部出版的研究报告估计，目前有 16 个地区组织、次区域组织和一些国家组织不同程度地参与联合国维和行动。2005 年举行的联合国首脑会议重申了确认区域组织根据《联合国宪章》第八章的规定对维护和平与安全所作出重要的贡献，确认联合国与区域组织之间必须建立可预测的伙伴关系和安排，并特别指出，鉴于非洲的特殊需要，一个强大的非洲联盟是至关重要的。[①] 但是，区域组织采取军事行动必须得到安理会的授权和指导，否则区域组织的作用将受到限制，有时甚至会产生很严重的负面影响。安理会要有效协调好与区域组织的关系，区域组织介入本地区冲突一定要在安理会的授权和统一部署下进行，统一的指挥权在安理会，目的是维持本地区的和平而不是谋求一国

---

① 参见联大第 60 届高级别会议："2005 年世界首脑会议" 成果文件，载联合国网站，http：//www. un. org/chinese/summit2005/documents. html。

私利。

近年来，区域组织或次区域组织对维和行动的参与越来越积极，它们不仅根据联合国的授权参加或组织实施维和行动，有时还根据本区域组织或区域安排的决定实施维和行动。当然此类维和行动的权威性明显弱于联合国维和行动，但如果区域组织或区域安排决定实施的维和行动没有超出本组织或本地区规定的范围，目的是为了维持地区安全与稳定，其合法性也是不容置疑的。目前非洲联盟派驻苏丹达尔富尔地区的停火观察团就受到联合国的欢迎和支持。①

事实上，冷战后国际关系的地区化趋势也在发展，与此同时，区域性的安全合作也呈上升势头。② 同一地区的各国在地理环境、人员交往、经济往来、安全需求等方面联系密切，共同安全利益更多，区域内的和平稳定与各国的安全息息相关，互为前提。但是随着实力的增强，一些区域组织开始把自身置于联合国之上，颠倒了这种从属关系，这不仅是对联合国集体安全机制的挑战，同时不利于联合国作用的正常发挥，威胁了联合国在维和行动中的主导地位。目前，对联合国造成最大威胁的区域性国际组织当属北约。1999 年，北约以“人权高于主权”为由，强行介入南联盟的科索沃问题。在没有安理会授权的情况下，对南联盟进行了持续 78 天的狂轰滥炸。科索沃战争开创了区域性组织越过联合国直接动用武力的先例。联合国在北约公开挑战其权威的关键时刻，没有对南联盟多次要求安理会讨论的议题做出回应，也没有对北约的行为加以抨击或制止。1999 年 4 月 24 日，在华盛顿纪念北约成立 50 周年的大会上，北约成员国通过了 21 世纪

① 中国国际战略学会军控与裁军研究中心编著：《当代国际维和行动》，北京：军事谊文出版社，2006 年版，第 26 页。

② 李学保著：《当代国际安全合作的探索与争鸣》，北京：世界知识出版社，2006 年版，第 105 页。

《北约战略新概念》，规定北约的军事行动可超出北约成员国的防区，对付来自任何地区的威胁，而且北约的军事行动也无需得到联合国安理会授权。北约的这一举动对联合国集体安全机制构成了严重地冲击和挑战。

相较而言，在联合国的框架下开展区域组织维和行动的优势主要体现在：一是更具合法性和权威性；二是更有利于体现公正性。区域组织对维和行动的参与，应该与联合国维和行动本身形成一种补充和辅助关系。区域组织开展的维和行动应当在联合国的框架下组织实施，联合国可派遣观察员参与区域性维和行动实施的全过程。区域组织执行的维和行动也应同样遵守联合国维和行动的基本原则。

三、21 世纪以来联合国维和行动的新动向

本世纪初期的 10 多年里，尽管仍然不能从本质上解决维和行动的困境，可是联合国维和行动并没有在困境中停止不前，而是继续在理论和实践两方面进行不断的探索和尝试。从维和行动的发展历程来看，这样的探索和尝试是具有积极意义的，但是其中显现出来的问题也依旧不容忽视。

（一）21 世纪初期联合国维和行动及理论的新进展

进入 21 世纪，联合国维和行动有了新发展，同时也显现出新的特点，主要表现为：联合国主导的维和行动呈现出扩大的趋势，大型维和行动越来越多。2000 年，联合国部署的维和行动共 15 项，维和人员约 2 万人，派遣国仅有 80 多个。而到了 2015 年 6 月底，联合国在全球各地共有 16 个维和任务区，维和人员超过

12 万人，派遣国也多达 122 个。[①] 在此之前，联合国上一次维和行动的高峰出现在 1993 年，当时全球共有 7.8 万多名维和人员从事维和行动。[②] 近几年，“联合国刚果民主共和国特派团”、“非盟—联合国达尔富尔混合行动”、“联合国驻黎巴嫩临时部队”、“联合国苏丹特派团”、“联合国海地稳定特派团”等行动所部署的维和人员均超过了 1 万多人；其中“非盟—联合国达尔富尔混合行动”更是成为联合国有史以来规模最大、最复杂的维和行动，由 2.7 万名来自联合国和非盟的混合维和部队组成。与此同时，大型的维和行动还在呈现上升势头。从逻辑角度分析，联合国维和行动规模的迅速扩展是全球危机被有效管理的重要指标，因为“只有当冲突各方达成有效的和平协议以后，联合国才有可能在冲突地区进行维和行动部署”。[③]

同时，“保护的责任”（The Responsibility to Protect，RtoP）成为联合国维和行动的新概念，引发了国际社会的广泛争论，并对维和行动的理论指导产生了一定的影响。2001 年 12 月，“干预与国家主权问题国际委员会”（International Commission on Intervention and State Sovereignty，ICISS）应联合国的要求提交了一份研究报告。在这份名为《保护的责任》[④] 的报告中，最为引人注目的是主张用“保护的责任”这一概念取代“人道主义干预”来形容正在进行和可能进行的国际干预。

“保护的责任”的基本涵义，在提出重新认识“主权”和“安全”的基础上，被赋予了三层含义，即“预防的责任”“作出

① 数据来源：UNITED NATIONS PEACEKEEPING OPERATIONS：2015.06.31，

② 数据来源：http：//www.un.org/chinese/peace/peacekeeping/overview.shtml。

③ 赵磊著：《构建和谐世界的重要实践——中国参与联合国维持和平行动研究》，北京：中共中央党校出版社，2010 年版，第 367 页。

④ ICISS，“The Responsibility to Protect”，2001，http：//www.iciss.ca/report2 – en.asp.

反应的责任”以及“重建的责任”。其基本原则有：一是国家主权意味着责任，保护本国人民是国家本身的主要职责；二是一旦国家因内战、叛乱、镇压或陷入瘫痪，且国家不愿或无力制止或避免其人民遭受严重伤害时，不干预原则要服从于国际保护责任。对于第二条原则所列出的情况，即国际干预在何时介入的问题，在后来的发展中有了更为明确的界定。该理论认为，军事干预应满足以下条件：(1) 正当的理由，这里特指大规模丧生和大规模的种族清洗（如屠杀、武力驱逐、恐吓或者有组织的强奸等)。(2) 预防性原则，具体包括正确的意图、最后的手段、均衡的方法以及合理的成功机会。(3) 正确的授权，最初的《保护的责任》报告虽然承认联合国安理会是最合适的授权来源，但为防止安理会的失职，提出了“联大紧急特别会议”、“地区组织先行动后申请授权”以及“有关国家采取紧急措施”这样三项备用方案，这一点在之后相关讨论中争议颇多。(4) 相关的行动原则，比如明确的目标、共同的军事方针、使用武力的有限、渐增和渐进的原则等等。

“保护的责任”的新特点主要有以下几点：

第一，拓展了主权的内涵。传统的主权观念认为，主权是某一国家行使国家职能的权利，是国家间平等的对内对外的绝对权利。正是这种“主权是权利”的认识使得国际干预始终难以摆脱“不干涉”原则的藩篱。“保护的责任”在“主权是权利”的定义基础上，明确提出了“主权意味着责任”的观点，也就是说，国家不仅能从主权的特权中获利，还必须接受它所要求承担的义务和责任。作为责任的主权，具体包括三重意义：其一，它意味着国家权力当局对保护国民的安全和生命以及增进福利负有责任；其二，它表示国家政治当局通过联合国向国际社会负责；其三，它意味着国家的代理人要对其行动负责，也就是说，他们要说明自己的授权行为和疏忽。“保护的责任”对主权内涵的拓展性解释，一方面丰富了国际干预理论，使其更具合理性；另一方面在事实上对国家主权及主权平等原则造成了冲突，动摇了国家主权的神圣地位。

第二，推动了安全关切的转化。在国际关系领域讨论安全问题，默认的讨论客体是国家或者国家相关。但随着人权理念在世界范围内的扩展、国家权力向“上”和向“下”两个层面的转移以及人道主义灾难的增多，安全问题也逐渐与个人发生了关系。在“保护的责任”这一理念中，“人的安全”这一观念得到了强调，它主张人们将对安全的注意力从“国家”转向“个人”，安全的概念“应该扩大到不仅包括各个国家，还包括人”，这里的“人的安全”包括一国人民的“生命、健康、生活、个人安全和尊严”。将新形势下的安全问题归结为包括“国家安全”和“人的安全”的“人类安全”，虽然部分解释了冷战后国际安全领域的诸多问题，但是实际上是对主权绝对性的削弱。由此，“保护的责任”成为国际干预为自身辩护的重要理论依据。这样，当一国政府无法或者不愿承担保护本国人民的“人的安全”时，国际社会的干预便成为不仅符合人类道德而且事关国际安全的责任。

第三，降低了国际干预的门槛。“保护的责任”强调，以“向处在危险中的人民提供生命支持保护及援助”为宗旨，其责任有三个不可分割的部分：“预防的责任、做出反应的责任以及事后重建的责任”。值得注意的是，这种对“责任”大于“权利”的强调实际上是一种对“不干涉内政”原则的弱化。该概念的提出原本是为了应对国际社会对于国际干预的争议，尤其是发达国家与发展中国家有关“主权与人权”的论战。“保护的责任”试图调和发达国家与发展中国家在这一问题上的分歧，比如它重视当事国政府的责任，强调干预的原因在于“责任”而非“权利”，但事实上，在许多发展中国家看来，这一新的概念不过是“换汤不换药”，仍然是发达国家干预发展中国家主权的幌子。其次，

“保护的责任”的干预“门槛”过低，为部分大国逐私利的干预行为提供了借口，因为它在授权问题上提出了“联大紧急特别会议”、“地区组织先行动后申请授权”以及“有关国家采取紧急措施”这样三项备用方案，严重削弱了安理会在国际干预问题上的权威性。

（二）值得关注的几个问题

“保护的责任”是联合国在思考冷战后国际局势演变以及联合国维和行动成败基础上的理念创新，随着影响的增大，其很有可能会像之前的《卜拉西米报告》一样，成为未来维和行动的“指导手册”。由此带来的以下几个问题，在联合国维和行动未来发展中尤为值得我们关注：

一是国际保护责任的认定问题。随着全球化趋势的进一步增强以及冲突国内化的发展，国际社会对主权国家内部危机的介入将是未来无法回避的发展趋势。这不仅来自国家间安全利益的相互依赖带来的脆弱性，也因为人权的重要性正在全世界范围内得到确认。所以，如果一个主权国家不能或者不愿履行“保护的责任”，从而造成人道主义灾难，并且这一事实得到确认，那么通过国际社会普遍接受的某种形式进行干预就是合情合理的。这其中有一点是必须强调的：对人道主义灾难的确认必需严格且有法可依，要杜绝因干预“门槛”过低而造成的“干预滥用”问题。如何判断一个国家的政府已无力保护自己国家的人民？危机或灾难发展到什么范围和程度就需要一种国际保护等等，相关问题都是在实践中需要思考和回答的问题。在《保护的责任》最初的文本中，“干预门槛”并不高，声称满足“大规模丧生”或“大规模的种族清洗”中的一项便可成为国际保护的理由。但是在随后的《一个更安全的世界：我们的共同责任》《大自由：实现人人共享的发展、安全和人权》以及2005年世界首脑会议成果文件等一系列重要文件中，“干预门槛”被逐渐严格化，最终确定为“遭灭绝种族、战争罪、族裔清洗和危害人类罪”。这一点说明了国际社会对于国际保护责任的认定，基本上是持一种谨慎的态度。在国际保护责任的认定方面，国际社会还应在两方面继续努力：一方面需要将干预标准具体化并形成国际法，使未来国际保护责任的履行有法可依、有法必依。另一方面需要加强安理会在判断国际干预门槛以及履行国际保护责任方面的权威，使包括联合国维和行动的国际干预同时具有权威性和合法性。以上两方面工作的成效将关系到“保护的责任”理念是否能真正成为国际和平与安全的福祉，而不是成为部分国家以人权为“幌子”谋取私利的工具。

二是维和行动的职能定位问题。冷战结束前的联合国维和行动基本担负着国际安全领域“消防队”的角色，其明显的特征是冲突后应对以及防止冲突的扩大化。冷战结束后的联合国维和行动的性质发生了较大的变化，涵盖了冲突前“预防性外交”、冲突中“维持和平”以及冲突后“建设和平”等多层面的内容。冷战后遭遇的数次挫折，使得联合国维和行动的定位问题被提上了日程：在未来条件下，联合国应以怎样的身份认定参与到国际和平的维持当中？是回缩到冷战结束前的角色定位，还是继续维和内容上的扩大和深入？传统的“同意、中立、非自卫不得使用武力”三原则，既是特定国际局势下的产物，也是冷战结束前联合国维和行动成功实施的原因之一。未来一段时间内的国际安全局势虽然与冷战期间有了很大的不同，但主权观念的牢固性以及联合国掌握资源的有限性，决定了未来联合国维和行动的身份定位极有可能是“有限的回归”，即重新强调“中立原则”的重要性，又在严格标准的前提下考虑突破“同意原则”的可行性，并以“有效性”和“武力和伤亡最小化”为双重目标来使用武力。

三是第三代维和是否形成的问题。随着“保护的责任”的提出，国际社会已经有“第三代维和”的提法。那么冷战后的联合国维和行动是否发生了实质性的变化，已经完成了向“第三代维和行动”的转变？进入新世纪以来，国际安全领域发生了许多新的变化，突出表现为“9·11”事件、由此引发的“反恐战争”和以索马里海盗事件为代表的非传统安全威胁的增强。联合国的维和行动也发生了相应的变化：首先，较之冷战刚刚结束的上世纪末，发达国家对于维和行动的支持有所增强，大国的重要性相应增强，并因此出现了一些大型维和行动。其次，维和行动与其他行动的界限更为模糊。再次，联合国维和行动规模继续增大，参与人员和投入金额都在不断攀升。最后，以达尔富尔混合式维和行动为代表的新型维和形式引起人们的广泛关注。以上的变化说明了联合国维和行动一直以来持续的变革和演进，体现了其适应性较强的特点，但是还不足以说明维和行动发生了根本性改变及第三代维和行动的到来。

此外，需要关注的问题还有：随着近些年大国单边行动的增多以及地区国际组织在国际维和行动中作用的提升，如何处理与单边主义大国以及地区国际组织在国际干预中的关系已经成为联合国研究的重要课题。虽然联合国在目前的国际干预中仍然占据着最为主要的地位，但是鉴于联合国维和资源的有限、部分大国单边倾向的惯性、地区组织发挥自身作用的积极性以及国际冲突复杂性的增加，未来的国际维和行动出现联合国、地区组织以及几个大国“多头合作”的可能性很大，2007 年 7 月至今的“达尔富尔混合行动”便是这一趋势的体现。

第三章

中国参与联合国维和行动的基本政策与选择

中国对于联合国维和行动经历了从逐步认识到积极参与的过程。随着对外开放和参与国际事务力度的加大，中国对待联合国维和行动的态度也越来越积极和务实，发挥的作用也日益重要，目前，积极参与维和行动已经成为中国对外政策的重要组成部分。中国政府自 1998 年开始，几乎每两年一次对外发表国防白皮书。在已经发布的 9 部白皮书[①]中，都将中国参与联合国维和行动作为重要内容之一，进行了专门介绍。

作为联合国维和行动的一个重要而积极的参与者，中国在实际参与中同样面临着维和行动困境带来的困扰和制约。正如前文分析中提到，维和行动的困境在很大程度上无法真正解决，并将是中国在未来维和实践发展中不可回避的问题。与此同时，通过对中国参与联合国维和行动的历史回顾与梳理，可以得出，一方面对维和行动的积极参与是中国走向世界、联系世界、融入世界的重要举措和有效途径，中国已经通过这一途径实现了自身的多

① 中华人民共和国国务院新闻办公厅：《1998 年中国的国防》《2000 年中国的国防》《2002 年中国的国防》《2004 年中国的国防》《2006 年中国的国防》《2008 年中国的国防》《2010 年中国的国防》《中国武装力量的多样化运用（2013 年 4 月）》《2015 中国国防白皮书：中国的军事战略》。

重收益。而另一方面，除了维和行动困境自身对主权国家参与造成的制约和阻碍，中国在参与的过程中也确实面临着自身能力与制约因素的挑战。应该看到，在未来相当长的一段时间里，对维和行动的参与，仍将是中国与世界相互联系、相互作用、相互影响的重要途径之一。面对国际关系中，国家间相互依存关系的增强、联系利益的增多，以及中国自身综合实力的加强和国际地位的提升等种种条件，为适应新的挑战和需求，中国需要继续调整和完善参与维和行动的政策，始终坚持联合国在国际维和行动中的主导地位，继续深化对联合国维和行动的积极参与，积极推动联合国框架下的区域维和机制的构建，同时不断提升参与维和行动在军队建设中的地位和作用，进一步增强维和兵力运用的科学性。

第一节　中国参与联合国维和行动的基本情况

联合国维和行动至今已经走过半个多世纪的历程，而中国参与维和行动的历史却相对短暂。可以说，中国参与维和行动的历史从一个侧面反映了中国自身以及中国与国际组织、国际体系关系的变化。中国融入国际组织和国际机制大多经历了“从拒绝到承认、从扮演一般角色到争取重要位置、从比较注重国内需求到更加兼顾国际形象”的曲折过程。[①] 从总体上看，中国参与联合国维和行动的历程与中国整个大的历史环境的演进是一致的，同时也具有其自身的阶段性和独特性。

① 王逸舟著：《全球政治和中国外交：探寻新的视角与解释》，北京：世界知识出版社，2003 年版，第 245 页。

一、中国参与联合国维和行动的历史轨迹

在对中国参与维和行动的历程进行研究时，有人比较关注观念因素，认为中国对联合国维和行动所持有的观念不是一成不变的，其变化的动因主要取决于维和行动在各个历史时期的客观表现及中国政府对其性质的主观认定；由此中国参与维和实践是伴随着认识转变而改变的，主要经历了以下四个阶段：1. 否定阶段——将“联合国军”看作是帝国主义的警察部队；2. 观望阶段——对维和行动采取了冷静观察的态度；3. 肯定阶段——肯定联合国维和行动的作用；4. 积极参与阶段——认为联合国维和行动是维护世界和平与稳定的重要手段。[①] 有人则更注重实践结果，根据实践的变化，以联合国维和行动产生、发展的整个历程作为考察的时间区间，认为中国参与维和经历了：未能参与期（1948—1970 年）、消极参与期（1971—1980 年）、部分参与期（1981—1989 年）和全面参与的发展期（1990—至今）四个阶段。[②] 还有人依据中国对联合国维和行动的立场和政策的调整，将参与历程分为：1.（1948—1971 年）否定和抵制；2.（1971—1981 年）原则反对；3.（1981—1989 年）视情况支持；4.（1990—至今）支持。[③]

从划分的时间看，国外学者与中国学者基本趋同。但是，外国学者似乎更注重中国立场的转变，同时在中国参与程度判别

① 赵磊：“中国对联合国维持和平行动的态度”，载《外交评论》2006 年 8 月，总第 90 期，第 80～86 页。

② 李锴：中国参与联合国维和行动研究，外交学院硕士研究生学位论文，2004 年。

③ 高小升：“中国参与联合国维和机制的影响分析”，载《湖北行政学院学报》2006 年第 3 期，第 81～84 页。

上，态度也更加谨慎。颇具代表性的观点是美国学者塞缪尔·金（Samuel S. Kim）提出，中国获得联合国安理会席位之后，对维和行动的立场经过了三个阶段的转变：1. 原则性反对/不参与（1971—1981 年）；2. 支持/参与（1981—1989 年）；3. 视情况支持/最小参与（1990—迄今[①]）。[②]

本书认为根据实践的结果和变化，以中国重返联合国为时间起点，中国参与维和行动大致可分为三个阶段，主要包括：

一是消极观望阶段（1971—1981 年）。由于这一时期美苏把维和行动作为获取自身利益的手段，中国当时又在认识上与它们存在差异，因此不可能与两个超级大国保持合作，并进而对当时所有的维和行动采取一种消极观望态度，拒绝承担维和行动的会费和人员支持，放弃在联合国安理会的投票。

二是部分参与阶段（1981—1989 年）。随着国际形势的变化，中国开始逐步调整对外政策，其中也包括对维和行动的变化，主要表现在：1981 年，中国在联合国安理会第一次投票支持了与维和行动相关的决议——第 495 号决议，其内容是扩大联合国在塞浦路斯的维和部队规模。随后，中国于 1982 年开始为维和行动支付摊款；并于 1988 年 11 月正式加入联合国维持和平行动特别委员会。在这一时期，虽然中国只是部分参与，还没有真正派遣人员参与维和行动的实际部署，但是其对维和行动的立场和主要政策显现出明显的变化。这种变化反映了国际局势的调整以及中国自身对维和行动认识的转变。

三是全面参与的发展期（1990 年—至今）。从 1990 年首次派出 5 名军事观察员参加中东的联合国停战监督组织开始，中国进

① 按该书出版时间算，该时间应为 1990 ~ 2000 年。

② ［美］塞缪尔·金："中国与联合国"，载［美］伊莉莎白·埃克诺米、米歇尔·奥克森伯格主编，华宏勋等译：《中国参与世界》，北京：新华出版社，2000 年版，第 56 ~ 57 页。

入了对维和行动的全面参与阶段。这种全面参与并不是一蹴而就的，其参与进程呈逐步的、渐进式的演变。截至2015年5月，中国已经参与联合国维和行动24项，其中已经完成的14项，正在进行的10项[①]，当前参与维和行动的数量居联合国安理会五个常任理事国之首。联合国维和行动依照任务构成、职能特性可以大概分为四类：监督停火及脱离接触、预防性部署、单一任务的维和特派团和综合性维和行动。[②] 按照以上四种类型对中国参加的24项维和行动进行分析，可以得出，中国参与最多的是"综合性维和行动"，共10项；其次是"单一任务的维和特派团"，共9项；"监督停火及脱离接触"行动，共5项，而从未参与联合国"预防性部署"。（具体情况参见表1）就人员构成而言，中国派遣人数最多的是维和部队，其次是维和警察和军事观察员，其中军事观察员的参与率是最高的。就维和地域分析，非洲是中国参与维和的重点区域，而中国维和人员已经遍及亚太地区、中东、欧洲和美洲。

---

① 其中已经完成的14项：联合国过渡时期援助团（UNTAG）、联合国柬埔寨临时权力机构（UNTAC）、联合国伊拉克－科威特观察团（UNIKOM）、联合国驻柬埔寨先遣团（UNAMIC）、联合国莫桑比克行动（ONUMOZ）、联合国利比里亚观察团（UNOMIL）、联合国波黑特派团（UNMIBH）、联合国塞拉利昂特派团（UNOMSIL）、联合国东帝汶过渡行政当局（UNTAET）、联合国塞拉利昂特派团（UNAMSIL）、联合国东帝汶支助团（UNMISET）、联合国布隆迪行动（ONUB）、联合国埃塞俄比亚－厄立特里亚特派团（UNMEE）、联合国东帝汶综合特派团（UNMIT）；正在进行的10项：联合国停战监督组织（UNTSO）、联合国驻黎巴嫩临时部队（UNIFIL）、联合国西撒哈拉公民投票特派团（MINURSO）、联合国科索沃特派团（UNMIK）、联合国刚果（金）特派团（MONUC）、联合国利比里亚特派团（UNMIL）、联合国科特迪瓦行动（UNOCI）、联合国海地稳定特派团（MINUSTAH）、联合国苏丹特派团（UNMIS）、非盟－联合国达尔富尔混合行动（UNAMID）。

② 有关四种类型分类的方法和解释参见赵磊：《建构和平：中国对联合国外交行为的演进》，北京：九州出版社，2007年版，第214~215页。

表1　　中国参与联合国维和行动类型统计表（截至2011年2月）

名称（英文简写）	维和类型	名称（英文简写）	维和类型
UNTAG	单一任务的维和特派团	ONUMOZ	综合性维和行动
UNIKOM	监督停火及脱离接触	UNOMIL	单一任务的维和特派团
UNAMIC	单一任务的维和特派团	UNMIBH	单一任务的维和特派团
UNTAC	综合性维和行动	UNOMSIL	单一任务的维和特派团
UNTAET	综合性维和行动	UNAMSIL	综合性维和行动
UNMEE	监督停火及脱离接触	UNMISET	单一任务的维和特派团
ONUB	综合性维和行动	UNTSO	监督停火及脱离接触
UNIFIL	监督停火及脱离接触	MINURSO	单一任务的维和特派团
UNMIK	单一任务的维和特派团	MONUC	监督停火及脱离接触
UNMIL	综合性维和行动	UNOCI	综合性维和行动
MINUSTAH	综合性维和行动	UNMIS	综合性维和行动
UNMIT	单一任务的维和特派团	UNAMID	综合性维和行动

资料来源：转引自赵磊著：《构建和谐世界的重要实践——中国参与联合国维持和平行动研究》，北京：中共中央党校出版社，2010年版，第387~388页。

与此同时，中国对维和行动的积极参与不仅体现在更多地派遣维和人员，也更多地体现在对维和行动其他内容的参与和付出。首先，在维和经费摊派方面，中国认真履行自己的责任。尽管中国仍是发展中国家，但是随着自身经济实力的增长，正在逐步增加联合国维和行动的摊款比例。其次，在参与国际交流活动中，中国已经成为各类国际维和培训和国际交流活动的积极组织者，并与其他国家建立了互派维和培训人员制度。中国多次成功举办了国际性的有关维和行动议题的研讨会，为增强国际合作与交流、推进维和行动发展提供了良好的平台。

二、中国参与联合国维和行动的立场态度

中国一贯支持联合国在国际事务中发挥重要作用，并对联合国在维护世界和平与稳定、促进世界发展与进步方面的积极贡献给予高度评价。作为联合国安理会常任理事国以及最大的发展中国家，中国始终坚持反对强权政治、维护世界和平的态度和立场，为谋求地区热点问题公正、合理的解决发挥着建设性作用。但是由于受到认识和实践的共同制约，中国参与联合国维和行动的态度和立场也同样经历了不同阶段的演变。

第一个阶段：原则性与选择性的统一。20 世纪 80 年代，中国对联合国维和行动的总原则是始终坚持维护和强调《联合国宪章》宗旨和原则的重要性。但是，在国际环境上，这一时期美苏两国在世界范围内展开了激烈的竞争，联合国维和行动也因而受到了影响，成为大国争夺操纵的工具。再加上当时中国自身对国际问题的认识也存在局限性，因此在恢复联合国席位的最初时期里，中国政府更加强调坚持原则性，对待维和行动也始终保持着较为审慎的态度和立场。周恩来总理在接受日本《朝日新闻》采访时说："中国有句老话：'临事而惧'。我们对联合国还不那么熟悉，所以一定要谨慎。"[①] 有鉴于此，此时的中国行为"具有高度选择性和象征性"，更多的是谈论抽象原则，且冷静旁观多于实际参与。[②] 进入 20 世纪 80 年代，随着国际国内形势的稳步发展，中国对联合国有了更加深入地了解，认识也发生了变化。相较于 70 年代刚刚恢复联合国席位时的表现，中国在对维和行动的

① 转引自熊向晖著：《我的情报与外交生涯》，北京：中共党史出版社，1999 年版，第 351 页。

② 赵磊著：《建构和平：中国对联合国外交行为的演进》，北京：九州出版社，2007 年版，第 109 页。

态度和立场上逐步增加了灵活性，开始尝试对维和行动进行选择性地参与。中国一方面转变态度，开始明确支持“符合《联合国宪章》原则的维持和平行动”，并认为“这种行动是联合国维持国际和平与安全的有效手段之一”。另一方面坚持自己的原则和立场，避免陷入大国的利益斗争，公开表示所支持的维和部队“必须是严格按照《联合国宪章》的宗旨和原则建立”。[①] 同时，还特别提到了联合国维和行动任务的权限必须清晰，提出维和行动“必须应当事国的请求或获其同意，并严格尊重其独立、主权和领土完整”，“任何国家或方面都不得利用维持和平行动谋取私利或干涉别国内政”。[②] 在推动维和行动有效运转的具体措施上面，中国政府强调：（1）维持和平行动的授权归安理会，在维持国际和平与安全方面，安理会大会和秘书长应按《联合国宪章》规定各尽其责；（2）维持和平行动费用应当贯彻公平分摊、合理负担的原则，可视各种不同情况在会员国中分摊、自愿捐款或由有关国家支付；（3）为了加强联合国维持和平行动，拟定指导方针和采取实际措施都是必要的。[③]

第二个阶段：灵活性与原则性的统一。20 世纪 90 年代，随着中国对外开放的逐渐深入和参与国际组织活动的日益增多，中国在“积极主动、逐步深入”的参与联合国事务方针的指导下进一步重视参与联合国维持和平行动。[④] 在这一阶段，中国政府开始积极介入联合国维和事务。尽管派出人员有限，参与有关行动

① “凌青关于我对联合国部队费用立场的发言”，载《中国代表团出席联合国有关会议文件集 1981 年 7 ~ 12 月》，北京：世界知识出版社，1982 年版，第 130 页。

② “我代表赞成加强联合国维持和平的能力并阐述我对联合国维持和平行动的原则立场”，载《人民日报》1984 年 10 月 17 日。

③ 同上，1984 年 10 月 17 日。

④ 陈鲁直、李铁城著：《联合国与世界秩序》，北京：北京语言学院出版社，1993 年版，第 98 页。

的规模也相对较小，但其所发挥的积极作用和贡献仍然受到了各国的广泛赞誉。与此同时，中国政府开始围绕维和行动的基本原则、手段方法积极阐述自己的观点与立场。这些观点和立场从维护世界和平与稳定的宗旨出发，着眼从根本上解决有关冲突，推进联合国维和行动内部运作机制的优化，具有十分明显的现实意义。这一时期，中国着重就以下几个方面的问题阐述对联合国维和行动的有关看法：首先，强调维和行动必须尊重各国主权，防止干涉他国内政。主张“联合国无论以何种形式介入，都必须有助于维护当事国的主权和领土完整，必须符合当事国人民的集体意志，必须征得当事方的同意。这些原则是维和行动沿着正确方向发展的保证，也是维和行动取得成功的关键”。[①] 其次，主张以《联合国宪章》为准绳，确立一套普遍行之有效的指导准则，坚持从发展入手来解决冲突问题。确保维和行动具有坚实的政治、法律基础，是目前的当务之急”。[②] “联合国只有注重发展问题，从根本上致力于解决引起冲突的深层次原因，才能防止或彻底解决冲突。”[③] 第三，强调维和过程中通过对话和谈判争取和平解决争端，坚持安理会在维和领域的主导地位和权威性。维和行动的目标是帮助当事方尽快解决有关争端，恢复和平。鉴于引发国际争端的原因多种多样，中国政府强调维和行动过程中要通过谈判和对话的方式解决有关问题。“动辄援引《联合国宪章》第七章，采取强制性行动，结果往往只会激化矛盾，无助于问题的根本解决。”“任何绕过安理会，谋求以单方面行动取代联合国维和行动的做法，都有悖于《联合国宪章》的宗旨和原则”，这“不但会

① 中华人民共和国外交部外交史研究室编：《中国外交概览》，北京：世界知识出版社，1995 年版，第 568 页。

② “我代表阐述我对维和问题立场根据宪章确立维和准则是当务之急”，载《人民日报》1994 年 4 月 7 日。

③ “我代表强调要避免双重标准”，载《人民日报》1996 年 4 月 3 日。

严重削弱联合国的维和能力，破坏联合国的信誉和形象，而且还会加剧原有矛盾和冲突”。[①] 与此同时，中国参与维和行动无论在规模上还是在程度上，都进入了快速发展阶段，中国通过对维和行动实实在在的参与，一方面以实际行动维护体现自己的原则，另一方面也表现出更为积极和灵活的姿态。

第三个阶段：主权原则与道义原则相结合。21 世纪以来，中国进入了对联合国维和行动的全面参与期，参与的深度和广度都得到迅速地扩展，并在维和行动事务中积极承担大国责任，发挥大国作用，赢得了国际社会的广泛好评和认同。这一时期，中国反对“滥用联合国的名义动辄搞制裁和使用武力”，同时也反对“把人道主义援助变成军事行动”，坚持在处理国际关系中对国家主权的尊重和维护。中国愿意在尊重对象国主权的前提下，在联合国授权的情况下，积极履行国际道义，充分发挥大国在缔造和平方面的特殊作用。以上原则和立场的表达，极大体现了中国在对待维和行动问题上，主权原则与道义原则的完美结合，中国在苏丹的维和实践正是这种结合的成功典范。为了更好地履行维和行动的职能，中国在坚持一贯原则和立场的同时，还支持联合国维和行动进行合理、必要的改革。中国对进一步改革和完善联合国维和行动的主张有：第一，必须继续坚持《联合国宪章》的宗旨和原则。维和行动应该在安理会的授权和指导下，充分尊重当事方的意见，严格遵守中立，并坚持在必要时才使用武力的原则。第二，应该积极探索提高联合国维和行动效率和效力的途径。联合国有必要在现有基础上，加强维和机制、兵源募集、后勤保障、人员培训和指挥体系等方面的能力建设，提高维和行动的快速反应和部署能力。在建设和平领域，应继续加强联合国有

① 中华人民共和国外交部外交史研究室编：《中国外交》，北京：世界知识出版社，1996 年版，第 592 ~ 601 页。

关机构的人员、协调与合作。第三，鼓励地区组织在维和方面做出更大贡献。根据《联合国宪章》的有关规定，增进联合国与区域组织的优势互补。第四，切实保障维和人员的安全。中国支持把保障维和人员安全作为最优先考虑，加强内部安全管理和协调，采取切实防范。

三、中国参与联合国维和行动的内在动力

1971 年，中华人民共和国恢复在联合国的合法席位，是新中国进入国际社会的一个重要历史转机。这既为中国随后开展全方位的外交提供了广阔的舞台，同时，也为此后中国与国际机制的相互作用、相互促动奠定了基础。冷战结束后，世界局势进一步趋于缓和，协调与合作成为时代的新潮流。而包括联合国维和行动在内的各种国际机制，作为一种主张规避对抗与冲突、倡导协调与合作的新自由主义思想的现实体现，呈现出诸多新的变化与特征。此时，中国也已经调整国家发展战略，开始奉行对内改革、对外开放的新政策。正是来自国际形势与中国自身这两方面巨大的、深刻的、且适时的调整和变化，为形成中国与国际机制的相互联系、相互作用提供了现实可能性，创造了有利的历史条件。中国参与联合国维和行动的动力主要来自以下几个方面：

一是来自中国对参与国际社会的现实需要。由于众所周知的历史原因，中国在建国之初，遭到了来自西方国家的封锁和围堵，人为地把中国与世界割裂开来。而对于中国而言，由于当时所奉行的社会制度、意识形态等等与西方国家存有差异，在当时的历史条件下，难以被西方国家所接纳。因此，中国为了最大限度地维护国家利益，不得不奉行了“一边倒”的外交政策，从而也失去了与先进资本主义国家进行交流合作的机会。随着国际关

系的缓和以及中国对外政策的调整，这种相互隔绝的不正常局面才有所改变。这为中国参与联合国维和行动提供了伟大的历史机遇，同时也注入了新的动力。由于长期对外隔绝的现实，当时中国可以选择的与其他国家进行相互交流、相互联系的途径非常有限，而维和行动作为联合国本身最受关注、表现最为活跃的一项重要机制，自然而然地成为中国选择的一条重要而有效的途径。

二是来自中国对国际机制从拒绝向认同的转变。中国对联合国维和行动的参与从最初的不参与、消极参与到后来的部分参与、全面参与的基本历程，可以部分反映出中国对国际机制从拒绝到认同的一种认识上的转变。根据国际机制认同理论（Identity Theory）[①] 的解释，中国对国际机制的认同也可以视为是中国愿意接受、参与和遵循国际机制的一种理性动因。中国"通过分析比较参与国际机制的成本与收益，认为尽早加入国际机制显然比长期停留在国际机制之外将获得较大的收益，这同时也符合一个求稳定、求合作、求发展的负责任大国的国际形象。而这也是国际社会对中国的基本的国际道义要求。"[②]

三是来自于作为联合国常任理事国的责任和义务。中国是联合国五大常任理事国之一，享有联合国以及安理会赋予的合法权利。在决定有关世界和平与安全的问题上，中国拥有否决权，因此享有很大的发言权与决定权。权利与义务是相辅相成的，中国在享有权利的同时，也承担着在维持和平方面的重大义务。中国需要肩负起与其作为安理会常任理事国形象相称的责任。在重返联合国后的一段时间里，中国对于不涉及中国事务的维和行动一度采取比较审慎的态度。这是由于一方面中国当时对联合国的认

① See Peter J. Katzenstein (ed.), *The Culture of National Security: Norms and Identity in World Politics*, New York: Columbia University Press, 1996.

② 乔卫兵："冷战后中国与国际机制的互动关系"，载《国际政治研究》2001 年第 1 期，第 139 页。

识还存在局限，另一方面中国对国际事务的参与还确实经验不足。但是，这种审慎的态度被有些国家视为一种“漠视”，极大地损害了中国的国际形象。“一位拉丁美洲国家的代表抱怨说：‘对中国来说，要不是人权或台湾问题，它从不参与起草联合国决议。例如，中国从未参与安理会有关索马里的辩论，他们对此毫不关心，也没有什么看法。如有可能，他们会把制定决议的担子扔给别人，然后自己表示接受即可。他们从不在与己无关的重要问题上浪费任何时间。’”① 因此，对于中国这样的大国来说，长期作为维和行动的“旁观者”，既不符合国际社会对中国在维护世界和平与安全中更多承担责任、贡献力量的要求，也不符合中国的形象与地位。

四是来自于中国维护以及实现国家利益的需要。总体而言，中国通过对联合国维和行动的参与可以实现国家利益的多重收益：一是参与维和行动有利于维护中国和平发展的战略机遇期，为中国争取长期稳定的国际和平环境、睦邻友好的周边环境、平等互利的合作环境以及客观友善的舆论环境。二是参加维和行动为中国融入国际多边安全机制，同时积极参与制定“游戏规则”提供了一个有效的平台。三是参与维和行动有助于保护中国的海外利益，如保障海外国人安全、预防维和区域“排华事件”的发生、维护我国正当的经济权益、确保海外企业及公司拥有良好的发展环境、保障能源战略通道的安全，等等。在当前我国经济快速发展、实力迅速提升、国家拓展利益不断增多的情况下，通过参与维和行动切实维护并实现国家利益，愈加凸显出重要性和必要性。

---

① 转引自郭寒冰：“权利与义务、战略与外交、国家利益——中国积极参与联合国维和行动的动因解析”，载《江苏教育学院学报》（社会科学版）2007 年 1 月第 23 卷第 1 期，第 61 页。

中国与联合国维和机制的互动，并不仅是中国对国际惯例与国际机制的简单认识、参与、遵循，也不单纯是国际机制对中国的要求、制约、规范。而是中国在与国际社会接轨的过程中，对其合理公正内容的肯定与接受，对其不合理、不公正内容的否定与拒绝，并在一定条件下，对国际机制的创造和发展所做出的贡献。在新的历史条件下，“处于深刻变化中的中国在分享着现有国际机制的种种优惠和便利（被有些国家称为‘搭便车者’）与承受着来自国际机制方方面面的限制和束缚的同时，既充当着确保现有国际机制正常运转的稳定力量，又不可避免地成为促动当今国际机制不断变化的变革角色”。“中国的这种双重角色、双重作用，是国内环境与国际环境，是历史与现实相互联系、相互作用的产物，它必将对中国与国际机制的互动关系形成一种巨大的推动力。”①

四、中国提升参与能力的主要举措

为了应对日益复杂的国际环境对维和任务提出的更高要求，也为了更好地完成联合国赋予的维和任务、履行好自身职能，中国在提升自身参与能力方面，采取了积极的措施，主要包括以下方面：

（一）加大对联合国维和行动的投入力度

伴随着经济和社会的发展，中国的国家实力有了大幅度的提升，与此相适应的是，中国主动加大了在联合国维和行动领域的投入，较大幅度地提高了自身在联合国维和行动摊款中的份额。联合国的经费来源，主要是各国缴付的会费和一些国家的自愿捐

① 乔卫兵：“冷战后中国与国际机制的互动关系”，载《国际政治研究》2001年第1期，第137～143页。

款。冷战后，一方面由于安全需求的增加，维和行动的部署迎来了高峰期，维和行动次数增多、规模增大，使联合国维和经费捉襟见肘。另一方面个别发达国家拖欠联合国费用的交纳，也使原本紧张的经费更是难以为继。联合国经费的严重不足限制了维和部队的发展。由于缺乏经费，联合国无法拿出更多的支出来用于维和行动。中国从1982年开始承担对联合国维和行动的摊款，由于受自身实力限制，在过去较长时间里中国对维和费用的摊款占总额比例不足1%，其中1998—2000年仅为0.9%。随着自身经济水平的提高，根据支付能力原则，中国主动地较大幅度提高了在维和行动摊款中的份额，近几年交纳的金额比例逐年上升，从2000年的0.999%、2001—2003年的1.54%、2004—2006年的2.053%、2007—2009年的2.667%，截至2015年已经上升到5.15%，成为缴纳联合国会费第六多的国家。[①]

（二）不断建立健全维和行动的组织管理

从20世纪末期开始，随着中国对联合国维和行动的全面参与，中国开始着手建立健全维和工作的组织机构，从而加强内部对维和工作的组织领导、协调实施，切实提高中国参与维和行动的效率和效能。2001年12月，中国正式成立了国防部维和事务办公室，统一协调和管理军队维和工作。同时，承担维和任务的军队各大单位也成立了相应的领导机构。随后的几年间，国防部维和办公室会同总部及军区有关部门出台了一系列有关维和人员选配、教育训练、派遣轮换、经费保障、物资筹措及运送、维和指导等规章制度和具体措施，保证了维和工作顺利、高效地进行。

（三）加强维和人员的选拔和培训

中国高度重视维和人员的选拔工作，严格出国前培训，每年

① 数据来源联合国维持和平行动网站，截至2015年9月，http：//www. un. org/zh/peacekeeping/operations/financing. shtml。

举办1~2次为期3个月的联合国军事观察员培训班，使维和人员的基本素质在短期内得到较快提高，从而确保派出人员素质过硬，能够满足维和任务的需要。同时为适应维和工作的快速发展，中国于2003年底正式批准成立国防部维和中心，以加强维和人员的培训与对外交流与合作工作。该中心于2009年6月在北京挂牌，正式投入使用，这是我军首个维和专业培训与国际交流机构。主要职能有：负责维和部（分）队骨干军官、军事观察员和参谋军官的维和业务及语言培训工作；负责维和部（分）队部署前骨干强化集训；指导全军维和待命部队训练工作；培训友好国家维和部（分）队指挥军官、军事观察员和参谋军官；承担联合国委派的维和培训任务；开展学术交流，举办国际维和研讨会等。该培训中心的建成和使用标志着中国维和行动人员的培训工作步入了正规化建设。除了硬件方面的投入，还十分注重通过维和行动的军事交流与合作，加强中国维和人员综合能力和整体素质的提高。中国不断增加维和方面的国际交流和维和联训，主要包括：（1）派员参加国际维和培训和观摩活动。中国国防部先后派出军官参加联合国维和部队在南非、印尼、孟加拉国、匈牙利等国举办的专业培训班，以及由英国、印度、泰国等国主办的观摩活动。（2）邀请外军维和专家来华教授包括安全防卫、防雷防爆、谈判技巧等内容的维和行动相关知识课题。（3）举办国际维和研讨会和国际培训班。2011年3月底—4月初，由中国国防部与联合国维和部共同举办的联合国维和教官国际培训班在中国国防部维和中心举办，这是我国与联合国首次共同举办维和教官国际培训班。此后，维和行动高级指挥官培训班、军事观察员国际培训班也相继在这里举行，中国国防部维和中心被联合国指定为“全球核心维和培训基地”。2014年10月，中国国防部维和事务办公室与中国国际战略学会和瑞典伯纳德特学院，在北京共同举办“和平行动挑战论坛”国际维和年会。（4）开展与其他国家的维和联合训练。除了参与各国互派维和人员培训制度，中国还积极组织或参与与他国的维和联合训练。2009 年 6 ~ 7 月，解放军与蒙古在北京某训练场举行了为期一周的中蒙“维和使命——2009”维和联合训练。中蒙双方共 91 名参训官兵分理论研讨、共同训练、综合演练三个阶段进行了推演和实兵演练。此次联合训练是中国军队首次与外军举行的以维和为主题的联合训练，彰显了中国坚决捍卫世界与地区和平的决心、意志和能力。2015 年 4 月 28 日，我国派遣到南苏丹任务区的首支维和步兵营的部分官兵，首次与尼泊尔、加纳两国维和部队进行了联合巡逻训练，实地演练了组织指挥、通信联络、情况处置、拟制报告等内容，为下一步单独遂行巡逻任务奠定了坚实基础。

第二节　中国参与联合国维和行动的利益分析

近年来，随着综合国力和国际地位不断提高，中国在联合国维和事务中发挥作用越来越显著。从维和行动历史发展和战略全局的高度充分认识并科学把握中国参与联合国维和行动的积极影响，对于更好地把握中国国家利益所在，认识中国在国际安全事务中的地位和作用，扩大维和外交的影响力，推动中国军队建设等方面都具有重要意义。

一、参与联合国维和行动是中国实现国家利益的重要途径

国家利益是一切满足民族国家全体人民物质与精神需求的总体资源。在物质上，国家需要安全与发展；在精神上，国家需要国际社会对其正当的核心利益予以尊重。尽管对准确的国家利益

难以界定，但是中外研究都认为中国确实在参与联合国维和行动中实现了国家利益的多重收益。

从国际机制与主权国家参与的关系的角度进行分析，在几十年的参与实践中，通过与国际组织和机制的互动，中国参与联合国维和行动在“改变自身”的同时，也在“塑造世界”。[①]“国际机制一旦建立，就成为相对独立的变量，成为国际关系中的公共产品，影响并制约着参与国际政治经济活动的所有国家”，[②]不加入就有被边缘化的危险，加入其中对其加以影响和塑造，反而有使之朝着对我们有利的方向发展的可能性。从维和机制的发展历史和趋势来看，参与维和机制一直是世界各主要大国，尤其是世界主要政治力量的重要外交战略。对于中国来说，参与维和机制有益于维护国家利益和拓展国际生存空间。

从在国际机制的参与中获取国家权力和利益的角度，外国学者普遍认为中国在对联合国维和行动的参与中，实现了以较小的成本获取较大的国家利益，突出表现在政治利益和经济利益两个方面。一是政治利益。维和行动是全球最具影响力的集体安全机制之一。作为安理会常任理事国一员的中国，参与其中可以更好地发挥自身的政治影响力，特别是在第三世界国家中。与此同时，中国还利用安理会投票表决权维护自身国家主权。中国在涉及台湾的问题上就会动用否决权。[③]二是经济利益。美国对外关

① See Mely Caballero - Anthony & Amitav Acharya, *UN Peace Operations and Asian Security*, New York: Routledge, 2005.

② 门洪华：《和平的纬度：联合国集体安全机制研究》，上海：上海人民出版社，2002 年版，第 34 页。

③ 1997 年 1 月 10 日，中国否决了危地马拉派遣军事观察员的安理会决议，该政府当时支持台湾在联合国的“代表权”。1999 年 1 月，马其顿与台湾“建交”，换取台湾 15 亿美元的援助。中国随后否决了联合国马其顿预防性部署部队的延期决议。

系协会出版的《超越人道主义：美国对非洲战略》报告中认为，“中国更多参与在非洲部署的联合国维和行动，是因为中国在非洲拥有巨大的利益”。这种巨大的利益“包含政治影响力的考虑，但更主要的是经济利益。”[①]

对此，中国学者研究认为通过获取“软实力”来实现本国国家利益，提高本国国际地位已经成为当前世界各国的普遍做法。积极参与维和行动有助于中国展示自身负责任的大国形象，提高本国国际声誉和对外影响力，而这可以被视为是中国一种“软实力”的获得，有利于实现国家利益。另一方面，中国参与联合国维和行动同样可以从中实现权力的获得，“国际机制是权力的主体，对于主权国家而言，它也是权力的一个来源”[②]。

二、参与联合国维和行动是中国履行大国责任的重要实践

中国参与更多的维和行动，表明中国正在致力于为世界和平与安全做出更大的贡献，因为不仅是中国的安全和发展需要良好的外部环境，国际社会也同样需要拥有13亿多人口的中国在维护安全与稳定方面发挥其重要的作用。冷战后，以美国为首的西方大国，在得不到联合国授权的情况下，擅自以其他组织的名义，如北约，对某些国家或地区展开所谓的“维和行动”。这种做法已经对联合国在国际维持和平事务中的主导地位构成了严重的冲击和挑战。而中国在参与维和行动的历史中，始终坚持参与联合

① Council on Foreign Relations, *More Than Humanitarianism a Strategic U. S. Approach Toward Africa*, New York, NY, 2006, pp. 43 - 45.

② 参见唐永胜等著：《寻求复杂的平衡：国际安全机制与主权国家的参与》，北京：世界知识出版社，2004年版，第138~174页。

国授权下的维和行动，支持联合国的主导地位和作用。从这个角度讲，中国的维和实践具有特殊意义。首先，通过参与维和行动，进一步丰富了“大国责任”的外延。其次，通过参与维和行动，表明中国是恪守联合国机制的大国。第三，通过参与维和行动，说明“和谐世界”理念不是空喊的口号，而是中国在不懈努力付诸实现的具体行动，通过参与联合国维和行动维护并最终实现世界的持久稳定和共同繁荣。

中国塑造并彰显负责任大国的形象，符合中国的根本利益要求。事实上随着近年来中国经济实力的快速增长，以“中国威胁论”为代表的对中国崛起的担忧和猜疑，以“中国责任论”为代表的对中国作为地区乃至全球大国的责任要求，都在国际社会中找到了自己的支持者。这种国际舆论的形成和扩散对中国的国际形象和国际影响力无疑都具有消极的影响。从这一方面来看，中国对维和行动的参与正是在以实际行动驳斥指责、担负责任，是实现国家利益与履行国际责任的重要契合点。

三、参与联合国维和行动是中国实现外交战略的重要平台

联合国维和行动本身是一种实现集体安全的多边机制，联合国维和行动的部署涉及派遣国与东道国的双边关系。因此，参与联合国维和行动是实现中国外交战略，获得外交整体利益的重要平台。参与联合国维和行动在国家对外战略中的积极作用，主要体现在以下几个方面：一是有助于塑造良好的国家形象，提升国家的软实力。二是为中国参与世界提供了一个有效的平台。三是履行我国对外战略，维护国家安全和利益的有效途径。“参与维和行动有利于压缩台湾谋求独立的国际空间，为解决台湾问题赢

得国际支持。同时，也有利于保护中国的海外利益。”

维和行动以军事人员的参与为主，因此参与维和行动也是中国在军事外交中的一项重要内容。联合国维和行动作为我国开展军事外交的一个重要领域，配合国家总体外交，在推动我国与世界各国增进了解、增强互信、加强交流等方面发挥了良好的促进作用。目前，中国已经形成了具有自身特色的维和外交。维和外交是中国政治外交和军事外交的重要组成部分，主要是指在独立自主的和平外交政策的指导下，积极参与国际维和行动，履行维护世界和平的使命，并通过与联合国、有关国家和其他国际组织的协调与合作，控制和解决冲突，促进地区安全与稳定，共同构建和谐世界，为中国的现代化建设创造安全稳定的国际环境，并向世界展示中国和平友谊之邦和我军威武文明之师良好形象的军事外交活动。[1] 参与国际维和行动给中国军队提供了解世界的机遇和展示形象的舞台，也给世界提供了解中国军队的窗口。

四、参与联合国维和行动是拉动中国军队建设的重要手段

参与联合国维和行动是一项以军事行动为主的综合性任务，从部队组建、人员培训到物资筹备、轮换输送、后勤保障、执行任务等每个环节都十分繁琐复杂，对部队指挥员的军事谋略、组织指挥、训练管理和官兵综合素质都提出很高要求，能够使官兵在组织和指挥能力、综合素质等方面得到全方位锻炼，有利于中

① 杜农一：“维和外交：新世纪新阶段军事外交的主旋律”，载《中国军事科学》2007 年第 4 期，第 107 页。

国全面推动军事力量的建设和发展，主要表现在：

一是通过维和行动的真实战场环境，检验和提高部队实战状态下的军事能力。参与联合国维和行动，是在一种真实的作战环境中执行任务。理论上维和部队的“维和行动”并非面对明确的“敌人”，维和部队是维护和平及确保和平协议得到有效实施的“和平之师”、“正义之师”。而且中国维和部队目前也不直接参加作战行动，仅提供军事观察员、民事警察和工程、医疗、运输等后勤保障分队等。但在维和任务区，情况复杂严峻，维和人员必须直接面对和处理各种恶劣的自然环境和社会环境带来的不利因素，这对长期没有参加过战事的中国维和部队官兵的战备水平和心理素质会是极大的考验，也是难得的经历，有利于检验并提高官兵包括应急反应能力、临危处置能力等在内的军事能力水平。

二是通过维和行动进行对外合作与交流，了解和学习外军先进经验。信息化条件下，世界范围内主要国家的军事变革的步伐明显加快，了解和学习外军先进经验，能够加快推进部队履行新世纪新阶段历史使命的能力建设。中国参与维和行动，开展与各国的军事合作与交流，是中国充分了解和学习外军经验的有利时机。在参与维和行动中，中国维和部队既相对独立，又接受联合国维和体制的管理和外国指挥官的指挥。在一些维和任务区，中国派出的军事观察员、参谋军官也担任分区司令、部门负责人、哨长、队长等职务。通过这种相互融入式的合作与接触，中国对外军的军事理念、管理方式、训练手段、作战思想、人员素质等方面都有了直接的感性认识，这比道听途说或从书本上学到的要深刻和及时的多。这些认识和体验还将会进一步为中国特色军事变革提供宝贵经验。此外，维和行动在世界多个地区和国家间展开，这使得中国维和部队官兵必须面对不同的社会环境和自然环境，有助于部队了解当地的民族、宗教、文化、地形、地貌和气候条件等情况，便于部队未来进行有针对性的战法研究和模拟训练。

三是通过维和行动的具体实践，提高维和部队后勤及装备保障能力。尽管中国目前还没有派遣成建制的作战部队参与维和行动，但是作为一项军事行动，对部队的后勤及装备保障能力仍然有较高的要求。现代战争要求军事行动具有较强的机动性，对军事后勤及装备的保障要求也相应提高。为了在尽可能短的时间内达成作战目的，军事行动必须做到快速高效；机动性强的军事行动必然要求快速而充足的补给保障与之相适应。通过联合国维和行动，对中国的后勤装备保障能力进行了真实的应用体验和实践比较，同时，也为了解外军的后勤装备保障能力提供了翔实的第一手资料，这些都有利于自身的体制优化和装备革新。

第三节　中国参与联合国维和行动的制约因素

中国通过参与联合国维和行动获得了较大收益，未来对维和行动的参与愈来愈深入的发展趋势也仍将继续。但是，对于中国来说，在参与中确实存在着一些现实困难需要予以克服，如受发展水平的限制，可以动员的维和资源不足；相对于日趋复杂艰巨的维和任务，维和能力还须进一步提高。此外，以下几个制约因素将在较长时期影响中国对维和行动的参与程度和规模。

一、联合国维和行动理论指导演变与中国对原则和立场的坚持

从发展历程看，联合国维和行动是从实践中产生，又在实践

中不断得以变化和发展。一般认为，维和行动可以划分为第一代传统型维和行动和第二代现代型维和行动。其中，代表维和行动理论指导发生根本变化的两份标志性的文件是：1992 年联合国秘书长加利提出的《和平纲领》和2000 年的《卜拉西米报告》。这两份报告成为指导后来第二代维和行动具体实践的纲领性文件。按照这一理论体系的指导思想，现代型维和行动更多的由被动维持变为主动缔造，“六章半行动”色彩淡化、“第七章行动”色彩开始浓厚。在设计上，加利提出“和平行动”（Peace Operation）的概念，将“预防性外交”、“促成和平”、“维持和平”、“强制和平”和“建设和平”等众多行动纳入其中，形成一个庞大的干预行动体系。过去的传统型维和行动主要包括在冲突各方达成停火协议后监督停火、建立隔离区域等，更多地发挥其调停的作用。现代型维和行动的任务和职能不断扩大，作用也不一而足。人道主义、政治、人权与经济社会等众多领域的工作被纳入到维和行动任务中：如在索马里实施的解除双方武装行动；在萨尔瓦多实施调查人员状况行动；在西撒、纳米比亚实施监督及组织选举行动；在柬埔寨建立过渡时期权力机构行使政府职能等等。

伴随着联合国维和行动理论指导的演变，中国一贯主张在维和行动中维护《联合国宪章》的宗旨和原则、坚持传统的“维和三原则”的原则和立场受到了严重的挑战。20 世纪 50 年代，时任联合国秘书长哈马舍尔德在解决埃以冲突组建联合国紧急部队时，提出了维和行动的三项原则，即维和行动应事先征得当事国的同意，严守中立，除自卫外不得使用武力。这三项原则为国际社会所公认，而且被证明行之有效。虽然国际形势不断变化，维和行动也不断发展，但这三项原则的基本精神对今天的维和行动仍是适用的。中国认为，联合国维和行动的实践证明，“如果得不到冲突各方的同意，联合国在条件不成熟时过早介入，就很难做到公正、中立，反而可能变为冲突一方，偏离维和的根本方向，使冲突更加难以解决”[①]。应该看到，维和行动理论指导的发展是建立在对以往维和行动经验和教训进行深入分析、总结和思考的基础上的，从这个角度看，它对维和行动的健康、可持续发展具有积极意义。但是对理论指导的发展和变动应该秉持慎之又慎的态度，要充分考虑国际形势的复杂背景、各国国家间利益关系的复杂性，既要联系国际政治的历史，又要考虑对未来的影响。这对真正参与国际社会时间和经验都不充足的中国来说仍是一个重要的课题与难题。

二、联合国维和行动干预性增强对中国在认知和实践上的挑战

20 世纪 90 年代以来，联合国先后通过强制性决议，决定对伊拉克、南斯拉夫、索马里、利比亚、利比里亚、海地、安哥拉、卢旺达等国家实施经济制裁和武器禁运。与此同时，联合国频频使用武力解决地区甚至一国国内冲突，先后授权和出动多国部队对伊拉克、索马里、卢旺达、海地、波黑、南斯拉夫等国采取了军事打击。一些维和行动比较深入地卷入到了国内冲突之中，干预性明显增强。联合国维和行动强制色彩的增多，原因是多方面的。既有维和行动针对的对象和问题的复杂化导致维和任务、职能变化的原因，也有西方军事大国从本国利益和政治需要出发，把自己的意志强加于联合国，借助维和之名行军事干涉之实的原因。特别是美国等西方国家以“人道主义”为理由实施的

① 中国国际战略学会军控与裁军研究中心编著：《当代国际维和行动》，北京：军事谊文出版社，2006 年版，第 383 页。

部分维和行动，在实践中干涉他国内政、推行强权政治的情况时有发生。例如，在索马里派遣突击队，抓捕武装派别首领的强制性行动；在前南斯拉夫以武力保护“安全区”和“禁飞区”，甚至对前南地区实施多次空中打击的行动。这类行动突破了严守中立、不干涉内政的原则，最重要的是在维和行动执行过程中，武力使用的限制得以放宽，导致过度使用、甚至滥用武力实现所谓“和平”的情况屡屡发生。

传统的国际干预理论对受干预事件的选择以及国际干预所遵循的价值标准，都是以西方为中心的，这实质上影响了国际干预的公正性。冷战后，国际干预的实施者日益超越了价值中立的原则，越来越多地演变成为它所干预的冲突中的一方。由于大国或大国集团利用国际干预去实现自己的战略目的，因此违背价值中立原则，直至卷入有关国际国内冲突的情况不断发生，严重损害了国际干预的声誉和威信。这种渗透到人道主义行动中的“强权政治因素”，由于偏袒一方，加剧了冲突双方的和解难度，产生了诸多消极影响。一方面大国从各自的战略利益考虑，失去了确定干预对象的客观标准，如真正发生人道主义灾难的卢旺达，因大国缺乏解决意志，未能得到应有的人道主义救助。另一方面，西方国家在人道主义干预问题上经常实行“选择性介入”，对其非核心利益地区，如非洲，态度冷漠；对其核心利益所在，如中东地区、巴尔干地区，则积极介入。

这种“双重标准”和“选择性干预”的做法，使中国不得不对其保持冷静、审慎的态度，也是当前中国没有参与全部类型的维和行动的主要原因之一。维和行动干预性增强的特点对中国在认知和实践上都构成挑战，使中国对联合国维和行动的参与面临着两难选择。

一是关于是否以及如何公正地介入一国冲突的问题。按照《联合国宪章》第一章第二条第七款，“本宪章不得授权联合国对本质上属于任何国家国内管辖权范围内的事项进行干涉”，表述是明确而严格的。然而事实上一些国家内部发生的冲突，有的受到外部力量的种种影响和作用，有的内部战乱给人民带来极度的痛苦，甚至有殃及邻国的危险。对此，在实践中，联合国维和行动对一些国家内部冲突的介入越来越多，有些介入曾为冲突的解决创造了积极的条件，但更多地介入则付出了沉重的代价。因此，维和行动介入一个国家内部事务有时也许不可避免，但是如果授权和目标不明确，或者个别国家的意愿影响过大，就可能严重偏离维和行动的原则和宗旨，使维和行动本身难以成功，最后甚至可能给所在地区的稳定乃至整个国际关系的发展带来损害。应该承认，在当今的国际社会中，维和行动以及其他日益增多的国际组织、国际机制、国际规则等对主权的限制甚至干预是不可回避的。“在一些情况下，包括维和机制在内的国际规范对主权国家作用的增强体现了当今世界道德进步和组织改善，反映出多数国家就一国特殊利益同国际社会共同利益之间的关系逐渐形成更为合理的认识。但是，由此对主权可能带来的过度损伤已经引起国际社会的关注，尤其是那些相对落后的国家，因为一般它们才是受伤害的对象。”①

二是如何限制强制措施的过多运用。强制执行和平有时会收到较为明显的效果，但同时也留下了许多教训。使用强制方式应该十分慎重，否则难免使维和行动陷入困境，维和行动在索马里遇到的挫折最能说明问题。维和行动不能一厢情愿或过于草率地动用武力，它应该基于同所有当事方的合作，至少应取得能使维和行动得以有效进行的最小限度的合作。如果迫不得已需要动用强制手段，这种强制也要同解决危机的和平进程相联系，包括使

---

① 时殷弘：“论20世纪国际规范体系：一项侧重于变更的研究”，载《国际论坛》2000年3月，第8页。

用政治、经济、外交等各种手段防止冲突爆发或使热点地区局势降温。而要使用强制方式，联合国的权威尤其重要，否则强制方式的运用很可能失控，并留下较大的后遗症。1999 年的科索沃战争就是一个极端的例子。美国也许认为推广西方价值观就可以对其他国家动用武力，迫使其屈服。但是甚至到今天，科索沃本身的问题也远远没有得到解决，反而出现了许多预料不到的混乱。因此可以理解，为什么有人有这样的看法，“北约在南斯拉夫的战争虽然取得了军事上的胜利，但是在政治上则是完全失败的”[①]。

三、“防范中国”势头上升对中国深入参与的影响

美国皮尤研究中心曾于 2006 年对俄罗斯、日本、美国、印度、巴基斯坦 5 国民众调查后显示，75% 的俄罗斯受访者认为中国军力增强不是件好事；超过 60% 的印度受访者反对中国加强军备；93% 的日本受访者对于中国不断增强的军事实力持消极态度。[②] 2010 年 11 月 11 ~ 14 日，美国有线电视新闻网（CNN）所做的国内民意调查显示，有 58% 的受访美国人认为迅猛发展的中国经济对美国构成了“威胁”。[③] 这些充分说明，国际社会中部分国家对中国经济快速增长所带来的国家实力的增强、国际地位的上升，表现出了极大的忧虑。再加上一些国家和学者有意援引“霸权理论”，大肆渲染中国崛起、军事实力增长，对地区和平与

① Michael Mandelbaum, A Perfect Failure: NATO’s War Againt Yugoslavia, *Foreign Affairs*, September/October, 1999, pp. 2 – 8.

② 转引自“美媒体渲染亚洲大国互不信任称中国遭近邻猜疑”，载中国网 http://www.china.com.cn/international/txt/2006 – 09/27/content_ 7195751. htm。

③ “CNN 民调 58% 美国人持中国威胁论或影响美对华政策”，载环球网 http://world.huanqiu.com/roll/2010 – 11/1269198.html。

稳定有害而无益，导致20世纪90年代开始蔓延的“中国威胁论”在很大程度上对中国的国际形象产生了消极影响。这种消极影响直到今天仍然没有得到根本解决，致使中国每一次动作较大的国际行为都会引起部分猜疑和指责。

中国对联合国维和行动的参与也同样遇到了这样的困境。事实上中国不断加大对维和行动的投入，增加对维和行动参与的广度和深度，一方面是联合国希望中国参与并发挥作用的客观要求，另一方面也是中国希望履行大国责任和义务的主观愿望。但是，以美国为首的一些西方国家在维和行动中采取“双重标准”，对于存在利害关系的地区则积极参与，通过展开维和行动牢牢掌握在该地区的主导权，而对于非核心利益地区的维和行动却漠不关心。与此同时，却对中国履行国际义务、扩大参与维和行动心存狐疑，既要求中国增加对维和义务的履行，以减轻它们在非核心利益地区的维和责任，又对中国参与的维和行动保持相当的关注与警惕。例如，中国于2005年向黎巴嫩南部派遣1000人参与维和行动，就被西方媒体渲染为中国增加中东地区的存在。而中国参与联合国在海地的维和行动更是被一些激进的反华分子认为是中国开始介入美国后院的迹象。这些不和谐声音在一定程度上影响了国际社会对中国参与联合国维和行动的认识和理解，也为中国未来对维和行动的深入参与设置了障碍。

第四节 中国应对联合国维和行动困境的有关思考

参与联合国维和行动是中国谋求和平发展道路的题中之义，也是中国加强国际安全合作的重要而有效的途径之一。那么，我们将如何在种种条件的限制下以及维和行动自身困境的挑战下，更好地参与其中，有效地维护中国国家利益？20 世纪 90 年代以来，中国在联合国维和实践中逐步积累了一些基本经验，形成了参与维和行动的基本原则与方针。随着改革开放的深入，经济的快速发展，国家综合实力的不断增强，中国参与联合国维和事务的能力和范围日益扩大，参与的积极性和主动性持续增加，自信心也在不断增强。中国应该加强对维和行动困境问题以及中国参与问题的系统研究，在参与的过程中，继续以坚持联合国的主导地位为指导思想，不断深化中国对维和行动的积极参与，在亚太地区积极推动构建联合国框架下的区域维和机制，同时还要注重加强参与维和行动在我军军事建设中的作用，在维和实践中把握好我军维和兵力运用的特点和原则。

一、坚持联合国在国际维和行动中的主导地位

国际维和行动包括联合国和非联合国所实施的所有维和行动，大体上可分为四类：（1）联合国授权，并由联合国实施的维和行动，如 1948 年 6 月在中东地区建立的联合国停战监督组织等；（2）由联合国授权，但由地区组织指挥和控制的维和行动，如联合国安理会 2001 年 12 月通过的 1386 号决议授权建立的、先后由北约和欧盟指挥的驻阿富汗国际安全援助部队等；（3）由联合国授权，但由联合国一些成员国或成员国集团指挥与控制的维和行动，如 1999 年 9 月根据联合国授权组建的、并由澳大利亚指挥的东帝汶国际部队；（4）由一些地区组织自行决定实施并进行指挥与控制的维和行动，如 2003 年 3 月欧盟派驻马其顿执行代号

为“协和”维和任务的“欧盟快速反应部队”。[①] 需要特别指出的是，一些地区组织和国家联盟所实施的军事行动，虽然被赋予维和行动的名义，但却并不一定是真正意义上的维和行动，有些军事行动明显带有战争色彩，在实际效果中也并没有起到维持和平的作用。

中国应该继续支持和肯定联合国的积极作用，坚持主张联合国在国际维和行动中的主导地位，选择参与由联合国授权并主导的维和行动。选择参与联合国维和行动，相较于其他国际维和行动的优势主要体现在：首先，联合国是最具普遍性、最有影响力的国际组织。联合国在国际组织体系中居于中心地位，其参与国最多、职权范围最广，其决议和相关决定最具权威性。其次，《联合国宪章》的基本原则构成了现代国际法基本原则的核心。尽管《联合国宪章》本质上属于多边性国际条约，是联合国的组织文件，但是其所述的宗旨和原则等规定，已为国际社会普遍接受和认可。在一些重要的国际文件中均载有尊重《联合国宪章》宗旨与原则的明确规定，如1955年《亚非会议最后公报》第一项就是宣告对《联合国宪章》宗旨与原则的尊重；1963年《非洲统一组织宪章》序言和第二条也做了这样的规定。因此，联合国维和行动的合法性更强。第三，联合国已经建立了以安理会为核心的组织机构并制定了一系列的原则和办法，联合国通过召开会议形成对所有成员国具有约束力的决议。因此，联合国维和行动不仅能够获得成员国人力和物力的支持，也拥有道义上的力量。

坚持联合国在维和行动中的主导地位，还体现在对《联合国宪章》的坚持与维护。《联合国宪章》虽然是在20世纪、第二次世界大战刚刚结束的历史背景和条件下制订的，但是60多年的维

---

① 中国国际战略学会军控与裁军研究中心编著：《当代国际维和行动》，北京：军事谊文出版社，2006年版，第3页。

和实践获得的经验和教训表明，《宪章》的宗旨和原则依然具有生命力，没有必要作根本性的或原则性的修改。今天联合国遇到的困难并不是《宪章》已经过时的问题，而是全体会员国是否真正按《宪章》办事的问题。正如联合国前秘书长瓦尔德海姆所说："联合国成立以来的历史基本上是国家主权和国家利益与国际秩序和国际社会长远利益之间寻找工作平衡的历史。""在全体会员国不仅在口头上而且在行动上遵守《宪章》的各项原则之前，联合国现在不能、将来也不可发挥《宪章》所期望的作用，特别是在有关国际和平与安全方面的作用"。[①] 但是，在新的历史条件下，为了迎接新的挑战，确实需要按照《宪章》的宗旨和原则制订一些新的贯彻执行集体安全制度的国际准则和行为规则。中国应该继续参与推动联合国改革的进程，加强对国际准则和规则的建立和完善，同时还应支持联合国机制运作的改进。特别是在加强民主化建设方面，应该支持建立必要的国际监督机制，以防止和反对少数大国操纵和利用联合国推行霸权主义和强权政治的行径，从而真正发挥维和行动的作用，实现《联合国宪章》的宗旨和原则。

二、继续深化对联合国维和行动的积极参与

作为联合国安理会常任理事国，中国的积极参与有利于维护并促进联合国维和行动积极作用的发挥和体现。与此同时，参与联合国维和行动也将有利于中国"以合作促安全"的战略构想得以实现。

维和行动是联合国集体安全机制的重要组成。对于中国而

---

① 转引自钱文荣："《联合国宪章》和国家主权问题"，载《世界经济与政治》1995 年第 8 期，第 12 页。

言，“仍然作为发展中国家”的身份定位，决定了运用集体安全手段维护本国国家安全，在当前更加符合中国国家利益以及自身实力水平的需要。尽管集体安全自身同样存在缺陷和困境，但是集体安全的价值在于：其一，它提供了反对侵略者更为有效的平衡手段，与均势状态相比，侵略的反对者拥有极其强大的优势。其二，它促进信任与合作。集体安全机制提供了一个更为友善的国际环境。建立制度化的机构有助于确保和谐的增进，以防大国冲突的再现。集体安全使得国家更加关注绝对收益（当然并不放弃对相对收益的追求），帮助国家确立有助于维护国际稳定的国家利益目标，从而促进国际合作。其三，缓解安全困境。集体安全通过深化合作来增加信任。它缓解了各国的军备压力，可以提高透明度，减少不确定性，促使军事战略转向以战略防御为主，进而缓解安全困境的压力。[①] 以上这些也同样都在维和行动中有所体现。中国通过对联合国维和行动的参与，可以进一步加强与外界的安全联系与合作，增强与其他国家的相互了解与信任，同时也维护了自身的安全利益。此外，深化对维和行动的参与，还将有助于中国对维和行动在理论和认知上的进步。实践与认识是一对辩证统一的关系。因此，加强中国参与联合国维和行动的实践，不只是能够积累参与经验，提升参与能力，同时也将会对我们厘清在维和行动认知以及指导方面的困惑起到很好的促进作用。

从总体上看，中国继续以积极的姿态、有所选择的深入参与联合国维和行动，可以对外展现国家的整体战略能力，并在与世界的联系中实现对国家整体利益的维护，这些对中国的现实需要和长远发展均具有重大的意义。

---

① 门洪华：《和平的纬度：联合国集体安全机制研究》，上海：上海人民出版社，2002 年版，第 167～168 页。

首先，继续以积极的姿态参与维和行动，将更好地对外展现国家的整体战略能力。“维护一国国家安全，不仅要在国家涉及的众多领域获得有利地位，而且还要依赖国际、国内诸多政治、经济、军事、外交等因素综合作用与相互影响的作用。”[1] 在这样的背景下，国家安全已经不可能靠单一的手段来维护，因此过于强调自身的实力和权力，而忽视经营有效的安全联系和合作关系，很有可能掉进所谓“安全困境”的陷阱。通过对过去消极观望阶段和部分参与阶段的经验总结，中国对于这个问题有了清醒的认识。应该说，国家实力的运用是化解安全威胁的主要举措。“国家实力运用的方式主要包括现实运用和潜在运用。”[2] 其中，现实运用方式强调直接应用国家实力发挥作用；潜在运用方式注重间接使用国家实力所发挥的作用，强调国家实力产生的势能，包括使用实力的决心、姿态和对结果的展示，从而影响国际安全局势的发展。中国参加联合国维和行动，不仅直接将维和人员派往指定地区担负具体的维和任务，体现实力的现实运用；同时也有助于树立起负责任大国和良好合作的姿态与形象，兼顾体现实力的潜在运用。通过军事实力潜在运用所形成的中国形象和在国际社会中的地位，无疑是中国无形的战略资源，也反映了中国传统民族文化的精髓，值得我们认真把握并加强运用。

其次，不断深入对联合国维和行动的参与，符合维护日益拓展的国家利益的需求。经济全球化的发展，深刻地影响并改变了国家间的利益关系。全球化的发展，推动各种生产要素实现跨国界流动配置，全球分工体系、交换体系、投资体系、流通体系相互交织在一起，已经远远超出了一个国家所能左右的界限。孤立

① 唐永胜、程海南：“关于综合安全”，载《欧洲》1997 年第 3 期，第 44 ~ 45 页。

② 唐永胜：“中国与联合国维和行动”，载《世界经济与政治》2002 年第 9 期，第 42 页。

的、片面的单边国家利益追求已经不能够满足今天国家利益的需要。与以往相比，一国的安全利益越来越多地需要在国际间得到实现和维护。即使最强大的国家也难以保障“它们的中心目标——安全、经济繁荣和人民的体面生活——能够在没有体系中其他参与者（包括非国家行为体）的帮助与合作下实现。”[①] 可以看到，国际联系利益在现今中国安全利益的构成中也已有了极大的增长。参与维和行动，强化与外界的安全合作，是这种利益结构变化的必然要求。维和行动是全球范围具有特殊而重要作用的多边安全机制之一。中国参与其中，无疑会大大加强与外界的安全联系，提高国家的国际影响力。对于参与国际机制中的主权问题，不容否认的是，主权侵蚀，“即全球性和地区性大国所奉行的强权政治和霸权主义政策对弱小国家的主权构成的实质性威胁”[②]，可以导致主权国家独立性的丧失。而且，在国际关系中，大国或强国的确具有天生干涉小国或弱国的倾向，“较强大的国家希望将自己的意志或政治制度强加于别国”。[③] 但是就客观限制因素而言，目前还没有一个主权国家是因为广泛而深入地参与国际事务而彻底丧失其独立性，发展中国家没有，发达国家更没有，即使是当今世界上一体化程度最高的欧盟，也还没有出现这种情况。尽管中国在对维和机制参与的过程中，必须面对国际安全机制对身处相对弱势地位的国家的更多限制和制约，但不容否认的是，国际安全机制存在的基本前提是保持最低限度的合作，

---

① Abraw Chayes, *The New Sovereignty: Compliance with International Regulatory Agreements*, Cambridge Harvard University Press, 1995, pp. 128 – 132.

② 孙建中著：《国家主权：理想与现实》，北京：世界知识出版社，2001 年版，第 50 页。

③ Allan Rosas, “The Decline of Sovereignty: Legal Perspectives”, in Jyrki livonen, *The Future of the Nation State in Europe*, Edward Elgar Publishing Company, 1993, p. 137.

否则机制本身将不复存在。也正是在这种意义下，中国应该争取扩大与以联合国维和行动为代表的国际安全机制乃至整个国际体系的具有积极意义的“接触点”和“接触面”，这样的接触点和接触面越多，中国的安全就越有条件得到保障。

第三，继续坚持有所选择的参与，能够缓解维和行动中不利因素产生的消极影响。中国一直以来对于联合国维和行动是有选择地积极参与。这种选择性，一方面是因为有限的资源不允许中国大规模参与维和行动，有所选择是中国现实的需要；另一方面是因为一些维和行动严重偏离了联合国维和行动的基本原则，有的甚至成为强权干涉的工具，这与中国所坚持的维和原则和立场存在分歧，也是中国放弃选择的主要原因。实际上，“每一次维和行动都针对特定的问题，有自己特有的模式，参与选择的空间是很大的，包括参与方式、参与程度等”[①]。对维和行动有选择地参与，既比较灵活，又不会失去必需的自主性。而通过对维和行动的直接参与，还有利于推动维和行动的健康发展，增强中国与国际体系的接触，在与其他国家一起行动中，创造更多合作的机会，增强彼此的了解和信任。因此，对于中国而言，应该继续坚持有所选择地参与策略，应该积极参与那些有条件发挥作用、符合联合国维和的基本原则、并与中国利益紧密相关的维和行动。

三、推动联合国框架下的区域维和机制的构建

习近平同志指出：“随着我国改革开放深入推进，国家利益

① 唐永胜：“中国与联合国维和行动”，载《世界经济与政治》2002年第9期，第44页。

不断向海外延伸，经济发展对外依存度逐步增大，我国安全和发展已经同外部世界更加紧密地联系在一起。国际局势动荡、恐怖袭击、重大自然灾害等都可能对我国安全和发展利益构成威胁，我国面临的国际安全环境日趋复杂。”[①] 在这样的战略背景与安全环境下，“国家间相互依存和利益交融日益加深”，在一些重大的问题上，各国积极参与，总体采取合作的态度。国际安全及其相应的机制也因此受到越来越多的重视。国际安全机制，是规范国家间安全关系的原则、程序、方式和体系；其主要的特点是多边性、长期性和稳定性。而地区性安全合作机制，旨在消除地区参与者共同的威胁，增强相互信任，确立对话、磋商和互助的原则，则针对性更强。为此，中国应该积极推动并参与在联合国框架下构建亚太地区维和机制，在有效维护自身国家安全和发展利益的同时，促进整个地区的和平与稳定，主动营造一个有利的周边安全环境。从国际局势的发展趋势来看，这也同样符合当前亚太地区的安全需求，并将有利于亚太地区国家增强政治互信，深化地区多边安全合作，提高各方协调应对地区安全威胁的能力。

联合国与其他政府间组织和区域组织合作开展维和行动，是联合国维和行动在具体实践中的一个创造，也是未来维和行动发展的一个新方向。[②] 根据《联合国宪章》第八章规定采用区域安排来解决争端和维持和平的精神，联合国利比里亚观察团，是联合国首次与另一组织已经建立的一个维持和平行动合作开展的维和任务。该任务的成功以及随后多项任务的成功经验，使愈来愈多的国家认识到维和行动的地区性参与所发挥的积极作用。尽管在执行地区维和行动中不可避免地会面临公正以及干涉的问题，

---

① 《习主席国防和军队建设重要论述读本》，中央文献出版社，2014 年 8 月版。

② 引自联合国维持和平行动网站：http：//www. un. org/chinese/peace/peacekeeping/index. shtml。

但是联合国《卜拉希米报告》小组也曾指出“联合国不能包揽一切。”一方面由于联合国维和行动能够动员的资源毕竟有限；另一方面，联合国的维和行动，特别是一些较大规模、任务较为复杂的维和行动，有时尤其需要区域组织的积极配合与有效合作。地区组织在维护所在地区和平与安全方面往往比其他国家积极，因为它们处于冲突地区，担心冲突蔓延危及地区安全，并且地区组织与冲突各方易于沟通，展开调停和斡旋，迅速配置维和力量。[①]《联合国宪章》既明确将维护国际和平与安全的主要责任授予安理会，同时也规定了区域办法和区域组织在维护其所在地区的和平与安全中的作用。安南秘书长在54届联大报告中指出：“若要保持国际安全制度的法律基础，区域安全行动就必须获得安全理事会授权。”[②]

因此，遵照《宪章》的宗旨和原则，建立联合国框架下的亚太地区维和机制，在联合国安理会的授权下开展地区维和行动，将使其更具有合法性和有效性，并能够赢得更广泛国家的接受和参与。另一方面，能够建立地区维和机制本身，也将表明地区各国互信和合作关系的改进和增强。从历史和现实的情况看，亚太地区多数国家积极参与联合国维和行动，在世界各大洲的任务区均发挥了很好的作用，但是，在地区内部却缺乏有效的维和机制和相应的区域性组织。

当然，地区安全机制的建立和完善必须考虑地区安全利益关系的历史、现状和发展趋势。多边安全合作不同于经济、贸易等领域，涉及到国家主权最核心而敏感的部分。由于历史和现实的种种原因，亚太地区的多边安全合作机制尽管已经有了一定基

① 唐永胜：“联合国维和机制的演变及决定其未来走势的主要因素”，载《世界经济与政治》2001年第5期，第68页。

② “秘书长在54届联合国大会上的报告”，联合国网站，http：//www.un.org/chinese/ga/54/doc/54sgrep.htm。

础，但是却远远落后于地区经济合作的步伐，在深度和广度上都有待进一步发展。布热津斯基在《大棋局》中曾指出，亚洲尽管在经济发展方面取得了很大的成绩，“但是在地区的政治发展方面却存在着突出的缺陷。亚洲缺乏欧洲已有的合作性多边结构，这种结构在欧洲的政治形势中占据主导地位，并对欧洲那些较为传统的领土、种族和民族冲突加以淡化、缓解和遏制。亚洲没有类似欧洲联盟或北约的组织。亚洲的三个区域性组织，无论是东南亚国家联盟，还是东盟国家进行政治安全对话的亚洲地区论坛，抑或亚太经合组织，都根本无法同将欧洲连成一片的多边区域合作联系网络相比拟”。①

相对于世界其他地区，亚太地区安全利益关系的一个突出特点是复杂性。② 长期以来，亚太地区由于自然条件、民族文化、经济发展和政治制度等方面所存在的巨大差异使各国难以形成统一的安全观念③，一些国家还存在现实和潜在的利益冲突以及冷战思维的惯性作用。由于多种因素的作用，本地区各国间长期存在着相互间不信任的状态，成为亚太地区安全合作的障碍，制约着地区安全合作向更深层次发展。近年来，亚太地区安全形势总体上仍然保持着比较稳定的局面，国家间的安全利益联系空前紧密。与此同时，地区安全形势继续向复杂化方向发展，影响地区安全形势的不确定因素增多，各国面临的安全威胁更加多样化。传统安全威胁依然是亚太国家安全的核心，各主要国家不断加大军事投入，积极提升军事能力；热点问题难以解决，地区军控、

① ［美］兹比格纽·布热津斯基著、中国国际问题研究所译：《大棋局》，上海人民出版社，2007 年版，第 127 页。

② 唐永胜、郭新宁：“亚太安全理论框架”，载《太平洋学报》1999 年第 4 期，第 82 页。

③ 陈峰君主编：《亚太安全析论》，北京：中国国际广播出版社，2004 年版，第 164 页。

裁军和防扩散进程面临严峻挑战，如何避免引发地区新的军备竞赛甚至军事对抗成为亚太安全的重要议题。同时，非传统安全威胁，特别是恐怖主义、分裂主义、极端主义势力猖獗以及重大自然灾害、流行性疾病等非传统安全问题不断发生，已经成为影响地区安全的重要因素，并影响到主要国家的战略关注。今天，即使是美国也不可能借助高军费投入应对所有风险。美国国防部长罗伯特·盖茨（Robert Gates）就积极提倡所谓的“平衡的战略”。[①] 新的安全需求使得亚太各国在安全领域的交流与合作日趋活跃，涌现了许多新组织、新机制和新方式。[②] 亚太地区“各国在安全领域的共同利益增多、合作意愿增强”，[③] 通过对话、预防性外交等方式处理分歧和热点问题成为各国普遍政策取向。而以预防冲突作为维持国际和平与安全任务重点的当代联合国维和行动，为各国提供了多层次参与、运用综合性方式、早期预防和较好解决冲突的途径。

联合国框架下的地区维和机制的建立，将更有利于亚太地区国家增强政治互信，深化地区多边安全合作，提高各方协调应对地区安全威胁的能力。目前，亚太各国在政治经济上相互依赖、相互竞争、相互磨擦、相互冲突的复杂关系已经基本取代了冷战时期那种“非友即敌”、“非合作即对抗”的比较简单的国家间关系。为了更好地维护自身的利益，一个国家越来越不可能像过去那样过于注重个别领域的共同性或者差异性，新的形势需要各国更加强调政治、经济、军事力量的紧密联系，并在区域合作、国

---

① Robert Gates, A Balanced Strategy: Reprogramming the Pentagon for a New Age, *Foreign Affairs*, January/February, 2009.

② 郑申侠：“中国和平发展与亚太地区安全”，载《亚太地区的和平发展与地区安全——中国军事科学学会国际论坛（2006）论文集》，北京：军事科学出版社，2006 年版，第 4 页。

③ 中华人民共和国国务院新闻办公室：《2008 年中国的国防》，2009 年 1 月。

际协调的背景下，谋求国家间的安全利益关系的平衡。[①]

联合国框架下的地区维和机制的建立将扩展亚太各国进行多层次交流和对话的渠道。国家间的信任是安全合作的基础，而信任不是天生的，是在不断的接触互动和参与中产生。[②] 建立信任措施就是一个很好的例子，该安全机制的建立恰恰是在冷战时期、以美苏为首的东西方两大阵营关系最为紧张的时候。亚太地区文化、政治等方面的多元性和复杂性，需要通过更多的"接触"，以奠定产生信任的基础。构建地区维和机制，至少可以为地区各国搭建一个工作的平台，使成员"在协调和谅解的气氛中，对话日益深入，共识逐步增多"，[③] 从而减少发生军事冲突的危险。

同时，联合国框架下的地区维和机制的建立符合亚太各国维护本国安全利益及地区和平与安全的需要。在国家关系相互依存、相互联系日益紧密的今天，各国生存和发展之间相互促进、相互影响和相互制约的内在联系显著加强。在这样情况下，对国家安全构成威胁的因素日趋增多和复杂。因此，国家安全越来越需要运用综合手段来维护，维护本国国家利益越来越需要在与其他国家的合作中获得。今天的世界变化迅速而剧烈，如果继续把死的历史当成活的现实，就适应不了国际关系新的变化。[④] 作为唯一超级大国的美国，尽管拥有强大的实力，也不得不提出"以共同利益和相互尊重为基础的全球接触外交政

---

① 唐永胜、郭新宁："亚太安全理论框架"，载《太平洋学报》1999 年第 4 期，第 82 页。

② 刘庆："战略互信概念辨析"，载《国际论坛》2008 年第 1 期，第 40 ~ 45 页。

③ 陈峰君主编：《亚太安全析论》，北京：中国国际广播出版社，2004 年版，第 184 页。

④ 唐永胜："中国与联合国维和行动"，载《世界经济与政治》2002 年第 9 期，第 43 页。

策”，在“共同安全”中维护美国的国家利益。[①] 此外，国际关系的复杂性以及冲突性质的变化，使得介于外交手段与强制手段之间的联合国维和行动似乎更接近战后冲突管理的本质。尽管被称为“第六章半”的维和行动从诞生之日即饱受争议，但是，今天维和行动由于它的多样性和适应性仍将是应付国际冲突的较好选择。[②]

事实上，在亚太地区建立维和机制已经具有较好的基础和一定经验。上海合作组织在联合“反恐”方面的合作，对在中亚地区打击“三股势力”、维护地区和平和稳定发挥了极其重要的作用。东盟地区论坛也已经建立了预防性外交、建立信任措施、探讨解决冲突的途径等一整套区域安全合作机制框架，在防止和减少地区冲突方面进行了一些有效的实践。同时，亚太部分国家参与的联合国东帝汶维和行动的成功，不但为联合国框架下地区维和机制的建立积累了有益的经验，也让更多的亚太国家对联合国维和行动地区性参与的积极意义有了更进一步的认识。

中国参与并推动联合国框架下亚太地区维和机制的发展，首先，将有助于在亚太地区树立起负责任大国和良好合作的姿态和形象。中国在维护地区和平和稳定上所展现出来的积极姿态和负责任形象无疑是中国无形的战略资源，将在一定程度上化解中国在快速发展中遇到的“安全困境”，驳斥“中国威胁论”的指责。其次，在目前亚太地区安全合作受到多种因素制约的情况下，安全合作建立在地区维和机制这样的具体问题上，将更有利于中国与其他国家建立信任和开展合作。建立地区维和机制作为建立信

① 詹姆斯·琼斯：“初始100天：美国21世纪的新参与姿态”，http：//www.america.gov/st/peacesec –

② 陈鲁直、李铁城主编：《联合国与世界秩序》，北京：北京语言学院出版社，1993年版，第233页。

任措施的一个重要内容，同样也应该是一个动态的过程，首先是在谈判中进行交流，在交流过程中达成建立信任措施的协议，然后在实施协议中加强合作，完成认识的转变。因此，中国积极参与并推动地区维和机制的发展与安全认知的转变和安全环境改善之间良性的互动循环，必然会促进地区安全和互信的提升，为维护地区和平与稳定发挥积极的作用。

四、提升参与联合国维和行动在军队建设中的作用

长期以来，中国将参与联合国维和行动作为履行大国责任、开展军事外交的一个重要领域，在推动中国军队与其他国家军队间增进了解、增强互信、加强交流等方面发挥了良好的促进作用。然而，随着中国军队对维和行动参与的范围、规模以及承担任务的日益拓展，以上的表述已经不能全面概括中国维和部队所发挥的作用和履行的职能。与此同时，中国参与联合国维和行动本身就是在对外关系中一种重要的军事实力运用，是在当前和平与发展为主流的历史时期，中国军队在国家领土范围之外进行军事实践的难得机会和途径。中国应该更加重视参与维和行动对军队建设的牵引和促进作用，将其作为提升军队军事能力的重要抓手。

目前，对维和行动的作用和认识还存在局限，这从当前中国政府及主流学者对维和行动在军队建设和工作中的地位及作用的普遍认识中，可以略见一斑。由于维和工作长期被作为中国外交战略中军事外交的一项重要内容，因此参与维和行动的作用被认为“是有效运用军事软权力的一个重要手段，也是中国军事软实

力的重要资源之一”。[①] 当然，在国际舞台上运用中国军事软权力同样具有相当的应用价值。一方面能够有效澄清“中国军事威胁论”，增加军事互信；另一方面能够树立中国军队的良好形象，提升其在国际上的影响力。这种影响力主要表现在三个方面：一是文化认同力。通过军事外交加强军事思想的交流，使我军和平、合作、共同安全等思想观念受到认同。二是政策影响力。中国军事外交认真贯彻独立自主的和平外交政策和防御性的国防政策，产生了政策的影响力。主要表现在反对霸权，维护世界和平；提高国防透明度，努力营造互信协作的舆论环境。三是机制构建力。在中国军事外交中，加强安全对话和国际军控合作，积极参与机制构建，增强国际话语权。此外，随着近年来中国国内非战争军事行动理论的发展，参与维和行动还被看作是非战争军事行动的一项重要内容。此类研究大多从维和行动自身“非战争”目的的军事任务出发，认为参与维和行动可促进、提升了军队核心军事能力之外的非战争军事行动能力。

事实上，联合国维和行动作为一种国际机制，参与其中必然会导致适应性学习和认知性学习的过程。在一个知识正在以空前的速度迅速扩散的年代里，一个国家的军事力量与外国相应军事力量之间关系的性质和密切程度已经成为一种非常重要的因素，直接决定着能否更有效地将国家资源转化为可用的军事力量。[②] 参与联合国维和行动为中国军队提供了这样的机会，在与外军相互学习和借鉴军事技术、作战理念和兵力部署模式的同时，能够更为有效地确定自身相对于他国军事力量的地位，从而促进军队军事力量的整体发展和提升。这种军事力量的增长必然是包括以

① 汪红伟：“试论中国军事外交：军事软权力运用”，《理论与实践》理论月刊 2009 年第 4 期，第 86～89 页。

② ［美］阿什利·泰利斯等著，门洪华、黄福武译：《国家实力评估　资源、绩效、军事实力》，北京：新华出版社，2002 年版，第 170 页。

核心军事能力为主的综合军事能力的整体跃升。

首先，参与维和行动是以过硬的核心军事能力为基础。对于任何一个国家的军队而言，要想在参与联合国维和行动的过程中有效履行职责，完成任务，必须具有较好的核心军事能力水平。尽管“除自卫外不得使用武力”是维和行动的基本原则之一，但是，作为一种“以武力作后盾的规劝力量”，[①] 同样要求维和部队具备侦察预警能力、快速反应能力、指挥控制能力、联合行动能力、综合保障能力、乃至自卫防护能力，其对能力的需求与核心军事能力是一致的。到目前为止，中国派遣到任务区的维和部队还主要是由军事观察员、工程兵、运输队、医疗队等组成的非作战部队，从事的主要是后勤保障类的工作。[②] 据国防部维和事务办公室统计，截至 2015 年 5 月，维和工兵分队累计新建、修复道路 1.1 万余公里、桥梁 300 多座，排除地雷以及各类未爆炸物 9400 余枚；运输分队完成运输总里程 1200 万公里，运输物资器材 110 万吨；医疗分队接诊病人 14.9 万多人次。[③] 尽管没有直接参与作战任务，事实上，执行此类维和行动任务对维和部队在后勤保障、管理体制、人员素质等方面的能力仍然有较高的要求，而这些方面同样属于核心军事能力的范畴，是构成一支军队核心军事能力必不可少的要素。因此，核心军事能力是执行维和行动能力的基础，完成维和行动任务要以过硬的核心军事能力作为支撑。

---

① 引自联合国维持和平行动网站：http：//www. un. org/chinese/peace/peacekeeping/index. shtml。

② 从 2013 年 12 月起，中国派出的维和部队的类型逐步丰富。中国派出首批赴马里维和部队，其中警卫分队是我军派出的首支安全部队。维和部队中的所谓安全部队通常是指担任维和任务区内重要目标的警戒、保卫任务的部（分）队。2015 年 1 月，中国派出了首支维和步兵营，前往南苏丹任务区执行任务。

③ “我军参加联合国维和行动 25 年回眸”，《解放军报》2015 年 5 月 29 日，http：//www. 81. cn/jmywyl/2015 –05/29/content_ 6512574. htm。

其次，参与维和行动是对部队军事能力的实战检验。大多数执行任务的维和部队置身于准战争状态，面临任务区极其恶劣的自然环境，如旱季炎热、干燥、缺水，雨季潮湿、暴雨成灾、蚊虫肆虐，结核、伤寒、疟疾、艾滋病等传染病高度流行等。同时，他们还工作和生活在复杂动荡的社会环境之中，需要应对和克服各种复杂的情况及困难，如战乱国家和地区的政治、经济、法律、军事的瘫痪，内部骚乱和边境冲突，地理、文化、习俗陌生，治安混乱，安全保障差等。这些对维和部队官兵们在生理上和心理上都是极大的考验和磨练，是平时的假想式训练和仿真式演习所无法完全提供和实现的。维护和平、遏制战争的能力是以打赢战争的实力为基础。而战争是一门实践的艺术，打赢战争的能力需要经历战争的磨练和考验。克劳塞维茨说："没有亲身经历过战争的人不能理解，常说的战争中的各种困难在哪里，统帅所必须具备的天才和非凡的精神力量究竟起什么作用。"① 对于长时间身处和平环境的中国军队来说，参与联合国维和行动是对军队人员素质、装备水平、后勤供给等方面的实战性检验，有利于从中总结经验，查找差距和不足，从而促进能力建设的良性发展。

第三，参与维和行动是对军事能力整体水平的展示。"军事力量在国家边界以内和以外以各种不同的方式展示和体现出国家的实力。"② 参与联合国维和行动，为中国军队以和平姿态走出国门提供了一个良好的途径，使其有条件在世界范围内显示军事存在，展示国家实力。中国军人自参加维和行动以来，以其良好的作风和高质量完成任务的能力赢得联合国维和行动领导机关和所

① ［德］克劳塞维茨著，中国人民解放军军事科学院译：《战争论》，北京：解放军出版社，1964 年版，第 74 页。

② ［美］阿什利·泰利斯等著，门洪华、黄福武译：《国家实力评估　资源、绩效、军事实力》，北京：新华出版社，2002 年版，第 157 页。

在任务区人民的广泛赞誉，成为中国军人良好形象的代言人、宣传队，有力批驳了“中国威胁论”。根据中国国防部维和事务办公室提供的数据，自 1990 年第一次向中东地区派出军事观察员以来，几乎所有参加联合国维和行动的中国军人都被联合国授勋。中国因此成为世界上获得联合国和平荣誉勋章最多的国家之一。中国维和部队的军事能力以及在维护地区稳定方面发挥的作用也受到了普遍的肯定。在中国维和军人向达尔富尔地区展开部署时，联合国副秘书长格诺（维和事务最高官员）指出：“联合国需要纪律严明的部队，中国派出的恰恰是这样的部队；联合国需要专业技术强的部队，中国派出的恰恰是这样的部队。”“中国人民解放军使维和行动焕然一新，他们帮助远方的人民，改善他们的生活，大大增强了联合国维和行动的力量。”① 同时，通过参与维和行动对国家软、硬实力的展示，增强了海外侨民的安全感，也在一定程度上消减了台湾“金援外交”政策在非洲等地区的不良影响，对维护国家统一和国家利益拓展发挥了积极的作用。

第四，参与维和行动将促进军事能力的全面跃升。冷战结束以来，国际安全背景发生了深刻的变化。“作为一个发展中大国，中国仍然面临多元复杂的安全威胁，遇到的外部阻力和挑战逐步增多，生存安全问题和发展安全问题、传统安全威胁和非传统安全威胁相互交织，维护国家统一、维护领土完整、维护发展利益的任务艰巨繁重”②，对维护国家安全和发展利益的军事能力提出了新的更高的要求。参与联合国维和行动是当前中国军队在履行新的军队使命和战略任务、实现“能打仗、打胜仗”的总要求的

① 赵蔚彬、罗洁：“国际维和与中国蓝盔”，载《世界知识》2008 年第 3 期，第 14 ~ 19 页。

② 中华人民共和国国务院新闻办公厅：《2015 中国国防白皮书：中国的军事战略》，2015 年 5 月。

过程中，可以选择的一条重要而有效的途径。随着国际战略背景和冲突性质的改变，今天的联合国维持和平人员担负着多种多样的复杂任务，并面临着不断变化的安全威胁。由此，维和部队的官兵们将可能在参与中不断提高应对多种安全威胁、完成多样化军事任务的能力，并积累应对危机、维护和平、遏制战争、打赢战争的经验。同时，维和实践中遇到的各种情况和问题还将对军事理论和军队建设带来新的需求，有利于进行新的军事实践和发展创新军事理论；国际维和人员培训也促进了高素质的军事人才培养。这些无疑都将极大地促进我军军事能力的长足发展和全面跃升。

通过以上的分析，可以看出提升参与维和行动在我军军队建设中的地位和作用的必要性和重要性。应该将参与维和行动作为推动军队能力建设的一个重要环节，同时发挥其在军事能力建设体系中作为“牵引需求的手段”和“检验能力的平台”的双重作用。一方面，在执行维和任务的具体实践中，检验能力，总结经验，查找问题；另一方面，在实践中提出需求，从而拉动军队人员素质、武器装备水平规模、后勤保障能力等建设的整体进步。这将极大地有利于军事能力体系建设中的良性循环和互动，并带动军队军事能力的整体发展和提升。

五、进一步增强联合国维和兵力运用的科学性

随着中国与国际社会联系日益紧密，维护国家海外利益的重要性、紧迫性不断上升。充分利用联合国维和行动这一平台，把参与维和行动作为战略性任务拓展深化，以“和平姿态”推进全方位、多层次的军事力量走出国门，将为我国提升在国际社会中

的话语权和主导权、融入国际多边安全机制、参与制定“游戏规则”提供操作平台；还可进一步维护我国海外利益，推进“一带一路”沿线军事力量部署提供坚实的战略支援。因此，我们应该在深入研究我军实际参与维和行动制约因素的基础上，注重把握维和兵力运用的主要特点和基本原则，进一步增强我维和兵力运用的科学性。

（一）我军维和兵力运用的主要特点

我军维和兵力运用，既具有我军非战争运用的一些特点，也具有联合国维和行动自身的特点。

一是政策性和策略性较强。我军的维和行动是集政治、经济、军事、外交等于一体的综合性行动，兵力运用的政策性较强，对兵力运用的策略性把握要求更高。维和行动中既要以《联合国宪章》、《国际法》和我国有关军事、政治、外交方针、政策为主要依据，准确判断处置情况，又要在始终坚持“维和三原则”的情况下，根据不同的现实情况和条件，努力寻求适用、有效的具体办法。

二是自然和社会环境复杂。维和行动区域内的环境复杂性包括自然环境和社会环境两方面。自然环境复杂主要表现为不同地理纬度条件下各种极端的自然条件，如高温、极寒等，以及任务区域内落后的卫生条件。社会环境复杂主要表现在任务区域矛盾众多、事件发生突然和变化性极大等方面。矛盾众多，一方面是指维和行动的实施，本身就处于国家之间或一国内部的重重矛盾之中；另一方面是由于维和行动主体的利益取向不同，难免在事务协调中产生各种矛盾。

三是指挥协同复杂。联合国维和行动是国际社会集体意志的体现，因为通常参与维和行动的国家较多，而且发展水平各异，各国参与维和行动部队的指挥习惯不同、要求不一，装备性能优劣不均，在行动中必然面临着指挥协同复杂的问题。就任务分队而言，需要协同的主体，既有与本国指挥部的协同，也有与他国任务部队的协同。协同关系既有纵向的从属关系，又有横向的协商关系。协同内容既有各个阶段、各个方向军事行动样式的协同，又有相互支援和情况通报的协同。

（二）制约我军维和兵力运用的主要因素

尽管已经取得了长足的进步，但是迄今为止，中国对联合国维和行动的参与总体上还处于适度参与的阶段。若想有效利用维和行动配合国家整体战略的部署，维护国家海外利益拓展，当前还存在着法律保障不够完善、战略投送能力不足、海外部署缺乏依托等诸多制约因素。

一是法律保障不够完善。在国际方面，与国家战略利益和军队涉外军事行动密切相关的双边、多边条约协定体系尚未建立。由于历史和现实的原因，目前在直接或间接与维和行动东道国、过境国等相关国家签署双边、多边的部队协定、过境协定等方面，还存在着很多缺口，真正已经完成的相关协定数量较少。这给维和部队的远程投送、武器装备的运输过境、军事人员的境外部署等行动带来诸多不便。当上述这些行动需要具体实施时，只能通过外交渠道一事一商。由此产生的结果是，相关国家同意与否、提供多大程度的便利，都将因时因事而异。这种不确定性和突发性因素较多的现实状况，一定程度上影响和制约了我军维和兵力的运用。例如，2011 年我早赴刚果（金）维和分队轮换输送过境阿联酋迪拜，因民航协议问题，迪拜拒绝我民航包机经停。我使馆几经协调未果后，只能临时变更输送计划。最后，赴刚果（金）进行轮换的维和分队被迫改在阿联酋沙迦过境。

在国内方面，国家层面的规范维和行动、联合军演、人道救援等涉外军事行动的基本法律还较为缺乏；总部、军兵种在维和部队筹组训练、政治工作、后勤保障、轮换部署、遂行任务、人员待遇等问题上，还没有分组、分类制定规范性文件。[①] 在实践中，往往按照惯例和通知、指示等临时性文件执行，因而延续性、规范性较差，无法满足我军进一步加大参与维和行动的法律保障需求。

二是战略投送能力不足。我国大型运输装备数量较少，远程成建制投送兵力的能力也十分有限。目前，我军维和人员以及物资装备的运输，主要还是依靠联合国运力、民航客机和商业货轮等方式。这些运输方式在实际操作中，存在着装备物资缺乏过硬的安全保障、出入境手续繁琐、民航载量偏低、海运周期较长等等问题，很大程度上制约了我军遂行维和任务的能力。

三是海外部署缺乏依托。我国境外军事力量的战略支撑点和军事基地尚属空白。就派遣到任务区的参与联合国维和行动的中国维和部队的地面部队而言，其日常补给主要依靠的是联合国特派团的后勤体系保障；装备器材和重要物资补充，主要依靠从国内筹措，利用维和部队轮换部署，以一次性补充到位的方式具体实施保障。而中国海军的护航力量，则主要采取海上补给和定期靠岸补给相结合的方式。从目前的实际运用来看，固定的境外战略支撑点和军事基地是我军事力量“走出去”的重要依托和必要保障，长期缺乏的状况如果在未来不能得到有效改善，将无法满足我军扩大维和行动规模的需求。

（三）我军维和兵力运用可遵循的基本原则

根据我国和平发展战略、外交政策以及新军事战略的主要指

① 奚白：“利用维和行动推进军事力量‘走出去’的思考”，载《战略研究》第14期（总第206期），2015年7月24日。

示精神，结合我军目前军事能力的基本水平，我维和兵力运用可考虑遵循以下基本原则。

1. 以维护国家利益为最高目标，选择用兵

“择利而起兵”是古往今来世界各国的用兵规则。[①] 我军对联合国维和行动的参与，应以维护国家利益为最高目标，在维和行动的时机、类型、地域和对象等方面都应有所选择。一是在时机选择上，需要考虑国内和当事国的安全形势以及国际社会的普遍意见等因素。二是在类型选择上，应该尽量选择参与传统型维和行动。三是在地域选择上，应该将重点放在对我国家安全和国家利益影响及关联较大的地区。应以我周边地区和国家为首要，兼顾非洲、中东等地区。四是在对象选择上，应将战略利益、战略资源、双边关系、传统友谊等作为重点考量的因素。

2. 服从服务于国家和平发展战略，审慎用兵

继续加大我国参与联合国维和行动的力度，以更加积极的姿态参与维和，无疑是必要的。但是，在具体实施中，用兵必须要秉持审慎的原则。一方面，维和兵力运用必须服从于国家和平发展战略，行动中要严格按照维和原则行事。另一方面，维和兵力运用必须服务于国家和平发展战略，在兵力运用上要有所节制，尽量不实施、参与强制性维和行动。

3. 紧密结合我军发展的实际情况，量力用兵

我军在参与联合国维和行动时，应紧密结合实际，量力而行。量力主要包括量我军的维和实力和当事国所需的维和之力。在量我军的维和实力时，应该考虑到我军在国际上的地位、所能胜任的维和任务等等因素。在量当事国所需的维和

① 冯梁、刘应本：“海军参与联合国维和行动初探”，载《海军杂志》2009年4月，第14～16页。

之力时，应充分考虑其所需维和规模的大小、维和职能的难度与强度等因素。只有在准确量力的基础上，才能在参与的规模、数量、程序及兵力结构配置等问题上做出准确判断，定下正确决心。

第四章

案例分析

案例一：联合国卢旺达维和行动的回顾与反思

联合国的报告中称，“卢旺达维和行动是联合国维持和平行动的一个转折点”。虽然联合国维和行动有很多成功的例子，这是其广受赞誉的主要原因。但是，20 世纪 90 年代，联合国在卢旺达进行的维和行动，却是联合国维和史上无法回避的一次“重大失败”。尽管早在 1993 年 10 月 5 日，联合国安理会就一致通过了第 872（1993）号决议，设立了联卢援助团。但是，1994 年上半年，卢旺达却发生了举世震惊的灭绝种族的惨案。“当一个国家陷入疯狂，整个世界闭上眼。”不仅仅是卢旺达的人民，本着为维护和平与稳定的使命任务的联卢援助团的维和人员也遭受了惨重的损失。

尽管 20 多年过去了，由这个案例所引发的思考，今天看来仍具有不可磨灭的意义。笔者认为，联合国在卢旺达的维和行动，反映出联合国维和行动困境有可能引发的负面效应，体现了笔者前文论述的维和行动成功条件：大国一致、冲突双方认可、维和力量匹配、维和策略适当等集中缺失时，有可能造成的极端局面。因此，特将联合国官方报告《调查联合国在 1994 年卢旺达发生灭绝种族事件期间所采取的行动的独立调查委员会的报告（S/1999/1257）（1999 年 12 月 15 日）》的重要内容进行了整理，并尽量忠实于联合国调查委员会的原文，没有做过多的改动，希望以较为真实、客观、全面的视角再次审视这一行动。

一、联合国启动事件调查的基本情况

1994 年在卢旺达发生的灭绝种族事件中约有 80 万人被杀害。在 1994 年 4—7 月的约 100 天期间内，男女老幼被系统地杀戮。这是 20 世纪中一件最令人痛恨的事件，将永远留在人们的记忆之中。卢旺达人杀害卢旺达人，残酷地大批杀害该国的图西人，并且将胡图人中态度温和者也作为攻击目标。不但民兵和部队犯下这种骇人的暴行，平民也杀害其他平民。

国际社会没有防止这一灭绝种族事件，也没有在这一事件开始后制止杀戮。这一失败给卢旺达社会、给卢旺达人同国际社会之间的关系，特别是同联合国的关系留下了深刻的伤痕。为了卢旺达人民，也为了联合国，必须治疗这些创伤。为了卢旺达和联合国，也为了不论生活在何地，但日后可能成为灭绝种族受害者的所有人，必须将真相查明。

在查明联合国在灭绝种族期间的作用的真相时，独立调查委员会希望能重建卢旺达同联合国之间的信任，协助实现卢旺达人民之间的和解，并尽力防止日后再次发生类似的悲剧。调查委员会分析了联合国系统各个行动者和机关的作用。这个系统的每一部分，特别是秘书长、秘书处、安全理事会和联合国会员国必须对国际社会在卢旺达的失败承担和承认各自的责任。除承认责任之外，它们还必须拿出改革的意志：承诺确保日后任何地方都不会再发生像卢旺达灭绝种族事件的灾难。联合国未能预防，继而未能制止在卢旺达的灭绝种族事件，是联合国整个系统的失败。根本性的失败是对卢旺达的事态发展和联合国在该国的存在没有投入资源，也没有做出政治承诺。各会员国一直缺乏采取行动或采取足够坚定行动的政治意志。这种缺乏政治意志的情况，影响到秘书处的反应和安全理事会的决策，从联合国卢旺达援助团（联卢援助团）一再未能得到必需的部队一事可以看出这一点。最后，虽然联卢援助团长期缺乏资源，并且没有得到政治上的重视，但必须承认，在使用联合国所掌握的这些资源方面，也犯下了严重的错误。

秘书长在1999年3月18日的信（5/1999/339）中通知安全理事会，他打算任命一个独立调查委员会调查联合国在1994年卢旺达发生灭绝种族事件期间的行动。安理会的成员在答复（5/1999/340）中表示支持在这一独特情况下采取的行动。1999年5月，秘书长任命英瓦尔·卡尔松先生（前瑞典首相）、韩升洲教授（大韩民国前外交部长）和鲁弗斯·库波拉蒂中将（退役）进行这项调查。

独立调查委员会的任务是查明联合国对卢旺达发生灭绝种族事件所作出反应的事实情况，涵盖1993年10月—1994年7月的期间，并就此事向秘书长提出建议。本报告是依照该任务规定提出的。

委员会的职权范围规定，要就1993年10月—1994年7月期间联合国在卢旺达的活动情况按时序编制一个大事记。委员会要评价联卢援助团的任务和资源的情况以及这些情况如何影响到联合国对屠杀事件的反应。按规定，调查委员会要作出有关结论，总结这一悲剧的教训和在调查开始后的不迟于6个月内向秘书长提出报告。还规定委员会可任意查阅联合国所有文件和与有关的人士接触。

调查委员会于1999年6月17日开始工作。独立调查委员会的任务范围涵盖全联合国的各种行动。因此，调查任务包括研究联卢援助团、秘书长和秘书处，以及联合国会员国及它们参加的各政治机关的行动。关于会员国的行动，调查委员会的重点是它们所采取的影响到联合国对卢旺达悲剧的反应的立场。至于个别国家对卢旺达问题的立场所引起的更广泛的问题，则留待其他机关加以分析。

在整个维持和平的过程和卢旺达发生危机期间，非洲统一组织（非统组织）和其他区域行动者发挥了重要的作用。委员会的中心任务是联合国的作用，并同时侧重区域行动者对该作用的影响。非统组织国际知名人士小组的报告要在2000年提出，无疑能够从区域角度充分反映对卢旺达灭绝种族事件的各种看法。

调查委员会的工作之一是查阅联合国档案。除了联合国中央档案库的文件外，委员会还查阅了联合国内不同部门（包括秘书长办公厅、维持和平行动部和政治事务部）的档案以及联卢援助团的档案。委员会也参阅了从政府来源和非政府来源提供的文件和材料。委员会在9月8日的信中请在本任务所涉期间派遣部队的所有国家向委员会提出意见或资料。

1948年的《防止及惩治灭绝种族罪公约》对何种行为属于灭绝种族行为定下了标准；它是对人类所犯的最凶残的罪行之一。从基本上说，《防止及惩治灭绝种族罪公约》要求：必须犯有某种行为；犯有这种行为时具有特定意图，即全部或局部毁灭一个民族、族裔、种族或宗教团体的本身。安全理事会在第955（1994）号决议中使用相同的标准确定卢旺达问题国际刑事法庭（卢旺达问题国际法庭）的任务规定。该国际法庭裁定1994年在卢旺达大规模屠杀图西人的事件构成了灭绝种族。这是胡图人的极端主义分子计划和煽动的对图西人的一次灭绝种族行为。

二、对事件演变及关键事件的相关说明

（一）《阿鲁沙和平协定》

1993年8月4日，继若干年的谈判之后，卢旺达政府和卢旺

达爱国阵线（卢爱阵）签署了《阿鲁沙和平协定》。该《阿鲁沙和平协定》规定，在将持续22个月的过渡期间，联合国通过《阿鲁沙和平协定》所称的中立国际部队，在监督各协议的执行方面负有广泛的责任。此前，在1993年6月14日给秘书长的信（S/25951）中，政府和“卢爱阵”联合请求设立这样一支部队并请秘书长向卢旺达派遣一支考察队，以制订设立部队的计划。各方商定，现有的非统组织中立观察小组（第二中立观察小组）可合并到中立的国际部队中。

根据《阿鲁沙和平协定》，中立国际部队将协助实施和平协定，特别是监督关于双方武装部队一体化的议定书的落实。该部队负有广泛的安全任务：保障国家的总体安全并核查维护法律和秩序的情况，确保提供人道主义援助行动的安全并协助保卫平民的安全。该部队还要协助追查军械贮藏处并协助全国各武装团体的中立化，开展扫雷作业，协助收回分发给平民或平民非法获得的所有武器，并监督停止敌对行动的遵守情况。此外，中立国际部队预计将负责设立和准备聚结和驻扎点，并确定基加利的安全系数，目标是使之成为中立区。此外还有一些其他任务，如中立国际部队还要监督将不加入新的武装部队的那些军人和宪兵的复员。任何违反停火的行为都将通知中立国际部队，由其对行为人进行追查。协定的时间表是按如下假设制定的，即可在大约一个月内部署中立国际部队。在协定签署很久之前，联合国官员即通告各方说，这个计划是不现实的。在该协定签署前的几个月中，延误了协定签署时间的政府在各协议签署前，就敦促联合国开始制订部署计划。联合国坚持认为，必须在各方通过签署各协定，显示出其对和平进程做出承诺后，方可开始制订维持和平行动计划。

协定签署仅一周后，联合国便发表了一份卢旺达可能出现很严重的人权情况的报告。报告谈到1993年4月8—17日人权委员会法外、即决和任意处决问题特别报告员巴克雷·瓦利·恩迪阿耶先生对卢旺达的访问情况。恩迪阿耶判定卢旺达正在发生大屠杀和大量其他严重侵犯人权的行为。图西族人成为被袭击目标，这使恩迪阿耶提出了是否适用灭绝种族一词的问题。他指出，在该阶段还无法作出判断，但他援引《灭绝种族罪公约》后又说，他注意到的两族间的暴力案件“非常清楚地”说明，“被攻击的受害者绝大部分都是图西族人，他们成为被袭击目标，仅仅是因为他们是某个族裔群体的成员，而没有其他客观原因”。尽管恩迪阿耶——除了指出灭绝种族在卢旺达的严重危险外——建议采取一系列步骤，以防止大屠杀和其他虐待事件的进一步发生，但他的报告似乎基本上被联合国系统内的关键行动者所忽视。

为了对《阿鲁沙和平协定》采取后续行动，1993 年 8 月 19—31 日，秘书长向该地区派遣了一支考察团，以研究中立国际部队的可能职能以及此类维持和平行动所需的资源。考察团由加拿大的罗密欧·达赖尔准将率领，他当时是联合国乌干达—卢旺达观察团（乌卢观察团）的首席军事观察员。考察团中包括来自联合国系统各个部分的代表。

9 月 10 日，安全理事会发表了一个主席声明（S/26425），对《阿鲁沙和平协定》表示欢迎，并且指出，安理会知道卢旺达各方希望国际社会协助实施该协定。此时，考察团的建议还没有提交到安全理事会。

9 月 15 日，政府—卢爱阵联合代表团与秘书长在纽约举行会晤。代表团力主快速部署国际部队和快速设立过渡机构。代表团警告说，任何拖延都有可能导致和平进程夭折，他们表示希望派遣一支人数为 4260 人的部队，秘书长向代表团泼了冷水，他说即使安理会核可派遣一支如此规模的部队，进行部署也需至少 2—3 个月的时间。除了已派遣的 72 名观察员外，联合国或许还可再部署一些观察员。因此，应告诉卢旺达人民，在过渡期间，他们必须依靠自己。秘书长说，政府和“卢爱阵”必须作出努力，尊重停火，因为如果重新开战，组织部队将变得更加困难。他还提到，许多地方都需要联合国派遣部队，特别是在索马里和波斯尼亚，而且联合国正在经历财政危机。

（二）联卢援助团的设立

1993 年 9 月 24 日，在最初的过渡时期结束两周后，秘书长依据考察团的报告，就建立卢旺达维持和平行动问题向安全理事会提出了报告（S/26488）。报告提出了部署一支由 2548 名军事人员组成的维持和平部队的计划。行动分为四个阶段，秘书长提议立即部署一支约有 25 名军事人员、18 名文职人员和 3 名民警的先遣队。第一阶段将持续 3 个月，直至基础广泛的过渡政府成立时为止，在此期间，此次维和行动将在基加利筹备建立一个安全区并监督停火。秘书长的报告说，到第一阶段结束时，维和行动的军事人员将达到 1428 名。

特派团将分为五个部分，它们分别负责基加利、非军事化区、政府军和卢爱阵、乌卢观察团为第五部分。后三部分配置军事观察员，他们将负责监替关于武装部队一体化的议定书的执行。其他任务还有监督对停止敌对行动的遵守情况，核查部队脱离接触、部队调往集结点和重武器运往驻扎点的情况，以及监督武装部队和宪兵成员的遣散。

基加利和非军事化区部分将各自拥有一个步兵营和若干军事观察员。除了与其他部分相类似的任务外，还提议在基加利和非军事化区，由联卢援助团通过检查站和巡逻队协助进行武器回收和核查，并负责集结点和驻扎点的警卫工作。一支小型民警分队将负责维持治安。

10 月 5 日，安理会一致通过第 872（1993）号决议，设立了联卢援助团。安理会没有核可秘书长所建议的所有任务，而决定执行较为有限的任务。没有核可的主要是由联卢援助团协助收回武器的建议，决议决定，联卢援助团应协助维持基加利市的治安，即由各方在该市市区及其周围地区建立的武器安全区的治安。

任务包括以下其他要素：

——监督停火协定的遵守情况，协定规定设立驻扎区和集结区，界定新的非军事化区以及其他非军事化程序；

——监督过渡政府任务期限最后阶段的安全情况，直至举行选举；

——协助扫雷，主要是通过培训方案；

——应各方的要求或主动调查不遵守《关于双方武装部队一体化的协定议定书》的案例，并同负有责任的各方共同调查此类案例并据此酌情向秘书长报告；

——监督卢旺达难民的遣返和流离失所者重新定居的进程，以核查是以安全和有次序的方式进行的；

——同救济行动一起协助协调人道主义援助，和调查并报告有关宪兵和警察活动的事件。

达赖尔被任命为新特派团的部队指挥官。他于10月22日到达基加利。10月27日，由21名军事人员组成的先遣队和他会合。秘书长随后任命喀麦隆前外交部长雅克－罗歇·布布为他的卢旺达问题特别代表。1993年11月23日，布布到达基加利。

1993年11月23日，达赖尔将联卢援助团《接战规则》草案发往总部，请秘书处核可。草案第17条特别规定允许特派团对危害人类罪和其他虐待行为采取行动甚至使用武力（“在本任务期间，还有可能发生具有种族或政治动机的犯罪行为，这从道义和法律上都要求联卢特派团使用一切现有手段制止它们，这方面的事例有处决、攻击流离失所者或难民”）。总部从未对部队指挥官的核可要求作出正式答复。

1993 年 11 月和 12 月期间，卢旺达的事态发展使这个新的维持和平行动有理由感到担忧。政治进程面临僵局。而且日益明显的是，在更明显会发生暴力的背景下，出现了政治困难。据联合国消息，在 11 月和 12 月，大约有 60 人在暴力事件中被杀。联卢援助团在这一时期的报告生动地描述了这些屠杀行为的残酷性，在这一阶段，签署《阿鲁沙和平协定》后出现的乐观气氛已开始被对卢旺达武装活动，包括武装民兵存在的极大关切所冲淡。此外，10 月晚些时候，布隆迪总统梅尔垂奥尔・恩达达耶遭到暗杀，再加上暴力后果和随之出现的难民潮，成为维持和平行动初期另一令人忧虑的背景，这是设立特派团时未曾预料到的。

12 月早些时候，主管政治事务副秘书长詹姆斯・乔纳在参加布隆迪总统的葬礼后前往卢旺达作短暂访问。乔纳会晤了卢旺达总统朱韦纳尔・哈比亚里马纳上将。乔纳说，秘书长在口头上请他提醒哈比亚里马纳总统，他已获得正在策划杀害反对人士的情报，联合国将不容忍这种情况。秘书长没有告诉乔纳这一情报的来源。哈比亚里马纳总统否认了这一指控，乔纳说，会将他的否认转告秘书长。

为了协同推动政治进程，12 月 10 日，布布在卢旺达基尼希拉召开了各政党会议。会议最后通过了一个联合宣言，在宣言中，各方重申了他们对《阿鲁沙和平协定》的目标的承诺。不过，各方议定的时间表没有得到执行。12 月底，依照《阿鲁沙和平协定》，“卢爱阵”的一个营驻扎在基加利的全国发展委员会。1 月 5 日，依照该协定，哈比・亚里马纳总统就职。不过各方之间的分歧继续阻碍着基础广泛的过渡政府和国民议会的成立。

（三）1 月 11 日

1994 年 1 月 11 日，达赖尔给秘书长军事顾问莫里斯・巴里尔少将发了一份题为“请求保护提供情报者”的电报，该电报在讨论联合国掌握哪些有关灭绝种族危险的情况时占有突出地位。该电报指出达赖尔接触到一名提供情报者，他是帮派民兵的一名高级训练员。这次接触是由一名“非常非常重要的政府政治家”安排的（后来函电称此人为候任总理福斯坦·特瓦吉拉蒙古先生）。电报中有几条关键情报。

第一，情报涉及挑动杀害比利时士兵并使比利时营撤离的计划。情报提供者9天前曾主持发动示威，以反对派代表和比利时士兵为目标。帮派民兵希望挑动卢爱阵营向示威者射击。计划暗杀反对派代表和挑动比利时部队。如果比利时士兵使用武力，便杀死其中一些人，以确保比利时特遣队从卢旺达撤离。

第二，提供情报者说帮派民兵已经在卢爱阵营地训练了1700人，每40人一组，分散在基加利各处。他曾经接到命令对所有在基加利的图西人进行登记，他怀疑其目的是消灭这些人，他说他的人能够在20分钟内杀死1000名图西人。

第三，提供情报者谈到一个主要的武器库，其中至少有135件武器（G3和AK 47）。如果他的家人得到保护，他准备向联卢援助团指出武器库的地点。达赖尔介绍了从提供情报者获得的情报，并通知秘书处，联卢援助团打算在36个小时内采取行动。他建议保护提供情报者并将他撤离，并就此特定事项，而非上次事项，要求秘书处对如何行事给予指导。最后，达赖尔承认对提供情报者的可靠性有某些保留，并说不能完全排除这可能是一个陷阱。作为经常使用的用语，电报以“请尽快酌定”结尾，要求采取行动。

这份电报是发给巴里尔的，但是副秘书长科菲·安南、助理秘书长伊克巴尔·里扎和当时维和部非洲部负责人赫迪·阿纳比先生等维和部的其他高级官员也传阅了。当时主管政治事务的副秘书长马拉克·古尔丁和乔纳都告诉调查团说，在电报收到时，他们没有看到。当时秘书长办公厅照例接收所有电报。这份电报收入了秘书长办公厅的档案，虽然秘书长说他是后来才看到这份电报的。

总部给联卢援助团的第一个答复于纽约时间1月10日傍晚发出。这是安南（由里扎签发）给布布的一份电报，标有“速办”和“本人阅”。总部称，达赖尔电报中的情报令人担忧，但有某些不一致的地方。安南继续称“我们必须谨慎处理这一情报。”最后一段请布布仔细评估并提出建议。电报最后说“在得到总部的明确指示前，联卢援助团不应采取侦察或其他行动，包括回答保护的请求。”

布布也于1月11日复电安南。特别代表叙述了达赖尔和布布的政治顾问阿卜杜勒·卡比亚会见未上任总理的情况，候任总理表示“完全、完全相信提供情报者是诚实的和有不凡的抱负”。布布强调说，提供情报者只有24—48小时，之后便不得不分发武器，并请示如何处理这一情况，包括请求保护提供情报者的安全。电报的最后一段第7段指出，达赖尔“准备按照使用压倒性力量进行侦察、演习和执行的军事理论采取行动。如果在侦察、规划或准备过程的任何时候出现任何可能相反或可能会有过大风险的情况，就会取消行动”。

同一天晚些时候，总部复电。同样，还是安南的电报，由里扎签发，这次是发给布布和达赖尔的。总部指出，他们不能同意布布电报第7段所设想的行动，因为他们认为这明显超越了第872（1993）号决议赋予联卢援助团的授权。如果联卢援助团认为提供情报者绝对可靠，则指示布布和达赖尔请求紧急会见哈比亚里马纳总统，并告知他们已经得到有关对和平进程构成明显威胁的帮派民兵活动的可靠情报。可将这些活动通知哈比亚里马纳总统，包括在基加利的训练和部署颠覆小组，以及储备和向这些小组分发武器。这些活动明显违反《阿鲁沙和平协定》和基加利无武器区的有关规定。要布布和达赖尔假定总统对这些活动不知情，但是坚持要求总统立即进行调查并采取必要行动，以确保制止颠覆活动。要求总统在48小时内将他所采取的步骤，包括收缴武器的情况通知联卢援助团。如果在基加利发生任何暴力，则有关帮派民兵的情报将不得不提请安全理事会注意，调查有关责任并向安理会提出建议。在会见总统前，先通知了比利时、法国和美国大使，并请他们采取类似行动的方针。总部电报最后明确指出“压倒一切的考虑是，要避免采取可能导致使用武力和意外反响的行动”。

1月13日，布布复电安南，概述按照总部指示的所做所为。密电题为“就最近的安全情报所采取的主动行动”。布布通知总部，他和达赖尔会见了比利时、法国和美国使团的团长，他们表示严重关切并说将请示各自国内。此次会见之后，布布和达赖尔会见了总统并转达了所指示的内容。布布通知秘书处，总统似乎对行动方针的基调感到吃惊，他否认了解民兵的活动并承诺进行调查。

布布和达赖尔还提出1月8日示威过程中对联卢援助团文职人员的骚扰和对卢旺达人的暴力（“同属一个族裔群体”）问题。哈比亚里马纳总统答复说他不了解示威的情况，但对联卢援助团人员的不适当行为表示道歉。他表示将向他的党、“全国发展革命运动”主席团提出这两个问题。

布布和达赖尔同日晚些时候在会见“全国发展革命运动”主席和全国秘书时也提到这些问题，两人均否认“全国发展革命运动”或其民兵曾参与所称的活动。敦促他们进行调查并尽早向联卢援助团报告。

在作为最后评论中，布布写道：这些会见的初步反馈表明，主席和“全国发展革命运动”官员对他们所掌握情报的具体细节感到困惑。“全国发展革命运动主席似乎惊惶失措，据说随后便下令加速分发武器。我（布布）对形势的评估是，主动将情报告知被指控方是好的做法，可能会迫使其决定采取其他破坏和平进程的办法，特别是在基加利地区。”

2 月 2 日布布给安南和乔纳的电报称，1 月 12 日将情报告知主席后，他从未将所采取的后续行动通知联卢援助团，而此时安全形势已严重恶化。

（四）政治僵局和安全形势的恶化

1 月 14 日，秘书长档案记录表明他与布布和哈比亚里马纳两人都有过交谈。根据档案，布布告诉秘书长卢旺达双方迄今为止未能遵守建立政府的协定，他正尽力与法国、比利时、美国和坦桑尼亚大使们一道寻求解决办法。秘书长请布布会见总统并传达他对拖延解决有关形势的关切。指示布布进行解释，由于部队将不得不长时间随时待命，每拖延一天就会耗费联合国数以万计的美元。同时，拖延也会对安全理事会造成问题。

1 月 14 日 19 点 30 分，哈比亚里马纳总统打电话给秘书长说，他接见了四国大使（应是上文布布提到的四国大使）并需要大使们和布布的支持，以使各方接受一个解决办法。档案记录又称：“秘书长向总统保证，联合国相信他的领导并请他尽最大努力解决这一问题。秘书长表示，除非取得进展，否则联合国将不得不撤离。总统说，这将是他们国家的一个灾难，他承诺将尽最大努力，并将在下一周再次会见这些大使。”

在 1994 年头几个月中，有关分发武器、民兵活动、屠杀和种族紧张局势加剧的关切一直存在，2 月 2 日，在给安南和乔纳的一份电报中，布布写道，安全形势日益恶化。布布报告说，“示威越来越充满暴力，每晚都有手榴弹袭击事件，发生多次暗杀企图与政治和种族的屠杀，而且我们收到越来越可靠和经过证实的情报，各方的武装民兵正在储备武器并且可能正准备向其支持者分发武器”。他继续报告：“如果分发了武器，这将使安全形势进一步恶化，并对联合国军事和文职人员以及普通百姓的安全和保障造成相当大的危险。”此外，布布说：“有迹象表明政府部队正在准备一场冲突，储备弹药并试图巩固在基加利的阵地”。联卢援助团认为事态十分严峻，“如果联卢援助团保持目前在基加利的防卫性集结态势，那么安全形势将进一步恶化。示威会日益频繁和越来越充满暴力，针对种族和政治团体的手榴弹和武装袭击以及暗杀事件可能会更多，如攻击秘书长特别代表的家那样，很可能发生对联卢援助团设施和人员的直接攻击”。结论是必须对确实的武器暗藏地和非法持有武器的个人采取坚决和有针对性的遏制行动。布布写道，进行这些行动不仅是收缴非法武器任务的要求，而且可最终确保联合国在卢旺达人员和设施的安全和持续作业。联卢援助团就开始遏制行动一事请总部指示和批准。

在 2 月份，布布继续把重点放在促使各方就建立过渡机构达成协议。同时，特派团在 2 月 15 日与比利时、法国、德国和美国举行的会议上继续对安全形势的恶化表示关切。

2 月 14 日，（关于卢旺达问题的联合国蓝皮书将此日期注为 3 月 14 日），比利时外交大臣维利 · 克拉斯先生致信秘书长，主张加强联卢援助团的任务规定。令人遗憾的是，该建议似乎没有引起秘书处或其他有关国家的认真注意。

达赖尔继续要求批准在对基加利武器安全区内的武器暗藏地的遏制行动中发挥更加积极的作用。但是，秘书处维持对任务规定的解释，在给达赖尔的复电中说得很明白，仍坚持联卢援助团只能支助警察的努力。2 月 15 日，达赖尔提到以前的建议，即在警察和军队的“支持”下采取遏制行动，指出卢旺达这两个机构都没有进行包围和搜索行动的资源。他答应将行动细节通知总部，以便确认这些行动符合秘书处的指示和任务规定。总部的答复质疑达赖尔提出的构想并要求作出澄清。安南强调公共安全是有关当局的责任，而且必须如此。“如你所知，第 792 ［原文如此]（1993）号决议只授权联卢援助团促进基加利市的安全，如在由各方建立的武器安全内。”

在2月17日的主席声明（S/PRST/1994/8）中，安全理事会对安全形势，特别是基加利的安全形势的恶化表示严重关切，并提醒各方有义务尊重基加利武器安全区。该声明于2月19日交给哈比亚里马纳总统。2月2122日，公共工程部长兼社会民主党（社民党）总书记费利西安·加塔巴齐先生和保卫共和国联盟主席马丁·比什亚纳遇害。基加利和卢旺达其他地区的紧张局势加剧。在2月23日的报告中，达赖尔写道，有许多关于武器分发、行刑队目标名单、策划平民动乱和示威的情报。“政治谈判所剩的时间似已不多，因为安全方面的任何星星之火都可能造成灾难性后果。”

第二天，布布写道，流传的报道称前一天的暴力事件可能出于种族动机并针对图西少数人。他继续说，鉴于卢旺达种族冲突的长期悲惨历史，随时可能发生出于种族动机的事件，特别是在紧张、恐惧和混乱的时刻尤其如此。“但是，联卢援助团没有确凿和令人信服的证据，可证明过去几天的事件或出于种族动机，或引起了种族后果或反应。”同样，根据3月2日与比利时、法国和美国大使的会晤记录，达赖尔怀疑有关最近基加利的屠杀可能出于种族动机的说法。

2月27日，达赖尔通知秘书处，在首都局势稳定之前，作为一种临时措施，他拟将非军事区中的两个连、一个小型指挥部和加纳特遣队的后勤部队调往基加利，并接管那里的警卫工作。达赖尔强调该行动的紧迫性，指出“目前恐怖活动大量增加，加上警察和联卢援助团反应能力严重削弱，可能导致和平进程的终止”。

3月1日，秘书长接见了卢旺达总统特使、运输和交通部长安德烈·恩塔吉鲁拉。秘书长谈话的重点完全是关于政治进程的停滞不前，同时还威胁说，除非取得进展，否则将撤出联卢援助团。秘书长强调联合国还有许多同样的优先事项，并称除非在15天内取得进展，否则可能会撤出联卢援助团。

秘书长于3月30日向安全理事会提交了关于联卢援助团的进展报告（S/1994/360），报告了卢旺达政治上的僵局、安全形势和人道主义局势的恶化。秘书长建议将联卢援助团的任务期限延长6个月。事实上，安全理事会的重要成员不太愿意将任务期限延得这么长。4月5日一致通过的第909（1994）号决议决定，将任务期限延长4个月，而且如果仍未取得进展，就可能在6周后进行审查。安理会继续支持特派团，包括接受了秘书长关于增加民警数量的建议，条件是执行《阿鲁沙和平协定》。

（五）总统飞机坠毁，灭绝种族开始

1994年4月6日，哈比亚里马纳总统和布隆迪总统西普里安·恩塔里亚米拉出席阿鲁沙进程促进人、坦桑尼亚总统阿里·哈桑·姆维尼主持召开的一次分区域首脑会议之后，乘机返回。据坦桑尼亚官员讲，达累斯萨拉姆会谈很成功，哈比亚里马纳总统亲自承诺执行《阿鲁沙和平协定》。参加坦桑尼亚会谈的调查团人员说，他们劝哈比亚里马纳总统第二天再返回卢旺达，可他执意当天晚上就返回。他还邀请布隆迪总统乘坐他的专机同行。

据联卢援助团给总部的报告说，大约20时30分，飞机行将在基加利着陆时被击落。飞机爆炸，机上人员全部遇难。21时18分，总统卫队设下了第一道路障。数小时之内，总统卫队、帮派民兵，有时还有卢旺达军人和宪兵，都设置了许多路障。约21时30分，联卢援助团已处于戒备状态。

根据联卢援助团的记录，22时10分，达赖尔给里扎打电话，简单地通报了事态发展情况。当天夜里，达赖尔与联卢援助团基加利地段指挥官Luc Marchal上校一道，参加了在政府部队司令部举行的会议。会议由宪兵参谋长 Augustin Ndindilyamana 少将主持，参加会议的还有 Theoneste Bagosora 上校，达赖尔说他身处“要位”。据达赖尔讲，Bagosora 在会上说没有发生政变，现场军官正在临时控制局势。Bagosora 等人的做法发出了一个警告信号，他们解除了总理阿加特·乌维柳吉伊马纳夫人的职权，并不让她向全国发表广播讲话，达赖尔和布布则坚持要她讲。政府部队司令部会议后，又在布布的住所与 Bagosora 和政府部队的联络官举行了一次会议。

达赖尔后来说，他简单向 Marchal 交代如下：“用宪兵协助维护基加利的安全局势，以便尽量保持平静，避免基加利武器安全区发生任何其他违规行为。”达赖尔写道，他确认“需要派一支巡逻队保护失事现场，加强总理阿加特住宅的警卫，如果部队司令能协助说服广播电台让她向全国讲话，就护送她到广播电台去”。

4 月 7 日一早，联卢援助团进入失事现场的努力受阻，派去调查现场的巡逻队也遭到拦截，并被缴械，扣在机场。2 时 45 分，达赖尔报告说，法国军事特派团团长和另一名军官到达，并说他们接到巴黎的指示，要确保对坠毁事件进行认真的调查，达赖尔向他们保证会这样做。法国代表表示可使用驻在中非共和国班吉的一个军事技术队。

飞机失事后，联卢援助团接到各部长和其他政治家的许多电话，要求联卢援助团给予保护。4 月 7 日一早，增加了总理府的卫兵人数。2 时（据联卢援助团所设调查委员会说是 3 时）以后，由洛丹中尉带领的一群比利时士兵奉命从机场开往总理府，约 3 个小时后到达总理府。据比利时方面的消息说，6 时 55 分（调查委员会说是 7 时 15 分）洛丹中尉通知他的特遣队，他被约 20 名配有枪和手榴弹的卢旺达士兵包围，总统卫队卫兵要比利时人放下武器。他的指挥官命令他不要放下。

早晨，总理从官邸越墙逃出，到基加利联合国志愿人员大院寻求庇护，根据一名联合国志愿人员目击者的叙述，总理、总理的丈夫及其5个孩子在7时30分—8时之间来到大院（据联卢援助团给总部的报告，则稍晚一点）。总理离开家人，单独躲在一所房子里。联合国志愿人员在大约8时30分通知指定的代理警卫官 Le Moal 先生。据达赖尔给总部的报告，他9时20分给里扎打电话，告诉他联卢援助团可能会动用武力营救总理。里扎确认接战规则：联卢援助团不遭到射击不得开火。派去营救总理的武装护卫队途中受阻。

又据目击者称，大约10时，联合国志愿人员在给指定警卫官打电话时，卢旺达士兵闯入联合国志愿人员大院，对志愿人员进行威胁，并说他们只找一个人。经过对大院的搜索，卢旺达士兵终于找到了总理，并在大院后面开枪把她打死。

据联合国志愿人员报告说，达赖尔大约是12时30分到达大院，答应带领装甲车辆回来将他们撤走。事实上，只是在17时15分以后，联合国开发计划署指定官员组织了一支车队，才最后把志愿人员撤到千丘宾馆。

比利时维和人员在总理府外面与卢旺达士兵发生冲突，在冲突加剧后惨遭杀害。当天上午，卢旺达士兵将守卫总理府的士兵包围起来，数次命令他们放下武器。据比利时的记录，8时49分，指挥官科尔·德韦中尉告诉洛丹中尉不得让人缴械，要进行谈判。洛丹回答说太迟了，已有4个人被缴了械。德韦于是就说，洛丹若觉得有必要，就授权他放下武器。随后联卢援助团的部队乘坐一小型客车前往基加利营地。洛丹向营地中一位多哥军事观察员借来一部摩托罗拉移动电话，把情况告诉了德韦，还说他的人有被私刑处死的危险。德韦先问洛丹是否在夸大其词，然后便通知了他的地段指挥部，并要卢旺达军或 Rutbat（孟加拉国营）干涉。可与此同时，在基加利营地，联合国维和人员却遭到毒打，后来待加纳维和人员和多哥人员被引开之后，比利时士兵便被野蛮杀害。

达赖尔在答复比利时参议院调查的呈文中说，他乘坐一名卢旺达上校驾驶的汽车驶过基加利营地时，“瞥见约 60 米外的营地地上有几个好像是穿比利时制服的士兵。我不知道他们是死了还是受伤了，不过我记得当得知我们已有伤亡时十分震惊”。达赖尔说，他命令那位政府部队军官停车，可那位驾驶车辆的卢旺达军官就是不停。到达军校后，达赖尔与多哥观察员交谈，他说多哥观察员告诉他，比利时士兵被扣在基加利营地和遭受虐待或毒打的情况。

达赖尔在同一呈文中还说，他认为无法选择军事干涉，他自己也无法去基加利营地，因为先是为司机所阻，后来 14 时左右，在国防部与 Bagosora 会面时，提到比利时维和人员的情况，又遭到了 Bagosora 阻挠。他说大约在 21 时获悉比利时人已经遇害。达赖尔于是前往基加利医院的太平间，见到比利时士兵的尸首已经停在那里。

达赖尔告诉比利时参议院委员会，因为干涉人员伤亡风险很大，营救很可能失败，采取武装行动去营救比利时士兵并不可行。达赖尔介绍说联卢援助团有缺陷与资源匾乏，他无法找到营救比利时士兵的部队：“联卢援助团是一个维持和平行动特派团。它没有装备，没有受过训练，也没有人员去进行干涉行动”。

4 月 7 日上午，总统卫队卫兵也袭击了自由党副主席、兼劳动和社会事务部长兰都尔德 · 恩迪辛瓦的住所。恩迪辛瓦是联卢援助团数月来保护的反对派政治家之一，也是千山自由广播电视台宣传和恐吓的对象。据其家人和恩迪辛瓦家庭佣人的证词，大约 6 时 30 分，守卫邻近宪法法院长约瑟夫 · 卡瓦卢干达先生住所的警察告诉守卫恩迪辛瓦住所的一名卢旺达警察，总统卫队就要来了，要杀死恩迪辛瓦。据说，恩迪辛瓦闻听此言，就要求住所外的政府部队卫兵请求增援。可是做完这事以后，他家人说发现守卫恩迪辛瓦的联卢援助团加纳部队，事先未向恩迪辛瓦作任何解释，就逃进了附近的一所房舍中。据一位目击者说，大约三四十分钟以后，约有20个总统卫兵来到恩迪辛瓦的住所，佩带着轻型武器。搜过住所之后，他们开枪打死了恩迪辛瓦、他的妻子、母亲和2个孩子。

同一天上午，卡瓦卢干达法官在家中被绑架。卡瓦卢干达也有联卢援助团卫兵警卫。卢旺达士兵来到他的住所，要他跟他们走，卡瓦卢干达怕丧命，不肯去，反把自己同妻子和2个孩子锁在屋里。据卡瓦卢干达夫人讲，屋外的联合国士兵站在那与卢旺达人交谈，武器放在身边的桌子上。与此同时，屋内，卡瓦卢干达法官给联卢援助团的比利时、孟加拉国和加纳的特遣队打了许多电话求救。他得到保证说增援部队就到，可一个也没有来。最后，外面的卢旺达士兵捣毁了前门。卡瓦卢干达法官被带走，家人遭到殴打和虐待。据卡瓦卢干达夫人讲，联合国卫兵面对绑架或殴打，没有一点上前制止的举动。

在执行任务的过程中，联卢援助团接到情报说一些政治家和知名公职人员受到威胁。关于恩迪辛瓦和卡瓦卢干达这两件案子，1994年2月17日特派团军事情报员给达赖尔的一份内部备忘录中载有明确资料称，确实存在着一场阴谋，所谓“行刑队”有名有姓的成员要密谋杀害他们二人。据达赖尔讲，2月17日以后，除了给这些政治家配有私人武装警卫和由联卢援助团武装车队护送外，在每个政治家的住所还派有至少5名联卢援助团武装士兵。

有联卢援助团警卫的另一位政治家是阿鲁沙谈判期间的前外交部长博尼法斯·恩古林齐拉先生。据他夫人弗洛丽达·恩古林齐拉讲，大约7时30分，守卫他们住所外面的联合国警卫告诉恩古林齐拉，恩迪辛瓦已遭杀害，他们认为政治大屠杀已经开始。

尚未上任的总理福斯坦·特瓦吉拉穆恩古先生打来电话，证实总统卫队分子正在搜索政治家。据恩古林齐拉夫人讲，就在那时，联合国士兵要她全家登上一辆卡车，外面蒙着蓬帆布，驶离了她家。停车后他们发现给拉到基加利郊区 Kicukiro 公立技术学校。

公立技术学校是联卢援助团比利时部队驻扎地，许多平民都到那里寻求他们的保护，调查团会见了公立技术学校惨案的一些幸存者。公立技术学校在卢旺达已成了联合国特派团失败的象征，当时大约有 2000 人到公立技术学校避难，以为联卢援助团部队能够保护他们。校园外面有帮派民兵和卢旺达士兵。4 月 11 日，法国军队将公立技术学校的侨民撤走之后，驻在公立技术学校的比利时特遣队就离开了学校，丢下了男女和儿童，其中有许多人为等在外面的士兵和民兵所屠杀。

恩古林齐拉先生求法国军队将他带出公立技术学校，但遭到了拒绝。在联卢援助团部队离开后发生的大屠杀中，恩古林齐拉被杀害。

在总统飞机失事后的几天里，比利时、法国、意大利和美国开展了撤出国民行动，目的是撤走侨民。部队指挥官通知总部，4 月 8 日清晨，首先有 3 架法国飞机到达。在安南（里扎）4 月 9 日发出的一份电报里，要求达赖尔“与法国和比利时指挥官合作，协助撤出他们的国民和要求撤走的其他外国国民。你可以为此调换联络官。你应当尽力做到不损害公正，不越权行事，但若是撤出外国国民所必须，则可以酌情办理。除非自卫，再重复一遍，决不应当去参加可能发生的战斗”。

（六）比利时特遣队的撤离

4 月 12 日，秘书长在波恩会见了比利时外交部长维利·克拉斯先生。联合国的会谈记录记有克拉斯对联合国的如下谈话：“在卢旺达展开维持和平行动的要求已无法再满足，阿鲁沙和平计划名存实亡，已无法让双方进行对话；因此，联合国应当终止联卢援助团。”克拉斯先生说，他得到消息说，加纳特遣队已经逃离，使联卢援助团部队只剩下 1500 人（这一说法并不正确）。他接着说：“联卢援助团的撤离可以说会加深全面内战的危险。但是迄今为止，联卢援助团无力阻止屠杀，尽管有它的存在，仍有 2 万人死亡。”秘书长曾说他已写信给安全理事会，要求派出更多部队和改变联卢援助团的任务规定，他认为安理会不会同意撤出联卢援助团，克拉斯在对此意见作出答复时表示，比利时必须作出抉择，并已决定将其部队撤出卢旺达，比利时希望这一撤离是联卢援助团的共同努力，而不愿意独自撤离。

根据联合国档案中的会议记录，克拉斯还表示，如果联卢援助团仍将驻留，比利时会留下其武器和设备。

秘书长在 4 月 13 日的信中向安全理事会通报了比利时的立场。信中指出，联卢援助团很难有效执行其任务。除非有一支同样装备精良的特遣队来接替比利时特遣队，或比利时重新考虑其决定，联卢援助团就“难以”继续执行其任务。同一天，比利时常驻联合国代表直接写信给安理会。常驻代表在生动描述了“大规模屠杀”和“动乱”的严重局势之后指出，既然《阿鲁沙和平协定》的执行严重受到破坏，联卢援助团的整个行动就应当停止。据调查团了解，除了上述信函及后来给安理会的信之外，比利时政府向安理会成员进行高层的游说活动，以说服安理会撤出联卢援助团。

（七）联卢援助团继续发挥作用

维和部起草了两种选择办法，于 4 月 13 日送交联卢援助团征求意见及送交在马德里的秘书长核准：

（1）将比利时特遣队离开后的联卢援助团保留三周。实施此项选择需要有若干条件，其中包括有效停火，各方在其控制地区负责维护法律和秩序及平民的安全，宣布基加利机场为中立领土，将联卢援助团集中在机场。将警告各当事方，如果到5月6日还达不成协定，联卢援助团就将撤离。

（2）立即缩减联卢援助团，只保留特别代表、顾问、若干军事观察员和一个连部队的少量政治性的存在。

达赖尔在答复时对选择一表示支持。秘书长的高级政治顾问、兼出席安理会特别代表钦马亚·加雷汗大使在4月14日的手写密码电报中通知安南，秘书长倾向于第一个选择，如果无法取得进展，就将采用第二个选择。加雷汗提及4月8日和13日给安理会的信并强调，秘书长“从未”建议或赞成撤离。电报接着说：“突然和全面撤离既不可行，也不可取或明智。”

达赖尔在4月14日的另一份电报中明确指出比利时撤出的灾难性后果，他将此称为是对“援助团的可怕打击”。

4月13日，尼日利亚代表不结盟运动核心小组向安全理事会提交一份决议草案，主张加强联卢援助团。第二天，里扎向安理会口头传达了秘书长的选择。这两种选择都是建立在停火基础之上。还说有可能将这两种选择结合起来，并说这是秘书长本人赞许的选择。

到了第二天，安理会成员的立场已有所改变。尼日利亚现在赞成采用选择一。根据秘书处的记录，联合国最初表示，如果当时就作决定的话，联合国只能同意撤出联卢援助团，因为他认为在当时的情况下，维持和平行动在卢旺达已没有什么作为。联合国和俄罗斯支持第二个选择，在进一步协商后，美国也表示可接受这一抉择。安理会主席在4月15日向新闻界发表的声明反映了安理会当时的气氛。声明没有提到持续发生的大屠杀。但是指出：“卢旺达眼前的优先事项就是在政府部队和卢爱阵之间建立停火。”安理会要求双方同意立即停火并回到谈判桌，安理会重申《阿鲁沙和平协定》是解决卢旺达冲突唯一可行的框架。

维持联卢援助团的存在继续与实现停火的努力联在一起。4月18日，安南（里扎）发出电报，使此问题达到紧要关头。维和部认为，既然看不到停火的任何实际前景，他们打算向安理会报告说，必须设想全面撤离联卢援助团，而非采用提出的两种选择。布布和达赖尔被要求对实现停火进行最后评估。

4月19日，达赖尔在答复时力主维持一支250人的部队，作为最起码的存在，他反对全面撤离："联卢援助团全部撤离即使不被看成是将下沉的船抛弃，也无疑会被解释为撒手不管"。他还指出，在撤离时，有可能对联卢援助团作出危险反应。

达赖尔描述了在所讨论的方案中联合国将陷入的困境："联卢援助团撤离的后果必将对平民人口，特别是难民的士气产生有害影响（原文如此），他们将认为我们抛弃了他们。然而，实际情况是，我们目前除了提供安全、一些粮食和药物及维持存在以外，没有什么其他作为。人道主义援助尚未真正开始。……滞留在Mille Collines旅馆、红十字会和St Michels教堂等政府部队控制区各地的难民都有可能遭受屠杀，他们处境如此危险，即使已将联卢援助团派往现场，直到上个星期，仍未产生任何结果。

到4月19日，秘书处的方针发生了重大变化：已起草一份秘书长给安全理事会的报告，这份报告列入了三种选择：加强联卢援助团、缩减兵力或全面撤离。在将草稿发往基加利的电报中指出："加强联卢援助团的选择是今晚在此决定的，因此我们向你提出为时稍晚的要求，请你停止明天的人员撤离行动。"

4月2日，布布表示全力支持选择一，即加强联卢援助团的任务和人力，不过他还说，他"也不反对经修订的选择二"。但是关于后一项备选办法，布布对所剩的人员由部队指挥官率领一事持保留意见——他和指挥官都应留守基加利。

同一天，正当安理会准备作出一项决定时，尼日利亚大使易卜拉欣·甘巴里先生约见了秘书长。甘巴里要求布特罗斯·加利反对安全理事会撤离联卢援助团的举动。秘书长说，他感觉像在“孤军奋战”，因此，他要求尼日利亚大使鼓励非洲国家元首支持他的立场，写信反对撤离。

4 月 21 日，安理会一致决定将联卢援助团缩减到大约 270 人及改变援助团的任务规定。该项决议指出：“安理会对在卢旺达连续发生、并导致包括妇女和儿童在内的几千名无辜平民死亡的大规模暴力深表震惊……”

据报道，在第 912（1994）号决议通过之前的非正式协商中，安理会一些成员对报告中未列入秘书长提出的一项建议（他指出，他的发言人曾口头上表示秘书长倾向于加强援助团的任务规定）表示失望。尼日利亚表示不结盟运动核心小组倾向接受选择一，但是，由于缺乏政治意愿，而无法支持这项选择。据秘书处说，联合王国在答复时表示，根据索马里的教训，当地的条件会发生迅速和危险的演变，因此选择一并不可行。

（八）有关联卢援助团任务规定的新建议

但是到了 4 月底，鉴于卢旺达的灾难性局势，秘书长只能建议改变减少部队人数的决定。4 月 29 日布特罗斯·加利在给安全理事会的信（S/1994/518）中对重点进行了重大修正——从将联合国的作用视为在内战中的中立调解员，转到确认必须制止对平民的大屠杀，这场大屠杀已持续三周，估计约已有 20 万人被杀。秘书长指出，第 912（1994）号决议所述任务规定，并未给予联卢援助团采取有效行动制止大屠杀的权力。秘书长要求安理会重新审议以前的各项决定，并考虑“安理会可以采取或授权会员国采取何种行动，包括强有力的行动，以便恢复法律和秩序”。秘书长在信的结尾尖刻地指出，他当然了解“这种行动所需的人力物力资源，其规模是会员国至今尚不愿设想的”。

第二天，安全理事会发表了一份主席声明（S/PRST/1994/

21）。安理会在当时并未对秘书长信中的内容作出答复，只表示稍后再作出答复。除此之外，此项声明可被视为是安理会朝向更清楚地表明立场、反对正在发生的灭绝种族迈出了一小步。安理会指出，对平民的屠杀，“特别是”发生在卢旺达临时政府（其代表仍参加安理会的审议）成员或支持者控制下的地区。安理会仍不同意使用“灭绝种族”一词，而是在声明中几乎直接援引《灭绝种族罪公约》的条文，以此绕过这一问题。最后，声明还提到实施武器禁运的可能性。

在安全理事会收到秘书长的信之后，几天内进行的讨论记录中显示，该机构在若干问题上存有分歧：是否应当介入，如果介入，则如何形容介入的强度（据报道，巴西、中国和联合王国等国反对用太强烈的“干涉主义”措词来形容联合国的作用）、区域行动者的作用和武器禁运等问题。5 月 3 日，美国关于派遣一个安全理事会小队前往该区域了解局势的构想赢得了一定的支持，联合王国反对这一构想，因此未能得到实行。

据秘书处的记录显示，两天之后，安全理事会尼日利亚主席向其同仁施加压力，促使他们采取行动，据报道，他说如果安理会不采取行动，将有可能遭到世界的耻笑。他对“鸡与鸡蛋孰先难定”的局面表示关注，他认为秘书长与非洲国家之间就是这样的一种局面，因为秘书长要求非洲采取行动反对屠杀，而非洲国家在作出承诺之前，希望更多地了解计划中的部队规模和费用以及将能得到的后勤支助。法国代表认为安理会应集中于人道主义援助，“人道主义走廊”的设想便是一种可能性。

安理会主席建议安理会写信给秘书长，请他向安理会提出应急规划并就扩大的联合国特派团的任务规定提出建议。经联合国的建议，不向秘书长提出正式要求，但请他提出一份非正式文件。第二天，就给秘书长的信达成了一致意见，其中要求作出指示性应急规划，但是还十分奇怪地表示安理会成员并不期待收到任何果断或明确的建议。

5 月 6 日，布布的一份电报概述联卢援助团今后任务规定的行动构想草案，并对平民人口的状况作了清晰的描述：“内战加剧，已蔓延全国，特别是农村地区，对无辜平民的大屠杀似乎仍在继续……局势持续恶化使人们对联卢援助团修正的任务规定的有效性和可行性产生严重疑问。联卢援助团既无实力也无资源采取有效行动，制止对平民的大规模屠杀及帮助建立合理的安全环境，这是恢复谈判以期缔结停火协定和实施停火的基本条件”。联卢援助团这封电报中的优先事项很明确：联卢援助团首先应能够阻止屠杀，然后是继续努力达成停火。这是加利与总部早先电报往来中所述优先事项的重大改变，这一改变发生在大屠杀开始的一个月之后。

实际上于 5 月 9 日提交安理会的非正式文件对正在发生的大屠杀态度不甚明确，对联卢援助团制止屠杀的作用更加含糊。联卢援助团上述行动构想草案指出，应授权援助团“迅速采取有效措施，制止对无辜平民的杀戮”，但是，非正式文件的定稿则说，联卢援助团将“确保为流离失所者和其他有需要的人、包括难民提供安全的条件…”。非正式文件还明确指出，订正的任务规定并不设想强制行动，而是主要利用威慑力量来执行任务，只在自卫时诉诸武力。非正式文件指出，由 5 个步兵营组成的一支 5500 人的部队是维持加强的联卢援助团所需的最起码的可行兵力。援助团的任务被概述为“向流离失所者和其他受影响的人及为人道主义援助的安全运送提供支助及确保安全”。

“卢爱阵”在 5 月 12 日就非正式文件向新闻界发表声明，认为部队最低兵力人数太多，主张维持原来规模（2500 人）的援助团。卢爱阵指出，政府部队控制下的西南地区的人民可能是卢旺达唯一需要联合国保护的人民。

在 5 月 11 日安理会开始讨论非正式文件时，秘书处向秘书长报告说，若干成员国表示支持非正式文件中的构想。美国实际上没有反对这一构想，而是强调希望能够探讨是否有可能在“卢旺达边境一带建立保护区，由一支国际部队保护人民安全。”美国代表表示，这样的一个援助团可能需要较少的部队，也没有正在讨论的其他一些建议复杂。但是，达赖尔在5月12日的电文中对在边境周围建立保护区的设想提出批评。

5月13日，秘书长在提交安全理事会的报告中正式提出了他的建议，其中概述将分阶段部署第二期联卢援助团，使其最后达到5500人的兵力，强调必须加速将部队派往现场。上述分歧继续存在。最后一天的协商主要集中讨论美国对决议草案提出的修正案。美国的建议明确提到必须征得当事方的同意、在安理会作出进一步决定之前推迟稍后阶段的部署，并要求秘书长再向安理会提出修订的行动构想，除其他内容外，还应包括当事方的同意及可用的资源。

根据秘书处的记录，一些代表团对征得当事方的明确同意是否适当提出质疑。法国和新西兰难以接受美国提出的只部署少数军事观察员和一个步兵营及推迟其余的部署的构想。在经过几小时协商后，安理会拟订并随后通过了一项草案。

（九）建立第二期联卢援助团

安理会于1999年5月17日通过第918（1994）号决议。决议包括决定增加联卢援助团部队人数，并对卢旺达实行武器禁运。卢旺达投票反对后一项决定，这一点清楚表明卢旺达的安理会理事国席位影响到原则问题。

决议通过后便集中努力于寻找需要的部队，以编组经安理会授权的5个营兵力。秘书处与可能的部队派遣国举行了几次会议，布布走访了关键的非洲国家寻求支援联卢援助团，秘书长自已则接触了一些非洲国家元首，并动用非统组织秘书长的帮助以努力发动提供部队。然而，反应并不热烈。只有几个非洲国家表示一定程度上愿意提供部队，但要有财务和后勤援助。到7月25日，第918号决议通过两个多月之后，联卢援助团依然只有550人，只达到授权兵力的十分之一。灭绝行动开始时缺乏做出强烈反应的政治意愿、而联合国广大成员国又不愿承诺提供必要的部队使联合国设法制止杀戮，因此产生雪上加霜的结果。

新任命的人权高级专员何塞·阿亚拉·拉索于1994年5月11~12日访问了卢旺达。高级专员访问了基加利和比温巴，并与所谓的临时政府的代表以及“卢爱阵”的代表交谈。他给人权委员会的报告于1994年5月19日发表（ECN.4/S-3/3）。阿亚拉·拉索说有20多万平民被杀害并呼吁强烈谴责屠杀行径，但高级专员只是描述局势为“发生了极为严重侵犯人权情况”，而且还在继续发生。他的建议是针对双方的。阿亚拉·拉索只是在谈及公约为一项国际人权文书而卢旺达也是缔约国时提到种族灭绝一词，除此之外并未再有提及。阿亚拉·拉索提议任命一位卢旺达人权特别报告员，由人权监测员协助工作。

在根据同一次访问提出、并于1994年7月21日送交安全理事会的另一份报告（S/1994/867）中，阿亚拉·拉索指出有几十万人被杀害。他列举证据说明政府部队从事的杀戮是有预谋的统一行动，并提及卢旺达无线电台和千山自由无线电和电视台煽动暴力和杀戮。他同时提到有报告说“双方部队屠杀平民”以及卢爱阵部队“在被描述为报复行为”的过程当中草率处决。

秘书长5月16日与布布和包括安南及古尔丁在内的主要秘书处官员会晤讨论卢旺达的发展。其后秘书长发表新闻声明，简而言之再次申明他支持布布，而布布被卢爱阵指责有偏向已有多时。5月18日，秘书长写信给一些非洲国家的国家元首和政府首脑，要求向第二期联卢援助团提供部队。他在日期为同一天的一封信中向非统组织秘书长通报此事，这是灭绝行动开始以后两位秘书长对有关联合国的作用进行书信来往的一部分。

5月20日，安南转交给布布来自秘书长的一项请求，他要在随后几周内驻在内罗毕，与这一区域各国政府磋商并寻求他们支持执行第918（1994）号决议。

为继续执行第918（1994）号决议，秘书长还派里扎和巴里尔前往卢旺达，主要是试图推动各方走向停火并讨论第918（1994）号决议的执行情况。特派团5月22～27日期间访问这一区域。在秘书长向安全理事会提交日期为5月31日的报告中，他根据上述访问提出其结论报告内详尽描述灭绝行动开始的数周内发生的恐怖，“提到疯狂的大屠杀”并估计有25～50万人被杀戮。重要的是报告指出屠戮和杀害是有步骤的，而且所发生的事件已构成种族灭绝是“毫无疑问”的。

报告回顾提及秘书处所能收到的关于卢旺达灭绝行动之前情况发展的资料，它指导了秘书处的分析工作。其中第11页说：“这方面，安全理事会应了解，回想起来，某些事件也许与大屠杀有牵连。1993年12月～1994年3月期间，联卢援助团几次注意到‘米尔·科林斯广播电台’具有煽动性的广播，并注意到一些武装集团，显然包括‘青年民兵’的可疑调动，并向临时政府提出警告。联卢援助团还收到了正在运进武器的证据，并向临时政府提出抗议，并将这一资料转递给外交使团。”在似乎是提及达赖尔1994年1月11日的一封电报时，报告继续说：“有一次，部队指挥官请总部允许使用兵力收回一批武器并奉命坚持让宪兵在联卢援助团监普下进行”。

秘书长的报告概述了第二期联卢援助团的三阶段部署计划，其中第一和第二阶段应立即同步展开。计划预计到实施部署的不同情况，包括尚未开始停火。第二期联卢援助团的两个首要任务被描述为（a）设法将尽可能多的受到威胁的平民集结，确保其安全，以及（b）按照要求，保证人道主义救援行动的安全。

报告的最后意见十分痛楚：“国际社会对卢旺达的种族灭绝反应迟钝，明确表明它极端无法充分紧急回应，对武装冲突的人道主义危机采取迅速和决定性行动。由于最初的任务未允许联卢援助团在屠杀开始时采取行动，所以已经把该援助团在当地人员迅速减少到最低限度，以致几乎在两个月之后国际社会甚至对安全理事会所确定的订正任务如何作出反应显然束手无策。人们都必须承认，在这方面我们对卢旺达的痛苦没有反应，因此默认了不断丧失生命的悲剧。”

“卢爱阵”在6月3日给秘书长的一封信中对秘书长最新报告中提及种族灭绝一事做出积极反应，并呼吁安全理事会宣布所发生的暴行为种族灭绝。该信还呼吁安全理事会通过决议批准干扰或摧毁米勒·科林斯电台。此外，“卢爱阵”呼吁秘书长和安理会采取措施，暂停卢旺达参加安理会工作。

6月8日，安全理事会通过第925（1994）号决议，核可秘书长建议根据扩大的任务部署联卢援助团，并将援助团的任务期限延长至1994年12月9日。决议还敦促会员国对秘书长请求提供资源立即做出反应，包括提供迅速部署加强兵力的后勤支助能力。草案最初由美国提出。根据磋商记录，草案初稿使用的“种族灭绝”一词被改为“种族灭绝行为”，这是在中国反对单独使用该词之后达成的折衷。

（十）绿松石行动

在6月19日给安全理事会的一封信中（S/1994/728），秘书长概述了为部署第二期联卢援助团所做努力的结果，当时援助团的总兵力仍然只有503人。秘书长指出，第二期联卢援助团的第一阶段部署在最好的情况下也只能到7月的第一周才开始。秘书长提到持续发生的杀戮时，建议安理会考虑法国提出的按照《联合国宪章》第七章采取多国行动，“以期确保卢旺达流离失所者和处境危险的平民的安全和保障”。

1994 年 6 月 20 日法国常驻代表给安全理事会主席的一封信中正式提出。该行动被描述为旨在“在扩大的联卢援助团到达之前，维持一种存这支部队的指定目标与安全理事会指定联卢援助团的目标相同，就是采用包括在可能情况下设立和维持安全的人道主义地区在内的方法，协助向卢旺达境内陷于危险中的流离失所人员、难民和平民提供安全和保护。”法国要有一项根据《联合国宪章》第七章规定的决议“作为它们进行干预行动的法律框架”。

在同一天，安全理事会通过第 928（1994）号决议将乌卢观察团的任务期限延长 3 个月，并决定该团在此期间将缩小规模。

6 月 20 日，达赖尔发给总部一封很长的电报概述了有关提议的“绿松石行动”可能引起的关切问题，包括联卢援助团中那些与法国领导的特遣队具有同样国籍的士兵将面临的情况。

安全理事会 6 月 20～22 日就法国的倡议举行协商。法国于 6 月 20 日介绍了一项决议草案。秘书长参加了 6 月 22 日的非正式协商。据联合国的协商记录，秘书长表示赞同立即做出决定授权开始法国领导的行动。当天晚些时候，安理会通过第 929（l994）号决议，投票结果为 10 票赞成、5 票弃权（巴西、中国、新西兰、尼日利亚、巴基斯坦）。

1994 年 7 月 1 日，安理会通过第 935（1994）号决议，请秘书长设立一个公正的专家委员会，就“卢旺达境内严重违反国际人道主义法的行为、包括可能发生的种族灭绝行为的证据”，向秘书长提出其结论。

同样在 7 月 1 日，法国常驻代表给秘书长一封信，通报秘书长说战斗已加剧，西南部局势“迅速变得完全不能控制”。按照法国大使的说法，局势要求立即实行停火。唯有停止交火才能切实可行地稳定人道主义局势并根据《阿鲁沙和平协定》达成政治解决，“当然绝不能让那些从事屠杀行动特别是种族灭绝的人参与谈判”，该信已载入（S/1994/798）号文件转交给安全理事会。法国认为如果不实行停火将有两种替代行动：撤退或是组织一个安全的人道主义地区。信件表明法国认为设立这样的地区属于安理会已授权的任务范围，但仍希望联合国能支持这一想法。安理会在7月6日的非正式协商中讨论了设区的想法，当时有几个代表团对该提议的性质提出问题。安理会对法国的信件未作出正式反应。

7月14日安全理事会发表主席声明（S/PRST/1994/34）对战事持续表示震惊，要求立即停火，敦促恢复《阿鲁沙和平协定》框架内的政治进程，重申卢旺达西南部安全地区的人道主义性质并要求“所有有关各方”尊重这点。决议呼吁会员国提供帮助，确保很快部署扩大的第二期联卢援助团。

7月17日扎伊尔戈马被炸。当天法国“绿松石行动”司令官拉福卡德将军要求联卢援助团向卡加梅将军转达：“如果不停止交火，法国打算以武力干预。”在先前与特别代表沙哈里亚尔·汗接触时，保罗·卡加梅少将据称指出卢爱阵对此没有责任，而且向该地区部队发出的指示是避免炮击戈马或邻近的扎伊尔地区。

7月17日，设在戈马的联合国卢旺达紧急联络办事处报告说100多万卢旺达人已越境进入扎伊尔。受到关切的是，可能随后从“绿松石行动”管辖的人道主义保护区会有更多的人出走。这是近年来最为复杂、最为敏感的人道主义紧急局势之一。从此开始，大批卢旺达难民涌入扎伊尔，而帮派民兵和其他参与灭绝行动的势力也渗透到难民营里。为支助扎伊尔境内的营地而进行的大规模救济努力，至今仍为那些卢旺达境内的灭绝行动的生存者所忌恨。

7月18日，“卢爱阵”控制了除“绿松石行动”掌握的人道主义区以外的整个卢旺达。卢爱阵宣布了单方面停火。7 月 19 日，一个民族团结政府在基加利宣誓就职，并确定其过渡时期为 5 年。巴斯德·比齐蒙古先生宣誓就任总统，保罗·卡加梅少将为副总统，福斯坦·特瓦吉拉蒙古为总理。令人发指的卢旺达种族灭绝行动开始 100 多天之后结束，留下深深的痛苦和创伤。

三、联合国对事件调查后得出的主要结论

独立调查委员会认定，在 1994 年卢旺达境内灭绝种族行为之前及发生期间，联合国未能在一些重要方面作出有效反应。联合国未能预防及阻止卢旺达境内的种族灭绝行为，责任在于一些不同的行动者，特别是秘书长、秘书处、安全理事会、联卢援助团和联合国的会员国。面对这一国际责任，联合国及有关会员国应当向卢旺达人民明确地道歉。至于那些策划、煽动并实施了灭绝种族行为的卢旺达人的责任，必须继续努力，将他们交给卢旺达问题国际刑事法庭及卢旺达本国机关审判。

在下面一章中，调查委员会首先要指出的是联合国在应对方面的最大失误，即在当地的联合国维持和平特派团不具备应付所面对的实际挑战的能力。接着，调查委员会将指出本报告所述期间，联合国在事件处理和应对方面的其他一些错误和失败之处。

（一）严重失败

卢旺达境内发生灭绝种族行为之前及发生期间，联合国在反应方面的最大失败，可以归纳为：既无资源也无意愿作出预防或阻止种族灭绝行为所必需的承诺。联合国派驻卢旺达的主要部门是联卢援助团，其规范、规模、部署或指示都未规定它在和平进程严重受挫时发挥主动和积极的作用。援助团的规模比原来从实地提出的建议所要求的要小。援助团的建立速度慢，又受到行政

方面困难的拖累。援助团缺乏训练有素的部队和可以正常使用的军用品。援助团的任务规定是根据对和平进程的一项分析，这项分析后来被证明是错误的。虽然有重要迹象警示原来的任务规定不足以应付，也没有对该项分析加以纠正。发生灭绝种族行为之时，援助团并不是一个完整运作的队伍，不断有证词表明，在危机最深重的日子里，其缺乏政治领导和军事能力，在指挥和控制方面存在严重问题，以及缺乏协调和纪律性。

一支有 2500 人的部队应当能够阻止或至少限制卢旺达总统和布隆迪总统因飞机坠毁身亡后，在卢旺达开始发生的那种屠杀。但调查委员会认定，由于联卢援助团存在能力方面的根本问题，导致出现联合国维持和平部队面对本世纪人世间最凶残的行为时几乎束手无策的既可怕又羞辱的局面。

联卢援助团的败绩暂且不提，应当指出联卢援助团内部以及各方案和机构内的联合国人员不顾卢旺达发生的骚乱，还是勇气可嘉，确实拯救了许多平民、政治领导人和联合国工作人员的生命，有时甚至自己冒着生命危险。在整个灭绝种族行为期间留守的维持和平人员，包括部队指挥官、加纳特遣队以及突尼斯特遣队，在极困难的情形下，努力制止人世间最凶残的行为，他们的努力值得赞扬。联合国的档案证明，卢旺达境内、各会员国以及非政府组织提出无数次请求，要求帮助拯救灭绝种族行为期间处于危险境况的人们。统计数字不好找，但不妨引用一下联卢援助团自身档案的内部名单，其中指出 1994 年 5 月 27 日 ~6 月 20 日，在基加利的战事期间，联卢援助团撤离了 3904 名游离失所者。

（二）联卢援助团任务与需要不符

有关联卢援助团初步任务规模的各项决定是援助团未能预防和阻止卢旺达境内灭绝种族行为的一项根本因素。规划过程中未能考虑到各当事方之间的协定中并未解决的、余下的严重紧张因素。联合国援助团的使命取决于和平进程的成效。没有留退路，也没有作出应急计划，应付和平进程一旦不成功的情况。

在组织一支具有一定能力、资源和任务，可以应付卢旺达日趋严重的暴力行为和最终的灭绝种族行为的部队方面出现严重失败，原因出现在签署援助团的早期规划。卢旺达各方经过多年的艰苦谈判之后，于 1993 年 8 月签署的《阿鲁沙和平协定》受到普遍欢迎，人们感到乐观，松了一口气。虽然暗地里显然还存在着紧张，而且政府代表团内部也是如此，但是国际社会把《陈鲁沙和平协定》看成是卢旺达实现和平和分享权力的出发点。

《阿鲁沙和平协定》缔约各方过于乐观地认为，大约一个月后即可部署国际部队。这意味着联合国从一开始筹备联卢援助团起，就在与时间赛跑。起初的规划进程由于政治分析不充分而受影响。达赖尔承认，他率领的考察团缺乏必要的政治能力，未能正确地深入分析《阿鲁沙和平协定》中原交战各方之间的政治形势和根本现实。就在此前两个星期，人权委员会即决即处和法外处决问题特别报告员就卢旺达的局势发表了令人不安的报告，但对于这份报告考察团显然连知道都不知道。报告员的这份报告支持那年早些时候人权方面一些非政府组织的调查结论。他指出了人权情况极其严重，并用一定的篇幅论及卢旺达境内可能正在发生灭绝种族行为。在为联合国派驻卢旺达的大批维持和平人员进行规划的过程中，竟然没有考虑到这样一份报告，这表明联合国有关机构严重缺乏协调。事实上，达赖尔对调查人员讲，如果政治评估更有深度，如果他当初知道这份报告，他就会重新考虑考察团所建议的部队人数。联卢援助团规划方面出现的这一疏忽，责任在于联合国秘书处有关部门，特别是人权事务中心和维和部。

考察团估计，执行在卢旺达的任务需要一支 4500 人的部队。但秘书处认为，部队人数那么多安理会通不过。对当时的政治承诺作如下描述可能是正确的：美国代表团曾建议联合国象征性地派1000人进驻卢旺达。即使一直敦促联合国在卢旺达派驻人员的法国也认为1000人就足够了。达赖尔的数字在尚未提交安理会之前就被减了下来。9月24日，原过渡期结束已有两星期，秘书长才建议建立由2548名军事人员组成的维持和平部队。如果说安全理事会第872（1993）号决议决定联卢援助团的任务比秘书长向安理会提议的更有限的话，那么，它离原先《阿鲁沙和平协定》缔约各方所商定的广泛概念就相去更远了。这一差异不是不重要的。如何解释安理会所决定的任务的实际范围，在发生种族灭绝行为数月之前就成了各方辩论的问题，下文对此有说明。有关基加利武器安全区任务方面的限制，就是安全理事会准备在卢旺达作有限承诺的早期和公开的迹象。美国对决议草案提出了一些修正，削弱了任务规定，包括在解除平民武装方面。原来关于基加利武器安全区的措词也被削弱了，改成明确规定由双方建立武器安全区。

联卢援助团原先任务方面的限制，责任首先在于联合国秘书处、秘书长和维和部内的负责官员，他们的错误分析成为提交安理会各项建议的基础，他们还建议援助团的部队人数少于考察团认为必需的人数。那些施加压力、要求秘书处限制提议的部队人数的会员国也承担部分责任。更重要的是，安全理事会本身也负有责任，就是在索马里行动之后对支持新的维持和平行动犹豫不决，具体而言，就是限制援助团在武器安全区方面的任务。

（三）执行任务

在执行联卢援助团任务方面，又出现了另外的严重困难。联卢援助团的任务构思谨慎，在实地执行这一任务时也同样小心。总部始终决定在执行这一任务时，只让联卢援助团按照传统维持和平任务发挥中立作用。这种行动范围被认为会得到安全理事会的支持。安全形势每况愈下，本应促成联合国发挥更积极的、预防性的作用，但却没有采取任何步骤来调整任务，使之符合卢旺达的现实需求。

1 月 11 日，达赖尔发给巴里尔电报提到有关同一名举报人进行接触，这使人们注意到联卢援助团实施其任务方式的重要方面。调查委员会认为，在处理这份电报方面出现了严重错误。

首先，电报的内容，尤其是表明存在着灭绝图西人计划的消息极为重要，应当得到最高度重视并上报最高层领导。在这方面联卢援助团和秘书处都犯了错误。

达赖尔不应把电报只发给巴里尔一人，显然有理由至少立即通报主管维持和平行动的副秘书长和主管政治事务的副秘书处。其实，电报虽然只是发给巴里尔一人，但他给维和部其他领导人传阅了。安南和里扎对联卢援助团的指示——以及贯穿这些指示的审慎精神——表明他们确实认识到这份电报载有很重要的信息。但他们没有向秘书长通报这份电报的内容。而且安全理事会也没有得到通报——此前一周安理会还决定它对联卢援助团的继续支持取决于和平进程的进展。在这方面，通知基加利的三个大使馆是不够的：电报所载各项威胁的严重程度说明应当通报整个安理会。联卢援助团于 2 月初报告：总统得知这一信息后，没有采取任务行动，实地情况每况愈下。这时，退一万步讲，也应当让安全理事会知道一下。秘书长 1994 年 5 月 31 日提交的报告间接回顾了达赖尔的电报，这样做远远不够，当然也着实太晚了。

其次，针对举报人所提供的信息、没有采取更多的后续行动；调查委员会对此百思不得其解。在决定向哈比亚里马纳总统通报情况，以促使他就此采取行动之后，应当不断敦促总统，确保他按照自己的承诺采取行动。

电报的所有三大方面情况全是如此。联合国援助团如果得到信息表明：有人正在计划灭绝任何人类群体，有关方面就应当立即作出坚定的反应。就本案而言，当然是要采取比布布和达赖尔同哈比亚里马纳总统和民发运动领导人进行的会晤更为有力的行动。

关于存在着密藏军械的信息也很重要。达赖尔称，那一个储藏处至少藏有135件武器；该处武器的数目和性质都不足以断定那一年稍后会发生灭绝种族行为，但纽约的指示肯定给了帮派民兵及其他极端主义分子一个信号：联卢援助团不会采取积极的行动来对付密藏的武器。

突袭密藏军械的决定是否在援助团任务范围之内？这是一个关键性的问题。各方意见不一。达赖尔认为是在援助团任务范围内，但巴里尔、安南、里扎和阿纳比则坚信，突袭不属于任务范畴。关键在于如何解释任务中“双方建立的武器安全区”等字样。在这方面，应当回顾指出，同《阿鲁沙和平协定》预期联卢援助团将发挥的作用相比，安全理事会是故意削弱了援助团在基加利武器安全区方面的作用。在此情况下，总部主张审慎解释安全理事会通过的关于基加利武器安全区问题的任务。秘书处发出的指示电报表示担心，这一信息有可能是个圈套，并担心援助团的安全：“首要的考虑在于要避免采取可能导致使用武力和造成预期不到的影响的行动。”综合当时的情况而言，调查委员会认为没有理由批评秘书处在任务问题上所作的决定。但下文会表明，调查委员会认为在电报的后续行动方面犯了大错。

联卢援助团领导人1月和2月整整两个月间对发放武器的后果表示了明确的关注。鉴于总部认定突袭密藏军械及采取威慑行动不在任务的范畴之内，调查委员会认为，应当向安全理事会提出这一问题，指出这是援助团任务方面的一大弱点。由于存在着重大风险，安理会应当考虑更正。调查委员会没有发现任何证据显示，曾向安理会这样提出过这一问题。

给总统的意见书的前提是假定他不知道举报人所提到的各项

活动。但档案清楚表明，就在此前一周，达赖尔同总统会晤时曾提出过向总统支持者发放武器的问题，指出这样发放武器是不可接受的，因为违反了《阿鲁沙和平协定》。总统当时说他不知道这件事，但如情况属实，他将指示他的支持者停止这样做。

最后，比利时特遣队受到了威胁，应当更清楚地就此采取后续行动，这不仅是就该特遣队的安全而言，而且同样应作为秘书处内及同安全理事会之间关于联卢援助团在卢旺达作用的战略讨论的内容。联合国明白，一方的极端主义者希望促使援助团撤离。因此，联合国以撤出联卢援助团相威胁，以对总统施加压力，促进和平进程进展。这一战略实际上可能倒促成了极端主义者的阻挠行为，而不是预防此类行为发生。

有人对邀请前殖民国家比利时参加联卢援助团是否明智提出了疑问。达赖尔电报以及电台广播和其他宣传形式讲到比利时特遣团受到威胁，这表明该国参加联卢援助团方面存在固有的困难。但必须指出就联卢援助团而言，比利时提供的是装备良好的，其他方面则没有提供这样的部队，而且当事双方都同意比利时部队参加援助团。

（四）有关接战规则的混乱情况

1993 年 11 月 23 日，部队指挥官向总部提交了一套联卢援助团《接战规则》草案，要求总部核可。总部始终未对这项要求作出反应。巴里尔将军告诉调查委员会，这套规则被认为是指导准则。巴里尔指出，他认为规则草案很不错，但当时他又说，总部并没有一套程序来正式核可《接战规则》草案。对部队指挥官来说，如果没有得到正式答复，就必须认为《接战规则》已获核可并已生效，调查委员会认为这项结论是合理的。同时，联卢援助团指挥部另一名高级成员告诉调查委员会，《接战规则》与现实不符，他未予置理。

种族灭绝开始之后，以“接战规则的不同排列”为标题再次将同样的草案发送给总部。总部不反对关于危害人类罪的第17条。但是，在后来适用于第二期联卢援助团的接战规则的版本是，该段已经删去。然而实际上，第一期联卢援助团在当地情势符合第17条时并未实施接战规则中这项具体规定。部队指挥官和其他人在解释联卢援助团没有制止大屠杀的原因时提到了其他问题，例如缺少资源以及与指挥和控制有关的问题。但是，令人感到不安的是，联卢援助团和总部之间关于哪些规则为有效的往来文件中存在严重含混不明的现象。

（五）未对种族灭绝作出反应

1. 总统座机被击落后，基加利的局势迅速陷入混乱。民兵和政府部队士兵设起了路障，并开始屠杀图西人和反对派以及温和的政界人士。不久，卢爱阵冲出其大院，得到首都以外部队的增援。除了杀害平民之外，总统卫队和卢爱阵之间爆发了战斗。联卢援助团收到政界人士、工作人员和其他人多达数百次的求助要求。数千人在联卢援助团驻地避难，其中包括到4月8日已经聚集在野战医院的5000人。

种族灭绝爆发时，明显暴露出联卢援助团的任务规定软弱无力，令人痛心。人们自然要问，为什么一支2500人的部队不能制止民兵和政府部队士兵的行动，这些民兵和士兵在冲突爆发后数小时内就开始设置路障并杀害政界人士和图西人。联卢援助团靠其存在并表现出坚定决心，难道就不能阻止后来发生的暴力的可怕后果吗?

在飞机失事之后若干时日中，联卢援助团和总部之间的联系表明这支部队混乱不堪，未掌握有关发生事件的性质及哪些政治力量和军事力量在开展活动的情报，没有明确的方向，甚至连援助团本身各特遣队的联系也存在问题。接战规则规定，援助团除自卫之外，不得使用武力。援助团已采取行动保护政界人士，但是，在某些情况下，因面对民兵的威胁而没有这样做。平民逃往联络援助团各地点，但是援助团未能始终保护他们。部队指挥官很早就发现，他没有掌握对所有部队的实际指挥权。实际上，比利时维持和平人员都由其本国的部队指挥，在数日之内，孟加拉国特遣队就不再接受联卢援助总部的命令。简而言之，基加利和总部间的来往电报以及在种族灭绝初期向安全理事会提供的资料都表明，援助团没有执行其与《阿鲁沙和平协定》有关的政治任务，没有能力保护平民或联合国文职人员，它自己也面临危险。此外，联卢援助团在法国、比利时、美国和意大利执行本国撤送行动时被撇在一边。联卢援助团领导部门、秘书处和部队派遣国必须对这种情况分担责任。

联合国的档案表明，维和部很快就开始讨论撤出联卢援助团是可能必须采取的选择。早在4月9日，安南（里扎）在给布布和达赖尔的电报中指出，联卢援助团在当时情势下不可能执行其任务。他们还表示，如果形势朝不好的方向发展，可能有必要决定必须撤出联卢援助团。秘书处内本能的反应似乎是怀疑联合国作出有效反应的可能性，而不是积极调查是否可能加强援助团，应付当地新的挑战。

但是，10名比利时维持和平人员惨遭杀害之后，比利时单方面决定撤出部队，很快就使联合国援助团处于瓦解的边缘。比利时政府决定撤出部队之后，孟加拉国迅速表示可能采取同样的行动。4月21日，孟加拉国常驻代表致函安全理事会主席，提出若干安全问题，要求联合国作出保证。因此，维持和平部队极可能瓦解。

种族灭绝初期，联卢援助团面临的指挥和控制方面的问题包括联卢援助团领导的民警部门人员未经许可而撤出，还出现了令人窘困的事件，孟加拉国维和部队不让比利时特遣队的同事进入他们自己正躲藏的阿马霍罗体育馆。

调查委员会认为，必须维护联合国指挥和控制的统一，部队派遣国即便受到国内可能提出相反意见的政治压力，也不应该单方面撤出人员而使当时的维和行动受到破坏，甚至面临危险。

10名维和人员被杀对任何部队派遣国都是极大的打击。但是，即便比利时政府感到准突击队员惨遭杀害以及当时卢旺达境内的反比利时言论已经使得比利时特遣队无法继续驻守，调查委员会对于力图全部撤出联卢援助团的主张依然感到难以理解。作为撤出的基本理由而提出的对卢旺达局势的分析，除了描述双方的战斗之外，还阐述了持续屠杀的情况。但是，这项分析似乎完全以撤出为重点，而不是无论比利时参加与否，联合国是否有可能采取行动。

发生种族灭绝后最初几个星期内，安全理事会的讨论情况表明安理会存在分歧，譬如，美国等国家同情比利时撤出援助团的主张，而由不结盟运动核心小组带头的其他国家则主张加强联卢援助团。秘书长在4月20日给安全理事会的报告（S/1994/470）中提出三种备选办法时指出，他不赞成撤出的做法。虽然秘书长声称，通过他的发言人向新闻界发布的声明，他已明确表示赞成加强联卢援助团。但是，调查委员会认为，秘书长本可以采取进一步行动，在安理会力争加强援助团。

在杀戮行为已经人所尽知的情况下，安理会于4月21日决定将联卢援助团人员减少到最低水平，而不是尽力以充分的政治意愿争取制止杀戮，这项决定在卢旺达引起普遍的愤懑。调查委员会认为这项决定没有道理。安全理事会应该为缺乏政治意愿采取进一步行动制止杀戮而承担责任。

秘书长在4月29日的信中请安全理事会重新考虑削减援助团任务规定和人员的决定，这是将重点调整到联合国必须采取行动制止杀戮，令人欣慰。采取此种行动的必要性不再是作为双方停火谈判的附带条件而提出。但是，安全理事会经过几个星期才同意作出反应，在种族灭绝行动之中出现此种拖延，代价极大。5月初，安理会协商后的报告表明，安理会显然不愿意考虑采取《联合国宪章》第七章所规定的行动。5月3日协商后，加雷汗给秘书长的报告指出："没有任何代表团支持武力行动或强制性行动。它们都强调，不论考虑任何行动，只有卢旺达双方同意并答应给予合作，才能执行。"

到5月12日之前，安理会在关键问题上始终存在分歧。成员们讨论了一系列问题，包括是否应将第七章规定的任务授予扩大的援助团（安理会对这个问题的意见存在分歧），并讨论了所需的资源，而美国和联合国要求秘书处提供关于行动概念的详细资料。如上文所述，安理会非常任理事国曾试图要求采取强硬行动。但是，反对这些努力的意见十分强大。安全理事会决策拖延不决，这表明在需要迅速采取行动的情况下缺乏团结一致精神，令人感到不安。在秘书长写信将近三个星期之后，安理会才于5月17日核可了第二期联卢援助团。

2. 国际社会中的重要成员不愿意承认在全球新闻媒体面前进行的大规模杀戮是种族灭绝，在这种情况下，对卢旺达危机缺乏采取行动的意愿就更加令人感到遗憾。卢旺达境内发生的事件是种族灭绝，因此，国际社会负有采取行动制止杀戮的基本责任。1948年《公约》缔约国承担了阻止和惩罚种族灭绝罪的责任，对这项责任不应掉以轻心。虽然要求《公约》缔约国采取的主要行动是订立国内法，规定惩办种族灭绝行为的管辖权，但是，《公约》还明确指出了将某一情势提交安全理事会的机会。因此，即便《公约》未作明文规定，但是从道义来说，安全理事会可能负有采取行动制止种族灭绝情势的责任。

然而，1994年4月和5月卢旺达发生大规模屠杀时，虽然电视播送出从卢旺达的河流飘来膨胀尸体的画面，但是，主要的国家不愿意使用种族灭绝的字眼来描述发生的事件，1994 年 5 月 4 日，秘书长在美国电视采访时使用了这一字眼，他是国际社会最早这样做的人士之一。秘书长在提交给安全理事会关于 1994 年 5 月 30 日里扎和巴里尔特别视察的报告中，正式使用了种族灭绝这个字眼。但是，当安理会有些成员提议将确定的这一性质列入关于第二期联卢援助团的决议时，其他成员拒绝这样做。

迟迟未确定卢旺达境内的事件属于种族灭绝是安全理事会的失职。有些国家不愿意使用种族灭绝一词是出于缺乏采取行动的意愿，令人遗憾。若要对种族灭绝采取有效的国际行动，各国必须随时准备确定此种情势，并承担责任采取与这一定义相应的行动。现在各国比较清楚地认识到必须确保人的安全，并保证个人人权不会受到侵犯，调查委员会希望这种认识也意味着各国不再不愿意确定种族灭绝事件和对此采取行动。

还必须指出，必须采取国际行动的范围并不仅仅限于种族灭绝的情势。联合国及其会员国还必须随时准备动员政治意愿，对尚未达到种族灭绝行为这一最严重程度的侵犯人权情势采取行动。还必须特别强调有必要采取预防行动，即在情势升级为种族灭绝之前就动员采取行动的意愿。

起初，在飞机失事之前，卢爱阵倾向于将与政府的冲突看作是政治冲突，希望避免自己被认为是“种族”政党，在一定程度上，这可能影响到对暴力行为具有种族因素的分析。但是，这并不能减轻上述情况的严重性质。鉴于 1993 年人权报告的结论，在 1994 年不断恶化的安全形势中不能忽视发生种族灭绝的危险。还应该指出，屠杀行为开始后不久，4 月 13 日卢爱阵的声明的确将发生的事件定性为种族灭绝行为。

自此以来，临时政府成员因其在卢旺达种族灭绝行为中的作用，已被卢旺达问题国际法庭起诉。调查委员会研究联合国的档案之后提出了一个问题，即当时是否使这些人明确了解他们对正在发生的屠杀应承担的责任。在一定程度上，这使人们关注到危机管理中经常出现的一个难题：是否要与掌权的人进行谈判，而不论他们可能犯下何种行为。调查委员会认为，联合国有责任非常明确地向所谓临时政府的成员说明犯下种族灭绝罪和战争罪必须承担个人责任。

（六）维持和平行动负担过重：资源和后勤不足

卢旺达将是联合国维持和平行动的一个转折点，将是没有意愿致力于维持和平、首先是没有意愿在其他国家冒险的一个标志。联卢援助团是在冷战结束后，维持和平部队数量剧增的背景下建立的。但是到 1993 年下半年，关键会员国对过去数年联合国维持和平的热情已开始减退，秘书处特别是维持和平部，管理 7 万余名蓝盔维持和平人员的能力已力不从心，几个现有的维持和平行动正面临严重困难。

秘书长在 1994 年 3 月 14 日向安全理事会提出的题为“加强联合国的维持和平能力”的报告中，概述了过去 5 年来联合国维持和平行动前所未有的增长情况。但他同时也提及，国际社会对维持和平的热情正在减退。他指出联合国正面临财政困难，维持和平行动的应收欠款已超过 10 亿美元。

联卢援助团质量差，缺乏能力，对于援助团应对 4 月 6 日后出现的危机的方式产生了重要影响。不过，缺乏资源和后勤是联卢援助团一开始就面临的一个严重问题，在援助团后来的各阶段情况依旧如此。值得注意的是，甚至是设立联卢援助团的决议就已请秘书长考虑如何减少联卢援助团总人数的最高限额。该决议还请秘书长在规划和执行分阶段部署时力求节约，并定期报告在这方面取得的成果。即便是联卢援助团中实力最强的比利时特遣队，也面临着回收利用物资和武器不足的问题。孟加拉国特遣队抵达时，连最基本的用品都没有。部队在若干方面缺乏必要的训练。

秘书长在1993年12月30日给安全理事会的报告中，再次反对减少资源数额，表示减少资源将对联卢援助团执行任务的业绩和信用造成不利影响。虽然安理会1994年1月6日第893（1994）号决议的确核准在非军事区部署第二个营，但再次请秘书长监督援助团的规模和费用，设法节省经费。安理会在种族灭绝事件发生前就卢旺达问题通过的最后一项决议——1994年4月5日第909（1994）号决议——重申了此项请求。

联卢援助团面临的后勤问题，就像一根连续不断的线，贯穿了部队指挥官与总部的来往公文中。特遣队抵达时，没有正常的物资，只得从联合国索马里和柬埔寨行动转拨。联卢援助团请求22辆装甲运兵车，但只得到8辆，而其中只有5辆可以上路。援助团有一个医疗队，但对其医疗质量曾有人抱怨。

在种族灭绝事件发生前数周，联卢援助团仍面临严重的后勤问题。3月底秘书长即将编写提交安理会的报告时，布布送交总部的草稿强调了后勤问题以及增派军事观察员的必要性。调查委员会在这方面注意到，该报告定稿未载列当地关于增加48名军事观察员的请求，而来自基加利的最初草案中是有这项请求的。

上文已对照联卢援助团的任务规定，简述了援助团的弱点。该团在种族灭绝事件开始后面临的严重后勤问题，布布和达赖尔在4月8日给安南和古尔丁的电报作了概述。这份电报早在那时就指出，事态发展“主要是总统卫队发起的有计划、有组织、蓄意的、有人指挥的恐怖运动”。电报还描述了反对党领导人、卢爱阵和民众采取的“侵略行动”以及对图西人的屠杀，并描述了对联卢援助团的直接和间接射击。卢爱阵当时已从其大院突围。联卢援助团描述了总统卫队与卢爱阵之间的全面敌对行动。电报问道，“联卢援助团的任务规定仍然有效吗?”

据电报描述，驻在基加利的步兵被战斗分割成几个营地，相互隔绝，并失去了后勤支助。“援助团极度缺乏维持生存和维持行动的支助。联合国要求向该援助团提供的储备物资，或者部队派遣国没有带来，或者未向援助团提供。”据电报说，多数部队只有1~2天的饮用水、2天的口粮、2~3天的燃料储备。此外，电报称，最缺乏的是弹药和小型武器。联卢援助团在结尾段落中写道：“就后勤而言，联卢援助团是作为一支维持和平部队规划、设立和发展的。因此，它没有应付长期冲突的关键物资储备。”

最后，本应作出更加坚定的努力，使联合国在卢旺达拥有自己的电台。此外，本应动员政治意志，筹措资金，以干扰臭名昭著的煽动性电台——米勒·科林斯电台。但是，今后仅仅对付散播仇恨的电台可能还不够。还必须防范在因特网上传播种族灭绝言论。

联卢援助团面临的后勤问题，责任在于维持和平部，特别是该部的驻地行政和后勤司（后勤司）以及个别部队派遣国。后勤司不应让联卢援助团出现上文所述的严重缺乏资源问题。到4月，即援助团设立6个月后，这些基本的后勤问题本应得到解决。联卢援助团部队派遣国有责任向其特遣队提供基本的武器和其他物资，但调查委员会也发现，它们没有这样做。安全理事会不断给联卢援助团施压，要求它省钱，裁减资源，也给一开始就很弱的援助团造成了问题。

（七）索马里的阴影

往往有人说，联卢援助团是在索马里阴影下设立的一项行动。特别是，1993年巴基斯坦和美国维持和平人员的死亡，对开展维持和平行动的态度造成了严重影响。譬如，为研究这些在索马里的惨重死亡事件而设立的联合国调查委员会，恰好在发生种族灭绝事件后为加强联卢援助团作准备之际，提出报告，其中指出“联合国不应在各国内冲突中继续开展执行和平行动”。（S/

1994/653）

对美国政府来说，摩加迪沙事件是它对联合国维持和平政策的分水岭，到1994年5月卢旺达种族灭绝事件开始时，克林顿总统颁布了PDD25号总统令，给美国向联合国维持和平提供支援规定了严格的条件。维持和平人员在索马里被杀，也对联合国秘书处产生了束缚效应，特别是在维持和平行动期间可以承受的风险和任务规定的解释方面。索马里的这一阴影，对联卢援助团的影响特别大。

（八）注重实现停火

在总统被杀害、暴力事件爆发之后，布布和达赖尔迅速将重点转移到实现停火上。联卢援助团向秘书处提出的报告强调了这一因素：与所谓的处理危机委员会和卢爱阵的谈判，以及担心卢爱阵会“脱离”全国发展委员会和非军事区。但是始于基加利、后来蔓延到农村地区的种族灭绝态势，不同于签署《阿鲁沙和平协定》的双方间死灰复燃的冲突态势。鉴于各种预兆，事态的性质本应更明确地、更早地加以确认和报告。这恰恰是尼日利亚4月28日在安全理事会指出的一点。当时尼日利亚大使说，对停火谈判过于重视，而对屠杀却重视太少。调查委员会感到不安的是，秘书处成员、包括秘书长与所谓临时政府官员接触的记录显示，对停火的重视仍甚于国际社会中不断高涨的对屠杀的义愤。

有人不断认为，总统死亡后的基加利局势是停火的崩溃，因此需要通过谈判加以恢复，而不是种族灭绝加上政府部队与卢爱阵之间的战斗，这是代价高昂的判断错误。这是秘书处、联卢援助团领导人和安全理事会成员犯下的一个错误。就此事而言，安理会几个成员批评说，秘书处向他们提供的分析资料质量太差。对当时一些非常任理事国来说，之所以能从种族灭绝角度看待在卢旺达发生的杀戮事件，关键是非政府组织向他们提供的资料。

（九）缺乏分析能力

联合国在对卢旺达局势作出应对方面的一个问题是政治分析能力，特别是在联卢援助团内部以及总部的政治分析能力，显然很弱。就联卢援助团而言，部队指挥官在与调查人员面谈时指出一个关键问题，是1993年8月卢旺达考察团中的政治人员太少，该团对卢旺达和平进程的根本政治现实缺乏真正的了解。联卢援助团设立后，情报分析能力不足。在总部，对预警和风险分析重视不够，这方面的体制资源不足。如果当初采取更加主动的预防政策，以查明冲突或紧急局势的危险，包括通过与学术界、非政府组织进行制度化合作，并与联合国系统内处理卢旺达问题的其他部门进行更好地协调，本来可以大有作为。

在分析所了解的资料时，一个关键问题是，当时是否有可能预测在卢旺达境内发生的种族灭绝。对于这个问题，接受访问的卢旺达人和国际行动者给调查委员会的答案很不同。如上文所述，种族灭绝危险的最初迹象载于1993年非政府组织和联合国的人权报告。调查委员会认为，在规划联卢援助团时，这些报告未能得到充分的考虑。联卢援助团被视为《联合国宪章》第六章规定的传统维持和平行动，是应冲突双方的请求设立的，目的是协助他们执行和平协定。尽管在签订《阿鲁沙和平协定》的进程中出现了各种预兆，特别是总统所属政党内的极端分子对和平进程和分享权力缺乏承诺，但在制订应急计划以防和平协定遭到威胁或挑战方面做得很少，甚至根本无所作为。在设立联卢援助团时，没有次选方案或最坏情况下的应对方案。早在1994年初，就出现了可能发生种族灭绝的预兆，还有明确的迹象表明，大规模杀戮正在规划之中，并有可能发生。没有对这些预兆拟订坚决的对策，部分原因是，联卢援助团和秘书处以及一些关键的会员国未能作出正确的分析。

联卢援助团的一个主要任务，是监督《阿鲁沙和平协定》的执行情况。这一进程出现延误，在联卢援助团进驻卢旺达的头几周就已经显而易见。而此时安全情况正在不断恶化。来自外地的报道的确指出，杀戮、严重的族裔紧张关系、民兵活动以及武器的进口和分发愈演愈烈。虽然在给总部的电报中对这些威胁的描述，有时与通常对政治进程中所遇到困难所作的单独分析互不关联，但这些令人担忧的因素已向总部作了报告，且所用语气越来越令人震惊。

秘书长在1993年12月30日给安全理事会的报告（S/26927）中提及，在非军事区内存在“一个武器装备精良、据报手段残酷的团体”，“其目的是扰乱甚或破坏和平进程”。在美国于1994年1月5日安理会全体协商会议中要求提供更多有关该团体的情况后，便请特别代表和部队指挥官向总部提供进一步的有关详情。达赖尔在1月6日的答复中描述了11月17和18日以及30日的屠杀事件。达赖尔写道，他没有确凿证据证明屠杀是谁干的，但他接着说：“从屠杀的执行、协调和掩盖方式以及政治动机看，我们坚定认为，犯下这些罪恶行为的人组织周密，消息灵通，动机明确，作好了进行蓄意谋杀的精心准备。我们没有理由认为，此种事件不会在该国境内武器泛滥、族裔紧张关系肆虐的任何地区重演”。

除了这些例子外，还有其他例子，如对达赖尔电报的处理方式以及对于在种族灭绝开始后事态发展的分析，都说明联合国体制内的分析能力薄弱。缺乏此种分析能力的责任，主要在于秘书长领导下的秘书处。

（十）缺乏政治意愿

国际社会此次在卢旺达境内重大失败的另一原因是缺乏向联

卢援助团提供所需人员和物质资源的政治意愿。既便到了安全理事会决定采取行动制止屠杀和改变之前要裁减联卢援助团的决定之时，秘书处自联卢援助团成立以来就面临的会员国派遣部队问题始终存在。在紧急做出努力以设立第二期联卢援助团的整个5月和6月期间，情况便是如此。安全理事会决定增加联卢援助团人员5500名后的几周内，令人感到可悲的是仍明显缺乏派遣部队前往卢旺达的意愿。数星期中，秘书处极力争取派遭部队，但并无结果。虽然有几个非洲国家表示愿意派出部队，但它们的条件是要提供装备和经费。到绿松石行动离开卢旺达时，联卢援助团只有能接管法国领导行动控制区所需的最低数量的部队。数个月后才部署了全额的特遣队，而当时地面的情势已经大变。这里要特别感谢是是加纳和突尼斯等部队派遣国，尽管其他特遣队纷纷撤走，在整个可怕的灭绝种族的数星期间，它们仍然把部队留在当地。总的说来，虽然可以批评联卢援助团部队的种种错误和能力限制。但不应忘记联合国大多数成员国的责任，它们根本不肯派出部队或物资去卢旺达。

会员国派遣部队进行维持和平行动当然是联合国对冲突反应能力的关键所在。待命安排的倡议是一个值得欢迎的倡议，因为它企图在特派团设立时，解决缺乏可用部队的难题。但待命安排制度同样要依靠会员国在某一特定情势下派出部队和其他人员的意愿。

关于需要政治意愿问题，其中重要的是，必须同等地调动这种意愿，以回应全球的各种冲突。调查团在约谈期间，被一再指出的一个事实是，卢旺达对别的国家没有战略利益，国际社会在面对当地可能发生大灾祸的局势时，同在别处所采取的行动相比较，采取了双重标准。

（十一）未能保护政治领导人

卢旺达联卢特派团的一项任务是保护对执行《阿鲁沙和平协

定》具有关键作用的政治人物。在总统坐机失事后，温和派与反对派的政治人物迅速变成暴力的目标。有些人被救，其中包括候任总理特瓦吉拉蒙古先生。但其他的一些人被总统卫队和卢旺达军武装分子杀害。被杀害者中有总理夫人阿加特·乌维柳吉伊马纳、自由党领袖兰多阿尔德·恩达辛格瓦先生和前外部部长 Boni Face Ngulinzira 先生。宪法法院院长 Joseph Kavarnganda 先生被卢旺达军武装分子劫走，从此失踪。在这些案件中，联卢援助团未能成功地向这些人士提供需要的保护。

这些事件的模式说明，联卢援助团部队未能对这些政治人物提供向他们保证的、也是他们所期望的那种保护。令人遗憾的是，当时未能作出更多的努力抵抗总统卫队和其他极端分子对这些政治人物的攻击。如上文已提到，特派团的接战规则准许使用武力自卫和采取行动防止危害人类的罪行。另一方面必须承认，极端分子的部队对联卢援助团卫队哨所的人力有时间进行详细观察，然后以更多的兵力击败他们。

比利时维持和平人员惨遭杀害一事也说明联卢援助团处理危机局势能力的若干问题。当已有报告指出警卫总理的维持和平人员已处于困境时，联卢援助团没有采取充分决断行动，以确定到底发生了何事并防止杀害。部队指挥官说，经过基加利营地并见到地上的比利时维持和平人员时，他无法使政府部队的驾驶员停车。基加利的地段指挥官说，他一直到 22 时才知道比利时伞兵的死亡。虽然部队指挥官当时被阻不能接近比利时部队，但令人忧虑的是联卢援助团各部分之间的通讯，似乎不能确保准确交流比利时人员受到威胁的消息。同时在他们被害之前，没人能察知这些伞兵的下落。

这些失败有时似乎是由于联卢援助团总部没有做出指示，但也由于维持和平人员本身，在上述某些案件中，他们未能抵抗在他们保护下的人受到的威胁，这本是接战规则所允许的，显示出他们缺乏履行其任务的决心。

（十二）未能保护平民

联卢援助团在灭绝种族中保护平民的作用是这一期间最富争议和痛苦的一个问题。联卢援助团成员已作了很大努力，有时冒着自已生命的危险，在大屠杀中向遇险的平民提供保护。但是问题出在似乎指挥系统没能下达明确和统一命令。在灭绝种族的头几天，数千名平民集中在联合国部队的驻扎地，如 Kicukiro 的 Amahoro 体育场和技术学校。后来当联卢援助团从其保护区撤离时，平民便暴露在危险中。可悲的是，有证据显示在某些情况下，当联合国部队撤离时，平民对联卢援助团的信任反而使他们陷入更大的危险。据部队指挥官和副指挥官称，撤离的命令不是联卢援助团总部下达的，命令似乎是联卢援助团内的比利时指挥做出的。作出撤离学校的决定，置数千名难民于不顾，使其成为等在外面的帮派民兵部队的砧上鱼肉，无疑是造成卢旺达人民、特别是灭绝种族的幸存者巨大痛苦的原因，认为联合国故意地放弃一群平民的看法，已严重损害了大家对联合国的信任。

当联卢援助团特遣队离开技术学校时，这些在该处避难的平民将陷入大屠杀的危险是毫无疑问的。事实上，帮派民兵和政府部队已在学校外驻扎有数天了。部队离开时的状态，包括企图对难民装出不会离开的样子是非常不光彩的。如果像撤离技术学校这样紧要关头的决定是在没有部队指挥官的命令下作出的，便显示出联卢援助团内部指挥与控制方面的严重问题。

调查委员会指出，卢旺达问题国际刑事法庭最近宣判 Georges Rutaganda 先生犯有灭绝种族罪并判处终生监禁，便是根据他在进攻技术学校中发挥的作用作出的。

（十三）未能保护本国工作人员

当武装冲突时，联合国和有关人员及其他人道主义工作人员日益成为暴力的目标，确实是现代冲突中可悲的一面。卢旺达境内的灭绝种族也造成联合国人员的伤亡，14 名维持和平人员和若干当地的文职人员被野蛮地杀害。自 1994 年以来，加强保护联合国及其有关人员的努力是很令人鼓励的，但仍有待做出更多的努力，这决不是要扩大关于这项主题的联合国公约保护的范围。

调查委员会与发生灭绝种族时，在卢旺达境内的一些联合国本国工作人员进行了会晤。当联合国的国际文职人员撤离时，本国工作人员被留下不管。本国工作人员对联合国内对不同工作人员的安全采取双重标准的做法确实感到相当难受。甚至有人说联合国工作人员因为受雇于该组织，可能会更加危险。当时联合国的规定不让撤离本国工作人员。虽然当时作出的决定是符合联合国规定的，但无疑这种规定伤害到工作人员之间的信任。调查委员会认为其后改变工作人员条例，准许将本国工作人员调往国内其他地方是一项积极的步骤，但也感觉必须积极看待在重新部署并非较好选择时，则规定撤离的可能性。当然，每个工作人员，不论国际或本国工作人员都一定要确切地知道，在出现危机时可以预期得到何种保护，卢旺达本国工作人员以为联合国将会并能够保护他们的错误想法，显示负责安全工作的人员，尤其是特别代表和指派的警卫官员严重失职，没有向工作人员提供正确的信息。

（十四）信息流动

外地同秘书处间的信息流动在若干不同层面上进行。从特别代表或部队指挥官可给秘书长、有关各部主管，主要是维和部的主管安南和政治事务部主管乔纳或古尔丁或巴里尔签发密码电报。总部的电报一般由维和部主管签发，有时或由军事顾问、秘书长办公厅主任或他出席安全理事会的特别代表签发。安南的电报实际通常由他的副手里扎签发，他在维和部内负责联卢援助团的日常工作。密码电报多半加上“仅限”有关收件人阅的标签，以限制传阅范围。除密码电报外，其他的通讯则以一般的传真传送。通常就书面文电进行的电话交谈内容很少记入档案。

在卢旺达危机发生时，秘书长决定委任一名出席安全理事会的特别代表。秘书长本人很少出席安全理事会的协商，加雷汗大使曾被任命为布特罗斯·布特罗斯－加利出席安理会的特别代表。加雷汗的任务包括在安理会以秘书长的名义就所有议题向安理会作出简报，简报多根据各有关实质部门编写的发言稿，这些部门通常不派人出席全体协商。除了各部门提供的材料外，加雷汗告诉调查委员会，他还经常同特别代表或特派团的部队指挥官直接以电话联系，研究他将向安理会简报的事项。虽然这一程序使加雷汗有机会直接同驻地交流意见，但从体制观点而言，这一程序将负责安理会所讨论问题的实质性日常工作的人排除在外。有关实质部门安全理事会缺乏直接联系造成的脱节，对提供给安全理事会信息的质量产生不利的影响，必然使秘书处中的实务官员更难了解安理会的审议情况。安全理事会若干成员的代表在接受调查委员会访谈时，抱怨秘书处提供的资讯质量不佳。还必须指出，那些对卢旺达境内情势有深入了解的成员，本可做更多工作与秘书处分享资讯。

从外地向总部的信息流动有些问题，联卢援助团曾提出过一系列令人深为忧虑的报告，综合起来便形成了对卢旺达局势可能暴发种族暴力的严重警告。总的说来，联卢援助团、联合国总部和关键国家的政府是了解下面这些信息的：威胁要消灭图西人及其战略，不断发生种族和政治屠杀或有组织的屠杀、死亡名单、关于输入和向民众分配武器及仇恨宣传的许多报导。当时没有做更多事情跟踪这些消息和及早作出反应，不仅是联合国总部和联卢援助团，也是联卢援助团随时向其通报的各国政府特别是比利时、法国和美国政府的一场代价很大的失败。没有采取断然行动处理达赖尔的电报，只是未对早期警报作出反应的许多事例之一。同时，联合国与某些关键国家的政府就这些资讯保持密切联系，并不能改变此事实，即它本应当经常和同样详细地提请全安全理事会的注意。

（十五）组织问题

联卢援助团内部和总部内部均存在组织问题，影响到联合国对卢旺达境内事件的反应能力。

在联卢援助团内，显然布布和达赖尔的关系有问题。纽约的各部主管都知道有问题但并没有干预。问题的部分原因在于，部队指挥官先行抵达任务地区并且是他最初设立了联卢援助团。很久之后，灭绝种族行动开始时，他们各自扮演的角色似乎一直不明确。联卢援助团好像由于特别代表缺乏政治领导能力而作用不彰，但部队指挥官在初期混乱的日子里由于任务繁杂而造成的军事领导不力也是问题。援助团的档案还显示出在关键环节上存在内部合作问题，其中一例便是布布及其指挥部与首席行政干事霍葵斯特之间的合作，后者任职数月后便辞职而去。

秘书长与安全理事会的关系是《联合国宪章》的独到之处。秘书长有机会、也有责任提请安理会注意需要采取行动的问题。秘书长可以对安理会的决策发挥决定性影响，并有能力就议程上的关键问题在成员国之间调动政治意愿。布特罗斯－加利在种族灭绝发生的大部分关键时期不在纽约。秘书长不能亲自参加安全理事会的每次会议，调查委员会对此表示理解。档案显示几乎每天都有电报向秘书长通报基加利以及总部发生的有关卢旺达的事件，而且有时秘书长还有批示答复总部。调查委员会的结论认为，秘书长一直了解卢旺达出现的主要进展。然而，秘书长在像卢旺达灭绝种族这样真正危机局势中只能在有限情况下通过代表在安理会发挥作用。如果秘书长与整个安全理事会及其成员没有直接、个人接触的机会，他对安理会决策施加的影响则不会像他亲临现场那样有效或有力。

（十六）各国撤退：国际部队的不同作用

迅速部署国家特遣队从基加利撤出侨民的行动营救了侨民人员，然而，营救之前与联合国缺乏当地协调的问题令人关注。联卢援助团的领导人、或是秘书处的领导人本应更多地了解计划中的撤退行动。

飞机被击落数小时内法国即开始行动，这种迅速的反应也显示联合国主要会员国与联卢援助团之间对局势分析缺乏联络。法国、比利时、美国和意大利显然认为局势非常不稳定，必须立即撤离其国民。坠机后的最初几小时内，联卢援助团还没有弄清楚事件的性质，仍设法在自身各单位之间建立基本联系。

调查委员会尤为感到关注的一点是比利时部队在那些关键时刻起到的不同作用。比利时特遣队依然是联卢援助团中装备最精良、实力最强的部队。比利时国家部队的到来混淆了基加利特遣队的概念。达赖尔还告诉调查委员会，联卢援助团内的比利时部队也开始接受撤退部队的指挥并与其共用材料。这就削弱了联卢援助团在种族灭绝发生初期的行动能力。

（十七）绿松石行动

法国领头的名为“绿松石行动”是经安全理事会授权、但并不归联合国指挥的行动。调查委员会只分析绿松石行动中与其任务具体相关的方面：联合国直到 1994 年 7 月的作用。

对于该行动是否有效地营救了人道主义地区内面临危险的人员，存在不同看法。很多与调查委员会谈话的人称赞绿松石行动在几乎没有采取其他措施的情况下拯救了一些人的生命，虽然也有人关切一些棘手的原则问题，即该行动与联合国的关系。授权采取行动的决定并非获得一致通过，投弃权票的 5 个成员国对该行动表示深为关注。

如同迅速部署各国撤出部队的情况，在维和行动花了一个多月时间寻找部队来扩充第二期联卢援助团之后，数以千计的士兵突然参加绿松石行动，暴露出承诺向卢旺达派出人员存在着不同层次的政治意愿。法国和其他国家投入绿松石行动的资源不能供给第二期联卢援助团使用，调查委员会对此感到遗憾。

秘书长亲自干预以支持授权采取绿松石行动。调查委员会注意到部队指挥官发回了大量分析材料说明该行动可能给联卢援助团带来的问题。困难之一是联卢援助团整个行动期间属于第六章行动的任务，绿松石行动获得第七章授权，两者之间可以看到会出现不平衡。同一冲突地区存在着两个得到安全理事会授权的行动，但却具有悬殊的实力，这是有问题的。

部队派遣国的重叠也给联卢援助团造成麻烦。的确，6 月 21 日，达赖尔决定从说法语的非洲国家刚果、塞内加尔和多哥撤离 42 名维和人员，由来自肯尼亚内罗毕的联合国人员取代，因为卢爱阵对其参加绿松石行动有反感。

采取绿松石行动期间，部队和卢爱阵几次发生直接对峙，或是出现对峙的危险。如上所述，联卢援助团被要求在两者之间传话，这一角色应该说至少是令人尴尬的。

（十八）卢旺达作为安全理事会的成员国

由哈比亚里马纳政府代表的卢旺达从 1994 年 1 月起成为安全理事会成员国，这一事实对安全理事会处理卢旺达问题造成麻烦。实际上，《阿鲁沙和平协定》的一个缔约方全面参加了安理会的讨论并有机会试图代表自身左右安理会决策。安理会议程上的冲突一方也是维和行动的东道国，之后又被它是其中成员之一的组织实施武器禁运，这一情况表明卢旺达在安理会的成员国席位造成的损害影响。

这种损害从卢旺达代表那段时期在安全理事会的所作所为可以看出。秘书处官员和当时的安理会成员国代表都曾告诉调查委员会，卢旺达的席位使秘书处感到可能向安理会提供的情报的质量以及安理会讨论的性质都受到影响。

（十九）最后意见

1999 年 11 月 15 日，提交本报告的前几周，秘书长发表了斯雷布雷尼察陷落的报告（参见 A/54/549）。显然，报告中针对联合国行动提出的一些批评以及从中吸取的教训，也适用于目前对联合国在卢旺达的作用进行的分析。

其中一点是，“必须以一切必要手段，以将此政策非推行到底不可的政治意愿，来对付蓄意和有步骤的恐吓、驱赶或屠杀全民族的企图”（502 段）。面临在卢旺达出现灭绝种族的危险，随后又有步骤地执行灭绝行动，联合国有义务采取超越传统维和原则的行动。实际上，面对种族灭绝没有中立而言，面对发动灭绝人口的一部分的战争时没有不偏不倚可言。联合国在卢旺达的维持和平人员起初可能属于监督现有和平协定执行的传统维和性质，种族灭绝的发生就应该使联合国决策者——从秘书长和安全理事会到秘书处官员和联卢援助团领导人——认识到，最初的任务、乃至联合国的中立调解作用已经不足以应付，而需要作出一种不同的、更主动有力的反应，并应具备采取这种行动的必要手段。

调查委员会同意秘书长所说：“在国际社会庄严承诺捍卫和保护无辜平民免遭杀戮时，它必须愿意以必要手段来支持它的承诺。”（504 段）卢旺达种族灭绝事件的发生使得有必要补充说，联合国必须意识到它在冲突地区的存在也给当地的民众带来得到保护的希望，这点在分析采取行动的必要手段时必须考虑在内。不管保护平民的义务是否明确载于维和行动的任务中，卢旺达种族灭绝事件说明联合国必须做好准备应付由于它的存在而带来的提供保护的想法和期望。

秘书长在报告中鼓励会员国自我反省以澄清和改进联合国对不同形式冲突作出反应的能力。在着重强调的诸多问题中，他提及任务与手段之间存在着巨大差距，以及即使在面对企图灭绝种族的时刻，还存在着一种体制上决定的不偏不倚意识。从上述可以看出，这两个问题都是联合国在卢旺达的主要失败的一部分。调查委员会认为，斯雷布雷尼察的报告中建议的分析和讨论过程应该立即展开，以纠正本世纪末维和行动的错误并迎接下一世纪的挑战。调查委员会希望本报告将推动这一进程。

从卢旺达危机中对联合国执行维和行动的能力和意愿可以吸取一些体制性教训，但是在具体涉及联合国和卢旺达的关系上也需要痛定思痛。

联合国在 1994 年灭绝种族事件中使卢旺达人民失望。对这一失败联合国作为一个组织以及其会员国本应该更明确、更坦率、更早一些表示歉意。本报告力求指出失败的范围和原因，针对联合国的反应问题而得出结论并以此为根据，调查委员会也对未来提出建议。调查委员会希望能因此为卢旺达政府和人民与联合国之间建立更好的关系奠定基础，这需要双方表现出真诚的愈合意愿，调查委员会在工作期间与卢旺达官员和联合国官员举行的会议已表明存在这种意愿。

有必要加强伙伴关系以应付将来的挑战。种族灭绝的后果犹存，处处可见。那些丧失了亲人的人的痛苦，为实现卢旺达人之间的和解作出的努力，将应负责任者绳之以法面临的挑战，流离失所问题的持续存在，以及想方设法在卢旺达境内的屠杀幸存者与从境外返回的难民的需要和利益之间取得平衡。帮派民兵作为武装力量在大湖区继续驻扎，该地区的持续不稳定，也是目前的现实。联合国未来的挑战在于如何帮助卢旺达重建并实现和解。

四、大事记（1993 年 10 月—1994 年 7 月）

1993 年

10 月 5 日：安全理事会一致通过第 872（1993）号决议，其中设立联合国卢旺达援助团（联卢援助团），为期 6 个月。秘书长在 1993 年 9 月 24 日的建议（S/26488）中请求设立联卢援助团，建立一支由 2548 名军事人员组成的维持和平部队（包括 2 个步兵营），该决议是针对这项建议作出的。但是安全理事会仅授权部署一个步兵营。

第 872（1993）号决议还核准秘书长的建议，即把安全理事会 6 月 22 日第 846（1993）号决议设立的联合国乌干达—卢旺达观察团（乌卢观察团）并入联卢援助团。

联卢援助团被赋予以下任务：（a）除其他外，在基加利市内和四周双方建立的武器安全区内，协助该市的安全；（b）监测停火协定的遵守情况，该协定要求建立营地和集结地区，并划定新的非军事区和其他非军事化程序；（c）在过渡政府任务的最后期间，直至选举为止，监测安全情况；（d）主要以训练方案协助扫雷工作；（e）应双方的要求或采取主动，调查据称不执行《阿鲁沙和平协定》关于合并武装部队的规定的事件，向应负责任的当事方追究任何这类事件，并酌情向秘书长提出有关的报告；（f）监测卢旺达难民的遣返和流离失所者的重新安置过程，并核查此一过程确是安全而有秩序地进行；（g）同各项救济行动联合一致，帮助协调人道主义援助活动；（h）调查并报告涉及宪兵和警察活动的事件。

10 月 21 日：在布隆迪的军事政变中，1993 年 6 月 1 日当选的胡图族总统梅尔基奥尔·恩达达耶遇难。成千上万人被杀害，多达 60 万难民（包括 37.5 万人流入卢旺达）逃到邻国。

卢旺达的胡图极端主义分子声称，布隆迪的政变证明图西人不愿意同胡图人分享权力。

10 月 22 日：联卢援助团的部队指挥官，加拿大的罗密欧·达赖尔准将抵达首都基加利。

10 月 27 日：联卢援助团有 21 名军事人员的先遣队抵达基加利。

11 月 1 日：非洲统一组织（非统组织）中立军事观察小组（第二中立观察小组）并入联卢援助团。

11 月 7 日：由联卢援助团先遣队和第二中立观察小组的成员组成的军事观察小组着手工作。该小组监测布隆迪政变后卢旺达南部边界的局势。

11 月 23 日：秘书长的特别代表、喀麦隆的雅克－罗歇·布布博士抵达基加利。达赖尔向总部递交了一套联卢援助团接战规则草案，争取秘书处核可。

11 月：秘书长在 1993 年 12 月 30 日的报告（S/26927）中指出，11 月期间在鲁亨盖里附近分别发生的两起事件中，有约 60 名平民惨遭杀害。

12 月 7 日：大批布隆迪难民流入卢旺达和有人指责在卢旺达－布隆迪边界沿线的越境军事调动限制了军事观察小组的活动。秘书长指示在布隆迪参加恩达达耶总统葬礼的主管政治事务副秘书长詹姆斯·乔纳先生访问卢旺达南部边界地区和评价局势。

乔纳还访问了基加利并同卢旺达总统朱韦纳尔·哈比亚里马纳讨论了布隆迪危机。在会晤中，乔纳警告总统说他获悉有人在策划杀害反对派，联合国不会对此袖手旁观。

12 月 10 日：布布在离基加利 80 公里的基尼希拉召集卢旺达政府和卢爱阵的会议，双方在会上商定 1993 年 12 月 31 日成立基础广泛的过渡政府（根据 1993 年 8 月 4 日哈比亚里马纳和卢爱阵领导人亚历克西·卡尼亚伦主签署的《阿鲁沙和平协定》，建立过渡政府的原定目标日期是1993年9月10日）。

12月15日：联卢援助团结束在基加利的部署。

1990年10月1日以图西人为主的卢旺达爱国阵线（卢爱阵）从乌干达南部侵入卢旺达，法国部队为对付这种侵略，从1990年10月5日起一直驻扎在卢旺达，现撤离该国。

12月20日：安全理事会第891（1993）号决议把联合国乌干达-卢旺达观察团（乌卢观察团）的任务期限延长6个月，从1993年12月22日—1994年6月21日。

12月22日：各方核可了基加利武器安全区协定。

12月24日：在基加利市内和周围地区建立了基加利武器安全区。

12月27日：联卢援助团第一阶段的部署按计划进行，联卢援助团由来自19个国家总计1260名军事人员组成，其中有：奥地利（5）、孟加拉国（564）、比利时（424）、博茨瓦纳（9）、巴西（13）、加拿大（2）、刚果（25）、斐济（1）、加纳（37）、匈牙利（4）、马里（10）、荷兰（10）、波兰（5）、塞内加尔（39）、斯洛伐克（5）、多哥（15）、突尼斯（61）、乌拉圭（21）和津巴布韦（10）。这些数字包括在乌卢观察团服勤的81名军事观察员。

第一阶段结束时该行动的军事人员达1428人。

12月28日：联卢援助团陪同600名卢爱阵部队士兵前往基加利（称为“清扫走廊行动”）。根据《阿鲁沙和平协定》，卢爱阵一个营驻扎在基加利的全国发展委员会大楼内。预计卢爱阵将参加建立过渡政府的工作。

12月30日：秘书长在关于联卢援助团的报告（S/26927）中强调，卢旺达的局势仍然不稳定并敦促安全理事会授权早日部署第二个步兵营。

12月31日：卢旺达政府和卢爱阵未能建立过渡政府。卢旺达的安全局势继续恶化。

1993 年 12 月 ~1994 年 3 月：联卢援助团经常听到千山自由无线电/电视台的煽动性广播，千山无线电/电视台是在哈比亚里马纳总统儿子的岳父费利西安·卡布加先生和总统核心集团成员阿卡祖的帮助下成立的。千山无线电/电视台广播说，卢爱阵回来要恢复图西人的统治，把所有图西人都说成卢爱阵的支持者并鼓动胡图农民杀死图西人。

1994 年

1 月 1 日：卢旺达成为安全理事会非常任理事国。

1 月 6 日：安全理事会通过第 893（1994）号决议，核准在非军事区部署第二个步兵营并请联卢援助团继续援助卢旺达的和平进程。安全理事会强调，对联卢援助团的继续支持将有赖于交战双方充分和迅速执行《阿鲁沙和平协定》，并请秘书长监测联卢援助团的规模和费用，设法节省经费。

在基加利，布布和达赖尔与哈比亚里马纳会晤，敦促他在打破建立过渡政府的僵局中持灵活态度。在会晤中，达赖尔告诉总统说，他获悉总统的支持者在分发武器。

1 月 7 日：布布会见卢爱阵领导人并敦促他们为建立过渡政府积极努力。

1 月 11 日：联卢援助团和维持和平行动部（维和部）进行电报往来。

达赖尔向总部的秘书长军事顾问莫里斯·巴里尔少将发电报说，一名胡图消息提供人员是培训帮派民兵（最大和最凶残的胡图民兵组织），他们从总统所属政党、全国发展革命运动（的少壮派中招聘干部的）高级培训者，他告诉达赖尔，帮派民兵在给基加利的所有图西人注册登记并计划消灭他们。该消息提供人员还说，为了确保从卢旺达赶走比利时人，他们打算杀死一些比利时士兵。达赖尔在电报中说，他打算采取行动，袭击极端主义分子的武器库。

纽约时间1月10日晚上总部向联卢援助团作出第一个答复。这是当时主管维持和平行动的副秘书长科菲·安南先生（主管维持和平行动部的助理秘书长伊克巴尔·里扎先生签发）给布布的密码电报。安南在电报中请布布提出经认真考虑的评价和建议，但又说“在收到总部的明确指示前，联卢援助团不得采取任何侦察或其他行动，包括对保护请求的反应”。

在1月11日给安南的电报中，布布叙述了达赖尔和布布的政治顾问阿卜杜拉·卡比阿博士同已任命但未上任的总理福斯坦·特瓦吉拉蒙古先生会晤的情况，特瓦吉拉蒙古先生表示完全信任这位消息提供人员。

在同一天晚些时候，安南向布布和达赖尔发出（里扎签发的）复电，指示他们立即把帮派民兵的活动通知哈比亚里马纳并做他的工作。安南还指示他们在同总统会晤前先同在基加利的比利时、法国和美国的大使会晤，请他们考虑做类似的工作。

1月12日：布布和达赖尔接到总部的指示后，同三国的代表会晤，他们都表示严重关切并提出他们要向本国首都请示。

然后布布和达赖尔按指示同总统会晤并转达有关情况。布布在1月13日给安南的电报中说，总统似乎对这种做法的弦外之音感到惊讶，他否认了解民兵的活动并答应进行调查。

布布和达赖尔还会晤了总统和革命运动国务秘书，他们两人都否认其政党的民兵参与了所指控的活动。布布和达赖尔敦促他们进行调查并尽早向联卢援助团通报情况。

1月14日：秘书长在日内瓦打电话给布布，请他同哈比亚里马纳会晤，并转告秘书长对卢旺达局势恶化和成立过渡政府一拖再拖等事项的关注。布布告诉秘书长，他在同美国、法国、比利时和坦桑尼亚四国大使合作，努力寻求解决办法。

哈比亚里马纳打电话给秘书长。总统说他会见了四位大使和布布，并说需要大使和布布的支持才能让双方接受解决办法。秘书长在电话中请总统尽最大努力解决这个问题。

1 月 27 日：秘书长写信给哈比亚里马纳，对卢旺达迟迟未成立过渡政府和国民议会一事表示关注。

2 月 2 日：在给安南和乔纳的电报中，布布指出安全局势已急剧恶化并明确表示总统从未把 1 月 12 日他了解情况后的任何后续活动告诉联卢援助团。布布还请总部考虑采取迅速收回武器的行动，他警告说：如果武器继续被散发，联卢援助团就不可能执行其任务。

2 月 7 日、10 日和 13 日：布布在联卢援助团总部召开各方参加的一系列会议，会上确定 2 月 14 日为成立过渡政府的新的最后期限。

2 月 10 日：安全理事会问题的秘书长特别代表和高级政治顾问钦马亚·加雷汗先生告诉安理会说，未能成立过渡政府造成卢旺达安全和经济的局势恶化。

2 月 14 日：比利时外交大臣维利·克拉斯先生写信给秘书长，对卢旺达局势恶化可能削弱联卢援助团执行任务的能力一事表示关注。他在信中主张强化联卢援助团的任务。

2 月 15 日：在同法国、美国、比利时和德国的代表会晤时，布布和达赖尔重申他们对安全局势恶化的关注。

2 月 17 日：安全理事会主席在主席声明（S/PRST/1994/8）中对卢旺达安全局势的恶化表示严重关切，提醒各方有义务尊重基加利武器安全区并呼吁他们迅速成立过渡政府。

2 月 18 日：把 2 月 14 日成立过渡政府的目标日期改定为 2 月 22 日这个新的最后期限。

2 月 19 日：把 2 月 7 日的安全理事会主席声明交给哈比亚里马纳。

2 月 21 ~22 日：公共工程部长和社会民主党（社民党）秘书

费利西安·加塔巴齐先生和保卫共和国联盟主席（卫国联盟）马丁·布西亚纳先生遇害后，卢旺达全国的紧张局势加剧。社民党是第二大主要反对党。卫国联盟是极端主义者政党，它起先支持哈比亚里马纳，但后来发现他过于温和而转向反对他。

2月23日：达赖尔在给总部的电报中说，关于武器分发、敢死队目标名单、策划平民动乱和示威的消息很多。

联合国难民事务高级专员（难民专员）特别代表米歇尔·穆萨利先生呼吁采取行动恢复卢旺达的稳定，并警告说有可能发生“前所未有的大屠杀”。

2月24日：秘书长打电话给哈比亚里马纳，强调必须采取紧急行动来打破政治僵局和成立过渡政府。

2月28日：随着基加利安全局势日益恶化，联卢援助团从驻扎在非军事区北部的加纳营抽调200人增援基加利。

3月1日：秘书长会见哈比亚里马纳的特使、运输和通信部长安德烈·恩塔盖鲁拉先生。秘书长在会见中警告说，除非在卢旺达取得进展，否则联合国将撤出联卢援助团。

3月22日：联卢援助团部队人数达2539人，他们来自24个参加国，其中有440名比利时人、543名加纳人和942名孟加拉国人。

3月30日：秘书长在给安全理事会的报告（S/1999/360）中对卢旺达，特别是对基加利的安全状况恶化表示严重关切。他请求把联卢援助团的任务期限延长6个月。

4月5日：安全理事会一致通过第909（1994）号决议，把联卢援助团的任务期限延长到7月29日，并规定在6个星期内进行审查，但一项谅解是在成立过渡政府方面取得进展。安全理事会回顾说，对联卢援助团的继续支持将取决于各方充分和迅速地执行《阿鲁沙和平协定》。安理会重申它请秘书长继续监测联卢援助团的规模和费用，以设法节省经费。

4 月 6 日：20 时 30 分左右，结束区域首脑会议从坦桑尼亚达累斯萨拉姆回国的哈比亚里马纳和布隆迪总统西普里安·恩塔里亚米拉在基加利机场外因飞机失事遇难身亡。

在飞机失事后 1 小时内，帮派民兵和胡图民兵（从“革命运动”的少壮派中招聘的胡图民兵）和总统卫队分队在基加利的许多街道上筑起路障并开始杀人。屠杀的第一批目标是政治领导人。

联卢援助团被派去调查失事情况，但在途中受到总统卫队的阻拦。22 时 10 分达赖尔打电话给里扎，向他通报情况。

4 月 7 日：凌晨，总理阿加特·乌维柳吉伊马纳夫人住宅的卫兵人数增加，一队士兵从机场调到总理的住宅。

千山无线电/电视广播说，卢爱阵和联合国部队的特遣队对总统飞机的失事负责。

上午总理到基加利的联合国自愿人员营地避难，但总统卫队冲进营地并开枪打死总理。被派去保护她的联卢援助团 10 名比利时维持和平人员受到毒打和杀害。

加雷汗向安全理事会口头报告了严重局势和对平民百姓的影响。

安全理事会主席声明（S/PRST/1994/16）中谴责卢旺达的所有暴力行为并呼吁卢旺达保安部队、军事部队和准军事单位停止暴力并在联卢援助团执行任务中同它充分合作。

4 月 8 日：所谓的临时政府成立。卢爱阵不承认它的权力，宣称它是改头换面的旧政府。在非军事区的卢爱阵部队进入基加利。联卢援助团努力实现停火和保护平民和联合国人员。

秘书长从日内瓦写信给安全理事会主席，告诉他联卢援助团为达成基加利停火协定和促进临时政治权力机构的建立来填补目前的真空作出了巨大努力。他还关心平民、居住在基加利的外国国民、联卢援助团人员和其他联合国工作人员的安全和保障。

4月8～9日：600名法国士兵抵达基加利，以撤出移居国外者和其他国民。

4月9日：安南在给布布和达赖尔的电报中指示他们同法国和比利时的指挥官合作，便利外国国民的撤离工作。

里扎向安全理事会通报卢旺达普遍的战斗和混乱情况。

4月10日：比利时伞兵抵达基加利，执行抢救比利时公民和其他外国人的“银色回返行动”。

4月11日：在外国人撤离后，驻扎在基库基罗技术学校的联卢援助团比利时部队撤离。当时有2000多名平民在技术学校避难。

里扎再次告诉安全理事会说，局势继续恶化并且战斗更加激烈。里扎还告诉安理会说，卢爱阵要求所有外国部队立即撤离卢旺达。

4月12日：随着政府部队和卢爱阵之间的战斗愈演愈烈，所谓的临时政府从基加利搬迁到离基加利西南方40公里的吉塔拉马。

秘书长在波恩同比利时外交大臣克拉斯会晤。克拉斯在会晤中建议联卢援助团撤离卢旺达，他告诉秘书长，比利时决定把它的部队撤离卢旺达。

4月13日：秘书长写信给安全理事会主席，向他转告比利时的立场。秘书长在信中认定，比利时的撤离会使联卢援助团非常难以开展有效的行动，而这种状况可能迫使联卢援助团撤离。

尼日利亚代表不结盟运动核心组提出一份决议草案，要求增加联卢援助团的人数和任务。尼日利亚强调说，安全理事会关心的问题不应局限于联合国人员和外国人的安全，而应包括卢旺达无辜的平民。

卢爱阵驻联合国的代表克劳德·杜塞迪先生在给安全理事会主席的信中说，在联合国国际部队驻留的情况下，发生了对卢旺达人民的“种族清洗的犯罪行为”，他要求安理会立即成立联合国战争罪行法庭和逮捕对屠杀负责的人。

维和部根据比利时特遣队撤出联卢援助团的情况提出两种选择办法，并把它们送给联卢援助团提意见和给正在访问马德里的秘书长核准。第一种办法是，在比利时营撤离后保持减少了人数的联卢援助团，而第二种办法是在比利时营撤离的同时，立即把联卢援助团人数减少为可发挥作用的政治核心，只留一些部队警卫（各级官兵和文职人员共200～250人）。

达赖尔答复说，他支持第一种办法。达赖尔在另一封电报中明确表示比利时人撤离产生的灾难性后果。

加雷汗告诉安南说，秘书长倾向于第一种办法。

4月14日：主管政治事务的助理秘书长阿尔瓦罗·德索托先生告诉安全理事会说，4月13日秘书长给安全理事会主席的信并不是打算撤出联卢援助团，里扎向安理会口头报告了秘书长的选择办法。他说，秘书长自己倾向的选择办法是综合维和部4月13日提出的两种选择办法。

比利时特遣队开始撤出联卢援助团。

在抢救了1361人，包括450名左右的法国国民、178名卢旺达官员及其家属如哈比亚里马纳的遗孀和亲近幕僚之后，最后一批法国部队撤离卢旺达。

4月15日：克拉斯在给安全理事会的信中重申他关于中止联卢援助团的建议。

4月19日：随着比利时人撤出它的最后一名联合国部队士兵，联卢援助团的部队兵力从2165人减少到1515人，军事观察员人数从321人减少到190人。

4月20日：秘书长在给安全理事会的报告（S/1994/470）中提出3种选择办法：

一是为制止战斗和屠杀，立即大量增援联卢援助团人员，这需要增加几千名部队士兵并根据《联合国宪章》第七条赋予强制执行的权力。

二是减少联卢援助团人数（减少到各级人员 270 人），它仅作为各派间的中间人和寻求停火。

三是完全撤出联卢援助团。

秘书长发言人宣布，秘书长倾向第一种办法，而不赞成第三种办法。

4 月 21 日：安全理事会一致通过第 912（1994）号决议，其中调整联卢援助团的任务并决定把联卢援助团的部队人数从 2539 人减少到 270 人。

4 月 23 日：主管人道主义事务的副秘书长彼得·汉森先生带领一个小组前往基加利，评价整体需要情况和确定优先事项。该小组部分成员留在基加利建立人道主义援助先遣办事处。

4 月 28 日：尼日利亚大使易卜拉欣·甘巴里在安全理事会发言说，1994 年 4 月份安全理事会对卢旺达问题的讨论与屠杀平民没有什么关系，而是集中在停火问题上。

4 月 29 日：秘书长在给安全理事会主席的信（S/1994/518）中敦促安理会重新审查它 4 月 21 日的决议，强调经修订的任务并没有赋予联卢援助团采取有效行动制止不断屠杀行为的权力。

4 月 30 日：安全理事会发表主席声明（S/PRST/1994/21），其中谴责在卢旺达杀害平民的行为，但声明中没有使用“种族灭绝”的字样。

秘书长写信给若干非洲国家元首，请他们提供部队。他还请非统组织秘书长支持他的要求。

5 月 2 日：卢旺达常驻联合国代表让·达马塞纳·比齐马纳大使写信给安全理事会主席（S/1994/531），敦促安理会加强联卢援助团的力量，以确保停火得到尊重和稳定卢旺达的局势。

5 月 3 日：克林顿签署总统决策令（第 25 号决策令），其中规定美国支持将来任何联合国维持和平行动的严格条件。

5月4日：根据联合国蓝皮书，秘书长在接受美国电视新闻节目“夜间新闻”的采访时说：“基加利发生了真正的种族灭绝”。

5月6日：安全理事会主席写信给秘书长（S/1994/546），要求他提供在卢旺达运送人道主义援助和支助流离失所者的应急计划。

5月9日：秘书长答复1994年5月6日安全理事会主席的信时，把一份关于联卢援助团未来设想的非正式文件交给安理会。这份非正式文件提出把联卢援助团的部队至少扩大到5500人。

5月11日：安全理事会就秘书长的非正式文件举行非正式协商会，会上加雷汗向安理会成员通报了卢旺达的最新局势发展。他指出，布布和达赖尔已奉命同卢旺达政府和卢爱阵讨论这份非正式文件，并争取他们赞同这份文件。

5月11～12日：联合国难民事务高级专员何塞·阿亚拉·拉索访问卢旺达，调查卢旺达冲突期间发生的严重违犯国际人道主义法的事件并同所谓的临时政府和卢爱阵的代表会谈。

5月13日：秘书长向安全理事会提出一份正式报告（S/1994/565），其中有他在1994年5月11日非正式文件中提出的同样建议。

5月16日：秘书长同加雷汗和秘书处主要官员举行会议，其中包括安南和主管政治事务部的副秘书长马拉克·古尔丁先生，讨论卢旺达的局势发展。

秘书长发表新闻讲话，重申他对布布的支持，因为有人指责布布偏袒卢爱阵。

5月17日：安全理事会通过第918（1994）号决议，把联卢援助团扩大到最多5500名军事人员，建立第二期联卢援助团并赋予它出于人道主义原因从事《联合国宪章》第六章的维持和平行动（在卢旺达保护处于危险中的流离失所者、难民和平民并支持救济工作）。

第918（1994）号决议还大力敦促各方停止任何煽动暴力或种族仇恨的行为，特别是通过新闻媒介进行这些行为。此外，该决议对卢旺达实行武器禁运。

5月中旬：难民专员办事处在基加利开设一个办事处，监测难民的回返工作并向他们提供直接援助。

5月18日：秘书长写信给几个非洲国家首脑和政府元首，请他们向第二期联卢援助团提供部队。

5月19日：阿亚拉·拉索给人权委员会的报告公开发表。阿亚拉·拉索在报告中建议任命由人权监测员协助的卢旺达人权问题特别报告员。

5月20日：安南向布布转交秘书长的一项要求，即特别代表在未来数周中驻留在内罗毕，争取该区域各国政府的支持。

5月21日：卢爱阵攻占基加利机场并拒绝按照第918（1994）号决议的要求把机场控制权交给第二期联卢援助团。

5月22日27日：秘书长派里扎和巴里尔前往卢旺达。他们的特殊任务是争取交战双方实现停火、弄清楚他们对执行第918号决议的看法和意图并同联卢援助团一起审查1994年5月13日秘书长报告中简述的行动概念方式。

里扎和巴里尔在卢旺达执行特殊任务的同时，布布以内罗毕为基地不断访问该区域其他国家，说服它们提供部队以执行第918号决议扩大的联卢援助团的任务。

5月25日：秘书长在总部的新闻发布会上把卢旺达的屠杀事件称作种族灭绝行为（SG/SM/5297/Rev. 1）。

人权委员会任命勒内·德尼－塞吉先生为卢旺达人权问题特别报告员并呼吁交战各方立即停止一切侵犯人权的活动。

5月31日：秘书长向安理会报告了里扎和巴里尔执行特殊

任务的情况，建议安理会核准扩大后的联卢援助团开头任务期限为期 6 个月（S/1994/640）。该报告中正式使用了“种族灭绝”一词。

6 月 3 日：卢爱阵写信给秘书长，对 5 月 31 日秘书长报告中提到种族灭绝作出积极反应并请求安全理事会宣布这种暴行是一种种族灭绝行为。卢爱阵的信中还呼吁安全理事会通过一项决议，赞同干扰或摧毁千山自由无线电台并采取措施中止卢旺达在安全理事会的席位。

6 月 8 日：安全理事会通过第 925（1994）号决议，把联卢援助团的任务期限从 1994 年 7 月 29 日延长到 1994 年 12 月 9 日，并同意立即增加部署 2 个营。

第 925 号决议还请秘书长确保联卢援助团同秘书处人道主义事务部、联合国卢旺达紧急情况办事处和人权委员会特别报告员密切合作。

6 月 9 日 ~20 日：人权委员会特别报告员德尼 - 塞吉第一次实地前往卢旺达及其邻国，调查侵犯人权的情况，特别是危害人类和种族灭绝的罪行。

6 月 16 日：秘书长报告乌卢观察团 1993 年 12 月 22 日 ~1994 年 6 月 21 日的活动，建议把它的任务期限延长 3 个月，到 1994 年 9 月 21 日为止（S/1994/715）。

6 月 18 日：联卢援助团在达赖尔指挥下共有各级官兵 503 人（354 名士兵、25 名军事参谋人员和 124 名军事观察员）。

6 月 19 日：秘书长在给安全理事会主席的信（S/1994/725）中强调，需要制止种族灭绝行为，确保停火和恢复执行《阿鲁沙和平协定》。他还建议安理会考虑法国政府的主动提议，即在联卢援助团获得足够兵力之前，开展法国领导的多国行动，以确保处于危险之中的流离失所者和平民获得安全和保护。

6 月 20 日：达赖尔给安南发了一份题为“对卢旺达危机中拟

议由法国领导主动行动的评价”的电报。达赖尔在这份电报中就拟议的绿松石行动提出了几个可能令人关注的问题。

安全理事会通过第928（1994）号决议，把乌卢观察团的任务期限延长到1994年9月21日，并规定在这个日期前逐步减少其任务。

6月21日：法国常驻联合国代表让－贝尔纳·默里梅先生写信给秘书长（S/l994/734），请求根据《联合国宪章》第七章，通过一项决议，把它作为部署多国部队的法律框架，在扩大的联卢援助团部署之前保持在卢旺达的存在。

由于42名来自刚果、塞内加尔和多哥的维持和平人员参加绿松石行动引起卢爱阵的消极反应，达赖尔决定让他们撤离并用来自内罗毕的联合国人员替代他们。

6月22日：秘书长参加非正式协商并主张紧急作出决定，授权采取法国领导的多国行动。

当天稍晚，安全理事会通过第929（1994）号决议，在联卢援助团全额部署之前，授权会员国在卢旺达采取出于人道主义目的的多国行动。投票结果是10票赞成，5票弃权（巴西、中国、新西兰、尼日利亚和巴基斯坦）。

在当天，法国和塞内加尔的部队开始绿松石行动。

6月30日：人权委员会特别报告员的报告建议，建立一个国际法庭来审判对卢旺达大屠杀负责的人，或者延长关于审理在前南斯拉夫所犯罪行的国际法庭的任务期限。

6月下旬：卢爱阵为控制基加利并夺取基加利与扎伊尔相邻的边界之间的政府控制区加紧进攻，卢旺达政府部队受到削弱。

7月1日：安全理事会第935（1994）号决议请秘书长建立一个公正的专家委员会，审查和分析在卢旺达违反国际人道主义法的事件和可能的种族灭绝行为。

法国常驻联合国代表写信给秘书长，告诉他法国政府打算在卢旺达西南部的尚古古、基布耶和吉孔戈罗三角地带建立安全的人道主义区。

7 月 2 日：秘书长把法国常驻联合国代表的信转交给安全理事会主席（S/1994/798）。

7 月 3 日：参加绿松石行动的卢爱阵成员和法国部队发生对峙。

7 月 4 日：新任命的特别代表巴基斯坦的穆罕默德·沙赫里亚尔·汗先生抵达基加利，接替布布。

卢爱阵部队攻占基加利。

7 月 6 日：安全理事会在非正式协商中讨论了 7 月 1 日法国来信中关于建立人道主义区的意图，其中几国代表团对这项建议的性质提出疑问。安全理事会没有对法国这封信作出正式答复。

7 月 9 日：绿松石行动部队开始部署到卢旺达西南部的人道主义保护区。

到 7 月初，绿松石行动部队由 2330 名法国士兵和 32 名塞内加尔人组成。

7 月 14 日：卢爱阵控制了在卢旺达北部重镇鲁亨盖里的所谓临时政府的据点，造成大批卢旺达胡图人逃亡。

安全理事会发表主席声明（S/PRST/1994/34），对大批难民逃亡感到震惊，并要求立即停火和在《阿鲁沙和平协定》的框架内重新开展政治进程。

7 月 17 日：政府部队的最后一个堡垒吉塞尼落到卢爱阵手中。联合国卢旺达紧急情况办事处驻扎伊尔戈马联络处报告说，有 100 多万卢旺达人越境进入扎伊尔。人们担心可能还会有人从绿松石行动控制下的人道主义保护区逃出。

7 月 18 日：除了绿松石行动控制的人道主义保护区之外，卢爱阵控制了整个卢旺达。卢爱阵单方面宣布停火。

7 月 19 日：民族团结政府在基加利宣誓就职，过渡时期定为

5 年，巴斯德·比齐蒙古先生担任总统、保罗·卡加梅少将担任副总统和福斯坦·特瓦吉拉蒙古先生担任总理。

7 月 22 日：秘书长发出联合国援助卢旺达危机受害者机构间联合呼吁。

7 月 26 日：秘书长关于建立卢旺达问题专家委员会的报告（S/1994/879）根据第 935（1994）号决议的规定提交给安全理事会。

7 月 29～31 日：德尼－塞吉第二次访问卢旺达，调查自上次在 6 月份访问以来的局势。他敦促部署相关专家，以协助卢旺达的重建和难民返回家园。

7 月 31 日：法国开始撤出绿松石行动部队。

案例二：中国对联合国东帝汶维和行动的参与

1999 年末，围绕着东帝汶独立而引发的大规模骚乱成为举世瞩目的焦点，并一度成为影响东亚地区安全的重大问题。作为亚太地区负责任的大国，中国对这次联合国维持和平行动表示了极大的支持，在联合国安理会通过决议，决定向东帝汶派遣维和部队（INTERFET）的第二天，就表明了将派遣维和民事警察的态度。

东帝汶问题是指其作为独立实体的政治归属问题，问题本身就具有相当的复杂性。中国此次参加“联合国东帝汶维和行动”是在充分考虑了联合国决议、同印尼的双边关系、国家利益与国际责任等诸多因素的基础上做出的重要决定。其背后隐含了中国对联合国及其维和行动的看法，以及对东亚安全和国际社会冲突解决机制的认识问题。这可以说是一次重大的外交决定，表明了中国以联合国为主导解决国际冲突的外交姿态，在中国参与联合国维和行动历史中具有里程碑式的意义。

一、东帝汶问题的历史演变与中国

东帝汶位于东南亚努沙登加拉群岛最东端的岛国。包括帝汶岛东部和西部北海岸的欧库西地区以及附近的阿陶罗岛和东端的雅库岛。西部与印尼西帝汶相接，南隔帝汶海与澳大利亚相望。国土面积约1.48万平方公里，人口84万，居民主要是巴布亚人和马来人的后裔，多信奉罗马天主教，通用德顿语。16世纪和17世纪，帝汶岛先后遭到葡萄牙和荷兰的入侵。1859年，葡、荷两国签订条约，重新瓜分帝汶岛，东部归葡萄牙，西部并入荷属东印度（今印度尼西亚）。1942年，东帝汶落入日本侵略者手中。第二次世界大战后，葡萄牙恢复了对东帝汶的殖民统治。

1974年起，东帝汶的情况发生了巨大变化。先是葡萄牙左翼政党上台要求解放殖民地，东帝汶被允许举行公民投票，实行民族自决。1974年5月，东帝汶匆忙成立了三个政党：主张独立的社会民主党（AS－DT，后改名为“东帝汶独立革命阵线”，简称“革阵”）、主张同葡萄牙维持关系的“民主联盟”（UDT，简称“民盟”）和主张同印尼合并的“人民民主协会”（APODETI，简称“民协”）。三方因政见不同引发内战。经过斗争，革阵的势力逐渐增强。1975年8月，东帝汶摆脱了葡萄牙殖民统治，举行公民投票，实行民族自决。同年11月，东帝汶独立革命战线宣布独立宣言，成立东帝汶民主共和国。

1975年12月，印尼政府出兵占领了东帝汶，时任澳大利亚总理Gough Whilam公开鼓励印尼干涉东帝汶，在客观上纵容了印尼对东帝汶的武装干涉。1976年，印尼总统苏哈托签署了特别法案，宣布东帝汶为印尼“第27个省”。此后，独立的东帝汶人同印尼军人的流血冲突时有发生，在23年里有近20万人丧生。为解决东帝汶问题，联合国安理会于1975～1978年四次通过决议，要求印尼撤军。但印尼宣称此决议对它没有任何约束力。此后，在联合国的主持下，印尼与葡萄牙举行过多次谈判，均未取得实质性成果。1998 年 5 月，印尼领导人发生变动，印尼新政府在东帝汶问题上的立场有所改变。1998 年 8 月，在联合国的主持下，印葡两国达成协议，同意讨论东帝汶的自治问题。

中国政府当时对印度尼西亚的这种侵略行径进行了严厉的批判，对于“独立革命阵线”领导的东帝汶独立给予了高度的评价。在东帝汶发表独立宣言后的 1975 年 12 月 2 日，《人民日报》发表社论，称东帝汶革命阵线“主张立即独立，尽快实现东帝汶人民要求从殖民主义制度下解放出来的愿望，进行土地改革，发展民族经济；在国际关系上主张不结盟，反对在东帝汶领土上建立任何外国军事基地，支持一切为进步而斗争的人民，这些主张得到了东帝汶广大人民的支持”。[①] 而对于印尼的出兵，中国政府公开表示了不赞同的意见。12 月 5 日，中国代表吴妙发在联大第四委员会上阐述了中国政府对东帝汶独立的立场，他在表示支持独立革命阵线领导的东帝汶独立并要求葡萄牙政府予以承认的同时，还表明“印度尼西亚政府公开宣布要对东帝汶进行武装干涉和威胁，这一事实不能不引起联合国各成员国的关注，我们希望印度尼西亚政府停止干涉，同东帝汶建立友好睦邻关系，在和平共处五项原则的基础上，通过和平协商，解决双方之间存在的问题（如难民问题）”[②]，表明了要求印尼政府采取自制的态度。

印尼政府不顾反对，继续增兵东帝汶，于 12 月 7 日占领首都帝力。12 月 9 日，《人民日报》继续发表评论员文章谴责印尼政府的侵略行径：“现在，印度尼西亚政府悍然出兵武装入侵东帝

---

① “东帝汶独立革命阵线宣布东帝汶独立”，载《人民日报》，1975 年 12 月 2 日。

② “我代表联大四委会阐述对东帝汶独立的立场”，载《人民日报》，1975 年 12 月 7 日。

汶，侵犯东帝汶人民的主权，这充分暴露了印度尼西亚吞并东帝汶的企图，引起了东帝汶人民的反对和世界公正舆论的谴责”[①]。由于当时奉行三个世界的外交方针，我们把东帝汶问题放在第三世界内部矛盾的范畴上来看待，还没有上升到全面性的批判。12月15日，黄华代表在安理会发表演说，在强调印尼军队必须无条件立即全部撤出东帝汶的同时，也表明了要求印尼同东帝汶和解的主张，强调“印尼和东帝汶民主共和国，都是第三世界国家，先独立的印度尼西亚共和国理应尊重东帝汶人民的独立愿望，予以支持并根据和平共处五项原则建立与促进双方之间的关系，以便共同维护这一地区的和平，反对超级大国的插手争霸”。对于联合国，黄华代表还指出：“安理会如果不辜负其责任的话，就必须对印尼对东帝汶的武装侵略和吞并行动给予严正谴责，入侵的印尼军队必须无条件地立即全部撤出东帝汶领土”[②]。12月29日，在迎接到访的东帝汶民主共和国总司令兼国防部长的欢迎宴会上，外交部长乔冠华发表演说，在热烈祝贺东帝汶脱离葡萄牙的统治而宣布独立的同时，表明“中国政府和人民强烈谴责印尼政府的这一侵略行径”，强调“必须让印尼政府立即无条件从东帝汶全部撤走军队，停止对东帝汶的各种干涉”，并指出“中国政府和人民坚决支持东帝汶人民的正义斗争”。[③] 之后，中国除在联大要求印尼撤军时投赞成票外，还继续表明对东帝汶独立革命阵线的支持以及对印尼的批判。

此后，联合国大会多次审议东帝汶问题，但由于革阵寻求独立的进程没什么进展，印尼占领已既成事实，国际社会对东帝汶

① “东帝汶人民的独立权利不容侵犯”，载《人民上报》，1975年12月9日。

② “我代表黄华强调印尼军队必须无条件立即全部撤出东帝汶”，载《人民日报》，1975年12月18日。

③ “东帝汶民主共和国政府代表团到京”，载《人民上报》，1975年12月30日。

问题的关注开始下降。1978年改革开放以后，中国的外交基本路线也由原来的重视“革命斗争”转为“为经济建设服务”。为了构筑稳定的国际环境，同拥有大批华人的东南亚第一大国——印度尼西亚搞好关系，成为了外交的优先课题之一，因此我们对东帝汶问题的认识也变为越发强调通过和平方式解决。① 1984年11月吴学谦外长在访问葡萄牙时指出：“我们一直很关心东帝汶问题，我们总是希望东帝汶问题能够通过和平方式加以解决。解决这个问题首先要照顾到东帝汶绝大多数人民的意愿，由有关国家通过和平协商加以解决。”② 随后吴学谦外长于1985年访问印尼，达成了两国重开双边贸易的协定，中国与印尼开启了新的友好关系。

随着中印民关系的改善，加之在人权与不干涉内政方面中国同印尼政府立场相近，在东帝汶问题上我们开始变为尊重印度尼西亚政府的立场，反对利用人权问题进行国际干预。例如，虽然从1982年起“联合国防止差别·保护少数者小委员会”就开始每年一度审议东帝汶问题，但从1987年起，中国开始反对其决议。其后，中印尼两国关系改善的步伐开始加速。先是1989年2月钱其琛外长在日本东京同苏哈托总统举行会谈，达成恢复外交关系谈判的共识。1990年8月，李鹏总理访问印尼，双方正式恢复了1967年开始中断的外交关系。在复交谈判过程中，中方强调了不干涉印尼内政的立场。彼时，对东帝汶问题，中国基本上采取了静观事态变化、尊重印尼政府和反对国际干涉的立场。

1999年初，在亚洲金融危机爆发后，面对巨大的财政负担和国际压力，印尼政府提出允许东帝汶享有广泛自治的建议，并且

---

① 牛仲君：“中国参与东帝汶维和的原因及立场分析”，载《外交评论》，2007年4月，总第95期，第48～53页。

② “吴外长说中葡都关心非洲人民发展民族经济，希望通过和平方式解决东帝汶问题”，载《人民日报》，1984年11月19日。

表示如果东帝汶人民拒绝接受自治方案，印尼政府准备通过举行当地全民公决来决定今后东帝汶的地位。8 月 30 日东帝汶在联合国的主持下举行全民公决，78.5% 的东帝汶人选择了独立。但东帝汶的独立之路是充满坎坷的。在全民公决的结果发布之后，亲印尼的反独立旅民兵组织发动了大规模的报复性袭击，致使近千人遇害，25 万余人成为难民。在这种紧急情况下，国际社会立刻予以应对，以制止东帝汶的人权侵害。9 月 15 日，联合国安理会决定派遣维和部队。9 月 20 日，以澳大利亚为主的维和部队陆续进驻东帝汶，开始履行恢复和平与安全的使命。10 月，随着治安的改善，联合国安理会通过决议，成立联合国驻东帝汶过渡行政当局（UNTAET）。对于联合国的这次维和活动，中国表示了极大的支持。中国先后表示支持联合国向东帝汶派遣联合维和部队的 1264 号决议和决定设立联合国驻东帝汶过渡行政当局的 1272 号决议。在 1264 号决议发布后的第二天，外交部发言人孙玉玺就立刻代表中国表明向东帝汶派遣维和民事警察的决定。

通过以上分析可以看出，在东帝汶问题上，中国的态度是不断变化的，具有明显的时代烙印。第一个阶段是 1975 ~ 1978 年，中国的立场是支持东帝汶独立革命阵线，反对印尼的侵略，强调第三世界国家的合作与联合。第二个阶段是 1978 ~ 1987 年，此时中国的基本立场是在改善同印尼的友好关系的同时，强调通过和平方式解决东帝汶问题。第三个阶段是 1987 ~ 1999 年之后，此时中国的基本立场主要是尊重印尼政府和反对利用人权问题进行国际干涉。第四个阶段是 1999 年之后，中国积极参加东帝汶维和行动，发展与联合国和印尼的友好关系，维护地区稳定。

二、东帝汶维和任务区的基本背景

东帝汶在通往独立的道路上充满了不确定性，而所有的问题都受到“印尼”因素影响。1999 年 1 月，印尼政府提出允许东帝汶享有广泛自治的建议，同意举行公民投票。同年 5 月 5 日，在联合国秘书长安南的主持下，印葡两国外长签署了东帝汶自治方案协议。印尼外长阿拉塔斯、葡萄牙外长伽马、联合国秘书长安南分别代表各方在 3 个文件和 1 个附件上签字，从而为东帝汶地位问题的最终解决铺平了道路。

协议内容包括：在联合国主持下，境内外东帝汶人将在 8 月 8 日举行投票，以确定东帝汶是实行自治还是脱离印尼实现独立。联合国为此对投票作必要的准备，即选民登记等，印尼和葡萄牙派人监督投票。

印尼政府关于让东帝汶独立的表态引起有关方面密切关注。东帝汶独立运动领导人霍塔对印尼政府的表态表示怀疑，他认为这是印尼政府对外施放的烟幕，是企图博得国际社会好感的“外交伎俩”。被印尼当局囚禁的东帝汶独立运动领导人古斯芒则对印尼政府宣布考虑让东帝汶独立感到欣慰。在东帝汶首府帝力街头，主张独立的民众欢呼雀跃，奔走相告。他们认为这是“东帝汶人民的胜利”。主张东帝汶并入印尼的团体和民众则认为，东帝汶并未做好独立的准备，如果印尼撤离驻军，有可能加剧两派冲突甚至爆发内战。因此，他们主张东帝汶自治，但主权仍属印尼。从 1999 年 1 月 29 日起，主张独立和反对独立的两派势力在东帝汶南部的柯瓦利马地区爆发冲突，有数十人死伤，5000 多名当地居民为躲避战火而逃入教堂和学校避难。

1999 年 2 月 8 日，印尼外长阿拉塔斯和葡萄牙外长伽马在联合国特使马克尔主持下，就东帝汶问题举行会谈并取得进展。两国外长还讨论了东帝汶的政治前途及其具体步骤。印尼首次同意由联合国负责有关东帝汶前途的投票。1999 年 8 月 30 日，东帝汶 43 万登记公民从上午 6 时起陆续来到各个投票站，投下他们决定该地区前途的一票。居住在东帝汶以外的约 2 万东帝汶人也参加了投票。东帝汶境内的200个投票中心全部开放。在登记投票者中，90%以上的人都参加了投票，除个别意外事件外，整个投票过程总体上进展顺利。东帝汶全民公决结果表明，78.5%的当地居民支持东帝汶独立。

全民公决结果宣布后，东帝汶派别之间的冲突不断，数日内已造成数十人丧生，近10万人逃离家园，还有1.6万人躲在警察局；国际红十字会在东帝汶首府帝力的办事处遭到袭击；澳大利亚驻印尼大使麦卡锡乘车行驶在帝力街头时遭到枪击；受雇于联合国的3名当地雇员被害；一名联合国维和警察顾问腹部中弹受伤……同时，亲印尼民兵强行驱赶数以千计的东帝汶难民前往西帝汶。9月6日，欧盟委员会发言人埃斯特鲁拉斯强烈谴责发生在东帝汶的暴力冲突，主张在该地区部署一支国际维和部队，以监督执行全民公决的结果，帮助恢复东帝汶的和平与稳定。

9月9日，美国总统克林顿决定中断美国与印度尼西亚的军事关系，并坚持要求印度尼西亚“邀请”国际维和部队进驻东帝汶，以帮助恢复那里的治安秩序。与此同时，以联合国东帝汶特派团团长伊安·马丁为首的约400名维和人员，10日早晨从东帝汶撤离，乘飞机前往澳大利亚的达尔文。他们的大院因收留了数百名东帝汶难民而遭到大批亲印尼民兵的围困。但联合国特派团在帝力仍有40人留守，以继续帮助东帝汶实现独立过渡。1999年9月20日，由联合国授权的首批多国维和部队进驻东帝汶，开始履行恢复和平与安全的使命。第一批75名澳大利亚官兵于当地时间6时45分乘坐“大力神”运输机抵达帝力，并控制了机场。在武装直升机护送下，总共2500名士兵相继飞抵帝力和东部城市包考，几艘载有装甲运兵车和后勤装备的澳大利亚军舰也于20日中午抵达帝力。

三、联合国东帝汶维和行动的实施情况

1999 年 10 月 25 日，联合国安理会一致通过决议，决定设立“联合国东帝汶过渡行政当局”，在东帝汶独立前全权管理东帝汶事务。过渡行政当局包括 8950 名维和部队官兵、200 名军事观察员以及 1640 名维和警察。联合国维和行动将取代之前的多国部队，主要任务包括：在东帝汶全境保障安全并维持法治；建立有效的行政管理；协助发展公务员制度和社会服务；确保协调和提供人道主义援助和发展援助；支持自治能力的建设，并为可持续发展创造条件，等等。安理会的这项决议标志着东帝汶独立进程的正式启动。

10 月 27 日，新任“联合国东帝汶过渡行政当局”行政长官、联合国负责人道主义事务的副秘书长德梅洛在举行记者招待会时指出：“由于东帝汶政局长期动荡，暴力事件不断发生，独立派武装不仅与印尼军警多次发生冲突，其内部派别间也时有相互残杀的事件发生，因此克服复仇心理需要很大的勇气和胆识”。德梅洛说：“东帝汶各派主要领导人的态度对实现和解非常重要。在整个过渡期内，联合国过渡行政当局的工作重点是促进和解，不仅要促进东帝汶各派间的和解，也要努力使东帝汶与印尼间的关系得到改善。”

联合国在东帝汶问题上究竟扮演何种角色，将直接影响到东帝汶的稳定。当时，东帝汶处于权力真空状态，因此“白手起家”建立行政、立法与司法政治架构，难度相当大。联合国虽然有托管理事会这个机构，但是其过去的做法大都是委托一国对殖民地进行托管，像东帝汶这样完全由联合国直接接管的事例非常少见，联合国的政治作用受到考验。国际社会深刻关注和同情东帝汶的悲惨经历，联合国安理会在解决东帝汶问题上也表现出高

度的热情和少有的一致性。这是因为，东帝汶问题是战后非殖民化进程中的特殊遗留问题，是冷战国际关系下强加给一个弱小民族的悲剧。它与冷战后的民族分享主义有着本质不同，东帝汶走向独立，并不意味着一定会产生连锁效应。[①] 另一方面也应当看到，20 世纪 90 年代东帝汶问题的“再发现”与西方推行“人权”外交的大气候是分不开的。全民公决后骤然升级的暴力活动，导致印尼在西方国家的压力下接受联合国部署维和部队，从而使东帝汶成为继科索沃之后西方“人道主义干预”理论的又一实验场。这些新动向也引起世人的格外注意。

进入 21 世纪后，在“联合国东帝汶过渡行政当局”的作用下，东帝汶局势趋稳，独立过渡较为顺利。2002 年 4 月 14 日，东帝汶举行了历史上第一次总统选举，独立运动领袖夏纳纳·古斯芒当选为第一任总统。2002 年 5 月 20 日，东帝汶举行了开国庆典，正式成立“东帝汶民主共和国”。此后，为帮助东帝汶民主共和国建国后的经济复苏、完善社会服务以及继续推行人道主义援助，2002 年 5 月 17 日，联合国安理会通过了第 1410 号决议，决定延长联合国在东帝汶的维和行动，并更名为“联合国东帝汶支助团”。

四、中国参与维和行动的主要情况及经验启示

1999 年 9 月 15 日，中国常驻联合国副代表沈国放对记者发表讲话时指出，中国对安理会授权设立多国部队前往东帝汶维和

① 赵磊、高心满等著：《中国参与联合国维持和平行动的前沿问题》，北京：时事出版社，2011 年 10 月，第 408 页。

的决议草案投了赞成票，这主要是考虑到东帝汶局势还没有稳定下来，确实需要联合国发挥作用，同时印度尼西亚政府也希望联合国进行干预。沈国放说，在安理会讨论这一决议草案时，中国对两点表示关注：一是多国部队的维和行动应由联合国授权；二是多国部队在执行任务时需与印尼保持合作。现在，这两点都在案文中得到体现。中国希望决议有助于稳定东帝汶局势，中国支持并将派人参加过渡行政当局的工作，但东帝汶最终还是要靠东帝汶人民自己来管理。联合国在东帝汶的存在是为了帮助东帝汶人民实现独立和自立，应坚持以东帝汶人民为主的原则，尊重他们的意愿与选择，尽可能更多地吸收当地人参与并发挥他们的作用。

中国政府于 2000 年 1 月向“联合国东帝汶过渡行政当局”派遣了首批 15 名维和警察，揭开了中国警察走出国门参加联合国维和行动的序幕。中国参加东帝汶维和行动可以说是一次重大的外交决策，这是在充分考虑到同印尼双边关系的同时，围绕联合国决议做出的慎重决定。

东帝汶问题是在科索沃战争发生之后东亚地区紧接着出现的地区安全问题。中国对东帝汶维和的积极参与，使东帝汶问题能够在联合国框架内得到合理解决，维护了联合国在国际和平事务中的核心地位及东亚地区的稳定秩序。中国对东帝汶问题的关注由来已久，从 20 世纪 70 年代中期开始，中国就一直支持东帝汶人民争取独立的斗争，始终强调在联合国框架内通过与印尼的友好协商和平解决这一问题。在东帝汶问题上，中国迅速做出了选派维和警察的决定，但在具体实施过程中，中国充分考虑到了对印尼主权的尊重，维护了印尼政府的合法权益，从而获得了印尼政府和印尼人民的好评，极大地促进了双边关系的发展。事实表明，中国高度致力于东亚地区的和平稳定，是本地区负责任的大国，并将继续发挥维护地区稳定的支柱作用。

中国参加东帝汶的维和行动，不仅是对外派出了维和力量，同时，在维护地区和平与安定上履行了我们作为一个世界大国应尽的责任与义务，其中还包含着微妙的外交决定参与东帝汶维和行动体现了大国责任与国家利益的双重考量，这也是中国在参与联合国维和行动上逐渐走向成熟的一个标志。

在联合国向东帝汶派遣维和部队和成立过渡行政当局以保护当地独立派居民的人权时，事实上东帝汶还没有正式独立，同时，针对国际社会的干预，印尼也表达了强烈的反对。面对这样一种棘手的现实情况，意味着中国需要审慎处理此次派遣活动与干涉印尼内政的嫌疑之间的关系，以人道主义的名义进行国际干预历来都是中国所反对的，必须要坚持。如何在联合国的框架下体现大国的责任，同时又能继续维持同印尼的双边友好关系，成为中国外交必须考虑的重要问题。

在联合国审议东帝汶问题时，我国一方面坚定支持以联合国为主导向东帝汶旅遣维和部队，同时也反复强调尊重印尼的国家主权。中国常驻联合国副代表沈国放指出："案文起草前，中国向提案国表示案文应强调尊重印尼的主权和领土完整，最后案文也包括了这内容。"对于"人道主义干涉"与东帝汶问题，江泽民主席在接受法国《费加罗报》采访时也指出："中国政府和人民不赞成以人道主义为借口任意干涉一个国家的内政"，"我们希望东帝汶问题能在联合国框架下尽快得到妥善解决。"这些发言都表明了中国尊重国家主权，要求在联合国框架内解决国际冲突的主张，避免了发生在科索沃的国际干涉事件出现在东亚地区。

值得注意的是，中国在决定参加东帝汶维和行动后，派遣地的选择也是十分谨慎的。[①] 中国维和民事警察的派遣地不是印尼

① 孙玲："东帝汶维和：一次重大的外交决定"，载《中国报道》，2010 年 2 月，第 50～51 页。

所反对的维和部队，而是东帝汶过渡行政当局，这在一定程度上打消了印尼的顾虑。另外，派遣时机的选择同样经过了慎重考虑。1999 年 10 月 19 日，印尼大国民议会通过了允许东帝汶独立的决定，新的瓦希德政权成立后，将中国作为了第一个访问国。瓦希德总统于 12 月 1 ~3 日对我国进行了正式访问。2000 年 1 月 24 日，东帝汶独立革命战线领袖古斯芒访华，中国政府宣布向东帝汶提供5000 万元人民币的无偿援助。而中国是在 2000 年 1 月 12 日派出维和民事警察，正好处于这两次访问之间，这样的安排显示了中国的深思熟虑。

中国在东帝汶维和问题上的合理反应，不仅没有阻碍中国与印尼关系的发展，反而在某种程度上促进了两国关系的改善，是中国外交的成功之举。同时，在维和行动上的支持以及中国维和警察在东帝汶的出色表现，也是一个负责任大国的应有之举，受到了国际社会的赞扬。这次维和实践的成功表明，中国的大国责任应该由中国自己界定，既体现大国风范，又要做到量力而行，符合国家利益的需求。但是，仍要看到，参与联合国维和行动是个复杂的过程，在参与的过程中如何平衡各方面的利益，形成有中国特色的维和理念，将是今后需要不断去思考的问题。

结束语

踏步向前，但始终铭记，时光将如何偏转，

如何蜿蜒、洄覆、溯返，起伏万千。[①]

回顾历史，事物的发展每前进两步，可能就会伴随着一步后退。从总体上来看，运动还是向前发展的。万宗归一，所有河流最终还是要投入大海的怀抱。

在联合国成立70年之后，对于联合国及其维和行动的成功与失败、成绩与教训的争论仍然没有休止。毕竟，对于批评者来说，要指出联合国的众多失败之处实在太容易了。但是要回答这个问题还必须要关注以下两点：其一就是要关注1945年以来，联合国及维和行动所取得的不可磨灭的成绩。其二就是如果没有联合国以及其他国际组织的存在，我们的世界会是怎样的。由此可见，我们完全没有理由对联合国的未来感到失望。真正的问题在于会员国是否能够认识到，在授权联合国执行一些自身无法独立完成的任务之时，自己得到的其实要比失去的多。

时代的变迁对国际安全关系，特别是国际安全合作产生了广泛而深远的影响。冷战结束后的20多年间，国际安全合作在主体、范围及性质等方面的变化，既是安全概念拓宽后的客观需要，也是传统安全合作不足以应对新的安全问题的结果。以新的

---

① ［美］保罗·肯尼迪著、卿吉力译：《联合国过去与未来》，海口：海口出版社，2008年，后记。

思维和方法推进国际安全合作是时代的要求，正是大势所趋。然而，冷战以来国际安全合作是复杂的，“包含了主权与强权、平等与依附、控制与独立等各种矛盾问题，更有新旧安全观念的纠缠和冲突”[①]。对广大发展中国家来说，既要充分认识国际安全合作的新变化，又要以更加积极的姿态投身于国际安全合作之中。只有在新的安全潮流与旧的安全逻辑之间保持平衡，才能为维护国家安全探索一条现实之路。

联合国未来所具有的基本合法性和权威性毋庸质疑。因为，对于一个“纷乱的世界”，用粗线条或过于武断的办法去治理“难以得到更牢靠的安全，甚至将可能被事物未来的发展证明越来越不合时宜。长久的国际安全，需要更多的国家做出共同的努力、用更为调和的办法才能得到更有效的维护”。[②] 对于联合国维和行动，也只有坚持在外交手段、强制手段及两者之间的边缘地带有效发挥作用，才能保持和扩展其特有的优势，在增强其灵活性的同时不能损害其包容性和公正性，从而适应国际安全局势日益纷杂的局面，为世界和平提供有力支持。

“如果世界组织并不存在，我们也必然将其创造。”[③] 现实是，联合国这一庞大的、几乎涵盖世界上所有国家的国际组织已经存在了，我们要做的也许并不是对它进行过多的批评和指责，而是要在现有的基础上，不断加强对它的完善、建设和发展，使其能够继续在维护世界和平与安全中发挥应有的积极作用。尽管前方的道路依旧曲折漫长，但是大多数人对联合国的未来仍然满怀希

① 李学保著：《当代国际安全合作的探索与争鸣》，北京：世界知识出版社，2006年，第102页。

② 唐永胜、徐弃郁著：《寻求复杂的平衡——国际安全机制与主权国家的参与》，北京：世界知识出版社，2004年，第115页。

③ ［美］保罗·肯尼迪著、卿吉力译：《联合国过去与未来》，海口：海口出版社，2008年版，第246页。

望。对于这一未来，美国学者保罗·肯尼迪的描绘十分形象："在过去的60年中，联合国——我们拥有的这个国际组织并不是一直都遭受挫折和失败。联合国并不像西西弗斯[1]推往山顶的巨大圆石，每次都会跌入谷底；有时候它确会失足，但那只是暂时的。当对它进行全面考量的时候，必须承认联合国为我们这一代人带来了巨大的裨益。而且我们可以通过公民决议和包容的态度进一步改善其工作，这同样将会使我们的孩子以及孩子的孩子受益。只是此时，联合国这个圆石才刚刚被推到了山腰上，我们还要付出很多努力才能让它走得更远"[2]。

① 古希腊神话中，西西弗斯因欺骗天帝被惩罚，令他把一块巨大圆石推上山顶，但每推到山顶圆石又会自然滚落，如此周而复始，没有尽头。但西西弗斯安慰自己，明天还有石头可推就代表明天还有希望。

② ［美］保罗·肯尼迪著、卿吉力译：《联合国过去与未来》，海口：海口出版社，2008年版，后记。

参考文献

一、中文专著、译著和国际组织、政府出版物

[1] 全军深入学习实践科学发展观活动领导小组编印：《国防和军队建设贯彻落实科学发展观重要论述选编》，北京：解放军出版社，2008 年版。

[2]《习主席国防和军队建设重要论述读本》，北京：中央文献出版社，2014 年版。

[3] 中华人民共和国国务院新闻办公厅：《中国国防白皮书(1998 ~ 2015)》。

[4] 刘恩照著：《联合国维持和平行动》，北京：法律出版社，1999 年版。

[5] 赵磊著：《建构和平：中国对联合国外交行为的演进》，北京：九州出版社，2007 年版。

[6] 王逸舟著：《全球政治和中国外交：探寻新的视角与解释》，北京：世界知识出版社，2003 年版。

[7] 中华人民共和国外交部外交史研究室编：《中国外交》，北京：世界知识出版社，1996 年版。

[8] 王逸舟主编：《磨合中的建构——中国与国际组织关系的多视角透视》，北京：中国发展出版社，2003 年版。

[9] 唐永胜等著：《寻求复杂的平衡：国际安全机制与主权

国家的参与》，北京：世界知识出版社，2004 年版。

[10] 中国军事科学学会国际军事分会编：《亚太地区的和平发展与地区安全》，北京：军事科学出版社，2008 年版。

[11] 李景龙等著：《20 世纪十大维和行动》，北京：解放军出版社，2000 年版。

[12] 张植荣、李义峰主编：《联合国行动内幕》，海口：海南出版社，1998 年版。

[13] 李一文编著：《蓝盔行动——联合国与国际冲突》，北京：当代世界出版社，1998 年版。

[14] 李铁城主编：《世纪之交的联合国》，北京：人民出版社，2002 年版。

[15] 谢启美、王杏芳著：《中国与联合国——联合国成立五十周年》，北京：世界知识出版社，1995 年版。

[16] 梁西著：《国际组织法（总论）》，武汉：武汉大学出版社，2001 年版。

[17] 盛红生著：《联合国维持和平行动法律问题研究》，北京：时事出版社，2006 年版。

[18] 贾永兴编译：《联合国及维和行动》，沈阳：白山出版社，2004 年版。

[19] 余华川主编：《联合国改革与发展：欧亚视角国际会议本书集》，上海：华东师范大学出版社，2009 年版。

[20] 谢启美等编：《走向 21 世纪的联合国：纪念联合国成立五十周年学术研讨会文集》，北京：世界知识出版社，1996 年版。

[21] 王杏芳主编：《联合国重大决策》，北京：当代世界出版社，2001 年版。

[22] 陈东晓著：《联合国：新议程和新挑战》，北京：时事出版社，2005 年版。

［23］徐东升等著：《当代国际问题透视》，北京：中国矿业大学出版社，2000 年版。

［24］陈友谊著：《蓝盔在行动——联合国维和行动纪实》，南昌：江西人民出版社，1997 年版。

［25］袁士槟等主编：《联合国机制与改革》，北京：北京语言学院出版社，1995 年版。

［26］刘明著：《国际干预与国家主权》，成都：四川人民出版社，2000 年版。

［27］陈晓红著：《戴高乐与非洲的非殖民化研究》，北京：中国社会科学出版社，2003 年版。

［28］吴华等主编：《全球冲突与争端》，北京：世界知识出版社，1998 年版。

［29］林建公等著：《大阅兵、大练兵、大演习、大裁军——对外重大军事交往活动》，长沙：湖南人民出版社，2006 年版。

［30］赵磊著：《构建和谐世界的重要实践——中国参与联合国维持和平行动研究》，北京：中共中央党校出版社，2010 年版。

［31］马约生等著：《和平之愿：20 世纪冲突与化解》，南京：南京出版社，2005 年版。

［32］梁淑英主编：《国际法案例教程》，北京：知识产权出版社，2005 年版。

［33］军事科学院战略部四室编著：《21 世纪的中国军事》，北京：党建读物出版社，2002 年版。

［34］沈国明等主编：《国外社会科学前沿》，上海：上海社会科学出版社，1999 年版。

［35］崔之元编著：《博弈论与社会科学》，杭州：浙江人民出版社，1988 年版。

［36］巴发中著：《霍布斯及其哲学》，北京：中共中央党校出版社，1997 年版。

[37] 蒲傍著：《当代世界中的国际组织》，北京：当代世界出版社，2002 年版。

[38] 王逸舟著：《当代国际政治析论》，上海：上海人民出版社，1995 年版。

[39] 阎学通著：《中国国家利益分析》，天津：天津人民出版社，1996 年版。

[40] 高金钿主编：《国际战略学概论》，北京：国防大学出版社，1995 年版。

[41] 洪兵著：《国家利益论》，北京：军事科学出版社，1999 年版。

[42] 梁守德等著：《国际政治学概论》，北京：中央编译出版社，1994 年版。

[43] 陈鲁直、李铁城著：《联合国与世界秩序》，北京：北京语言学院出版社，1993 年。

[44] 门洪华著：《和平的纬度：联合国集体安全机制研究》，上海：上海人民出版社，2002 年版。

[45] 中国国际战略学会军控与裁军研究中心编著：《当代国际维和行动》，北京：军事谊文出版社，2006 年版。

[46] 李铁城著：《联合国五十年》，北京：中国书籍出版社，1996 年版。

[47] 李学保著：《当代国际安全合作的探索与争鸣》，北京：世界知识出版社，2006 年版。

[48] 李少军主编：《当代全球问题》，杭州：浙江人民出版社，2006 年版。

[49] 梁西著：《国际法》，武汉：武汉大学出版社，2000 年版。

[50] 熊向晖著：《我的情报与外交生涯》，北京：中共党史出版社，1999 年版。

［51］马呈元主编：《国际法》，北京：中国人民大学出版社，2003 年版。

［52］孙建中著：《国家主权：理想与现实》，北京：北京世界知识出版社，2001 年版。

［53］陈峰君主编：《亚太安全析论》，北京：中国国际广播出版社，2004 年版。

［54］俞正梁等著：《大国战略研究：未来世界的美、俄、日、欧（盟）和中国》，北京：中央编译出版社，1998 年版。

［55］中华人民共和国外交部外交史研究室编：《中国外交概览》，北京：世界知识出版社，1995 年版。

［56］董健著：《从主权破裂到新文明朦胧》，北京：当代世界出版社，2002 年版。

［57］魏宗雷等著：《西方"人道主义干预"理论与实践》，北京：时事出版社，2003 年版。

［58］［美］汉斯·摩根索著，卢明华等译：《国际纵横策论：争强权，求和平》，上海：上海译文出版社，1995 年版。

［59］［美］亚历山大·温特著，秦亚青译：《国际政治的社会理论》，上海：上海人民出版社，2000 年版。

［60］［美］基欧汉、［美］约瑟夫·奈著，门洪华译：《权力与相互依赖》，北京：北京大学出版社，2002 年版。

［61］［美］莱斯利·里普森著，刘晓等译：《政治学的重大问题——政治学导论》（第 10 版），北京：华夏出版社，2001 年版。

［62］［美］理查德·N·哈斯著，殷雄等译：《新干涉主义》，北京：新华出版社，2000 年版。

［63］［美］伊莉莎白·埃克诺米、米歇尔·奥克森伯格主编，华宏勋等译：《中国参与世界》，北京：新华出版社，2001 年版。

［64］［美］约瑟夫·奈著，张小明译：《理解国际冲突：理论与历史》，上海：上海人民出版社，2002 年版。

［65］［美］亨得·基辛格著，顾淑馨等译：《大外交》，海口：海南出版社，1997 年版。

［66］［英］华尔脱斯著，汉敖等译：《国际联盟史》，北京：商务印书馆，1964 年版。

［67］［美］本尼斯著，陈遥遥等译：《发号施令：美国是如何控制联合国的》，北京：新华出版杜，1999 年版。

［68］［法］让·马克·夸克著，周景兴著：《迈向国际法治：联合国对人道主义危机的回应》，北京：三联书店，2008 年版。

［69］［俄］B. M. 库拉金著，纽菊生等译：《国际安全》，武汉：武汉大学出版社，2009 年版。

［70］［加］阿兰·D·英格利施等著，王彦军等译：《变化中的战争》，长春：吉林人民出版社，2001 年版。

［71］［美］约翰·亚历山大著，董铭等译：《未来战争：21 世纪战争中的非致命武器》，北京：知识产权出版社，2004 年版。

［72］［美］保罗·肯尼迪著，卿吉力译：《联合国过去与未来》，海口：海口出版社，2008 年。

［73］［英］安东尼·吉登斯著，胡宗泽等译：《民族、国家与暴力》，：北京：三联书店，1998 年版。

［74］［美］汉斯·摩根索著，徐昕等译：《国家间政治》，北京：中国人民公安大学出版社，1990 年版。

［75］［苏］莫洛托夫著：《对外政策问题：一九四五年四月至一九四八年十一月时期中的演说和声明》，外国文书籍出版局，1950 年版。

［76］［苏］克里洛夫著：《联合国史料》（第 1 卷），北京：中国人民大学出版社，1995 年版。

［77］［英］劳特派特修订：《奥本海国际法》上卷，第 1 分

册，北京：商务印书馆，1981 年版。

［78］［美］肯尼思·华尔兹著，信强译：《国际政治理论》，上海：上海人民出版社，2003 年版。

［79］［美］兹比格纽·布热津斯基著，中国国际问题研究所译：《大棋局》，上海：上海人民出版社，2007 年版。

［80］［美］阿什利·泰利斯等著，门洪华、黄福武译：《国家实力评估资源、绩效、军事实力》，北京：新华出版社，2002 年版。

［81］［德］克劳塞维茨著，中国人民解放军军事科学院译：《战争论》，北京：解放军出版社，1964 年版。

［82］联合国新闻部编，张家珠等译：《联合国手册第 10 版》，北京：中国对外翻译出版公司，1988 年版。

［83］计翔翔主编：《联合国知识词典》，杭州：杭州出版社，1999 年版。

［84］中国联合国协会编：《中国代表团出席联合国有关会议发言汇编 2001 年》，北京：世界知识出版社，2002 年版。

［85］斯德歌尔摩国际和平研究所编，中国军控与裁军协会译：《SIPRI 年鉴：军备、裁军和国际安全》，北京：时事出版社，2000/2005/2006 年版。

二、中文论文

［1］李楷：“中国参与联合国维和行动研究”，外交学院硕士研究生学位论文，2004 年。

［2］陆叶飞：“中国参与国际维持和平行动研究：以中国蓝盔在达尔富尔的维和行动为例”，复旦大学硕士研究生学位论文，2008 年。

［3］黎红梅：“中国参与联合国维和机制的战略选择”，湘潭

大学硕士研究生学位论文，2006 年。

［4］宋蔼丽：“联合国对国家主权影响的历史和现实分析”，安徽师范大学硕士研究生学位论文，2006 年。

［5］方文军：“联合国柬埔寨维和行动，外交学院硕士研究生学位论文”，2004 年。

［6］杜娟：“冷战后联合国维和行动在实践中的困境及对策”，北京师范大学硕士研究生学位论文，2005 年。

［7］孙玉涛：“维和行动在国际战略中的利益价值”，吉林大学硕士研究生学位论文，2005 年。

［8］张静：“论冷战后联合国的维和行动”，北京语言大学硕士研究生学位论文，2006 年。

［9］王安菲：“撒哈拉以南非洲的冲突解决进程：本案例是关于冷战后的维和行动”，武汉大学硕士研究生学位论文，2005 年。

［10］孙萌：“联合国维和行动违反国际人道主义法的责任问题——国家责任制度的适用性研究”，北京大学博士研究生学位论文，2003 年。

［11］韩德江：“中国的维和政策研究”，北京语言大学硕士研究生学位论文，2003 年。

［12］赵炳辉：“中国与联合国维持和平行动”，外交学院硕士研究生学位论文，2004 年。

［13］陈先才：“联合国维和机制研究”，吉林大学硕士研究生学位论文，2004 年。

［14］朱晓未：“国际人道法与联合国和平行动部队”，中国政治大学硕士研究生学位论文，2008 年。

［15］解瑞玖：“联合国与非联合国维和行动比较及启示”，华东师范大学硕士研究生学位论文，2008 年。

［16］张永义：“论联合国集体安全机制的重构”，湘潭大学

硕士研究生学位论文，2006 年。

[17] 李晋维：“‘保护的责任’与现代国际法律秩序”，暨南大学硕士学位论文，2009 年。

[18] 孔庆茵：“论世界体系与世界新秩序”，吉林大学博士学位论文，2005 年。

[19] 徐会全：“论冷战后国际格局的变动对联合国地位的影响”，山东师范大学硕士学位论文，2007 年。

[20] 张丽华：“主权博弈——全球化背景下主权国家与国际组织互动关系研究”，吉林大学博士研究生论文，2007 年。

[21] 王永刚：“冷战后联合国维和行动的困境与变革：一种国际机制变迁的视角”，复旦大学硕士研究生学位论文，2009 年。

[22] 张龙盛男：“论政府间国际组织的法律责任”，外交学院硕士学位论文，2009 年。

[23] 张洋：“达尔富尔问题与国际干预”，上海外国语大学硕士学位论文，2008 年。

[24] 邵亮：“亚太地区建立信任措施析论”，外交学院硕士学位论文，2007 年。

[25] 唐永胜：“中国与联合国维和行动”，载《世界经济与政治》，2002 年第 9 期。

[26] 徐纬地：“摇摆与彷徨中的探索——联合国维和行动面临的困难与挑战”，载《世界经济与政治》，2007 年第 5 期。

[27] 张慧玉：“论中国参与维和行动与建设和谐世界”，载《世界经济与政治》，2008 年 12 月。

[28] 郭寒冰：“权利与义务、战略与外交、国家利益——中国积极参与联合国维和行动的动因解析”，载《江苏教育学院学报》（社会科学版），2007 年 1 月，第 23 卷第 1 期。

[29] 汪红伟：“试论中国军事外交：军事软权力运用”，载《理论与实践》理论月刊，2009 年第 4 期。

[30] 谭竑鹄："索马里海盗问题需要全球治理"，载《消费导刊》，2010 年 2 月，。

[31] 张明明："索马里海盗难以制止的原因和解决思路"，载《理论前沿》，2009 年第 23 期。

[32] 李东燕："试论联合国与主权国家关系的演变"，载《世界经济与政治》，2000 年第 5 期。

[33] 刘鸣："大国的利益要素与权力互动的思考"，载《世界经济研究》，2003 年第 10 期。

[34] 孙寿江："中国参加联合国维和行动的回顾与前景展望"，载《现代军事》，2008 年第 11 期。

[35] 赵磊："中国对联合国维持和平行动的态度"，载《外交评论》，2006 年 8 月，总第 90 期。

[36] 聂军："关于中国参与联合国维和行动的认识"，载《山西高等学校社会科学学报》，第 18 卷第 3 期，2006 年 3 月。

[37] 高小升："中国参与联合国维和机制的影响分析"，载《湖北行政学院学报》，2006 年第 3 期。

[38] 贺鉴："论冷战后联合国维和行动与国际干预"，载《求索》，2005 年第 5 期。

[39] 韦正翔："道德与国家对外权力行为——国际法与国际道德规范"，载《现代哲学》，2000 年第 3 期。

[40] 韦正翔："联合国的伦理性规制"，载《清华大学学报》（哲学社会科学版），2001 年第 3 期，第 16 卷。

[41] 陈鲁直："美国与冷战后的联合国维持和平行动"，载《国际问题研究》，2001 年第 2 期。

[42] 张睿壮："中国应选择什么样的外交哲学——评'世界新秩序与新兴大国的历史抉择'"，载《战略与管理》，1999 年第 1 期。

[43] 秦亚青："国际制度与国际合作——反思新自由制度主

义”，载《外交学院学报》，1998 年第 1 期。

［44］门洪华：“联合国维和机制的创新”，载《国际问题研究》，2002 年第 6 期。

［45］聂军：“联合国维和与集体安全辨析”，载《欧洲研究》，2005 年第 3 期。

［46］门洪华：“联合国集体安全机制的困境”，载《国际观察》，2002 年第 3 期。

［47］钱文荣：“《联合国宪章》和国家主权问题”，载《世界经济与政治》，1995 年第 8 期。

［48］毛瑞鹏：“主权原则与中国在联合国维和议案中的投票行为（1994 ~2004）”，载《世界经济与政治》，2006 年第 4 期。

［49］赵怀普等：“权力政治与相互依存”，载《世界经济与政治》，1993 年第 7 期。

［50］金鑫：“西方政要及有关人士关于‘新干涉主义’若干言论”，载《太平洋学报》，2000 年第 1 期。

［51］聂军：“联合国维和行动成功的条件”，载《国际政治科学》，2008 年 2 月总第 14 期。

［52］乔卫兵：“冷战后中国与国际机制的互动关系”，载《国际政治研究》，2001 年第 1 期。

［53］杜农一：“维和外交：新世纪新阶段军事外交的主旋律”，载《中国军事科学》，2007 年第 4 期。

［54］时殷弘：“论 20 世纪国际规范体系：一项侧重于变更的研究”，载《国际论坛》，2000 年 3 月。

［55］唐永胜、程海南：“关于综合安全”，载《欧洲》，1997 年第 3 期。

［56］唐永胜：“联合国维和机制的演变及决定其未来走势的主要因素”，载《世界经济与政治》，2001 年第 5 期。

［57］唐永胜、郭新宁：“亚太安全理论框架”，载《太平洋

学报》，1999 年第 4 期。

[58] 刘庆："战略互信概念辨析"，载《国际论坛》，2008 年第 1 期。

[59] 赵蔚彬、罗洁："国际维和与中国蓝盔"，载《世界知识》，2008 年第 3 期。

三、英文专著和国际组织、政府出版物

[1] Abraw Chayes, *The New Sovereignty: Compliance with International Regulatory Agreements*, Cambridge Harvard University Press, 1995.

[2] A. B. Fetherston, *Towards a Theory of United Nations Peacekeeping*, New York: St. Martin's Press, 1994.

[3] Andreas Hasenclever, Peter Mayer and Volker Rittberget, *Theories of International Regimes*, London: Cambridge University Press, 1997.

[4] Ashok Swain, Ramses Amer and Joakim Ojendal, *Globalization and Challenges to Building Peace*, Anthem Press, London, UK, 2008.

[5] Beatrice Pouligny: *Peace Operations Seen from Below*, HURST & COMPANY, London, UK, 2006.

[6] Boutros boutros - ghail, *An Agenda for Peace: Preventive Diplomacy, Peacemaking and Peacekeeping*, United States, 1992.

[7] Colonel A. K. Bardalai, *Changing Security Scenario: Implications for UN Peacekeeping*, Knowledge World, New Delhi, India, 2006.

[8] Council on Foreign Relations, *More Than Humanitarianism a Strategic U. S. Approach Toward Africa*, New York, NY, 2006.

[9] Dennis C. Jett, *Why Peacekeeping Fails*, New York: St. Martin' s Press, 1999.

[10] Donald E. Nuechterlein, *America Over - committed: United States National Interests in the 1980s*, Lexington: University of Kentucky Press, 1985.

[11] Glenn H. Snyder, *Alliance Politics*, Ithaca: Cormell University Press, 1987.

[12] Hans J. Morgenthau, *Politics among Nations: The Struggle for Power and Peace*, McGraw - Hill Companies, Inc. , 2006.

[13] Indar Jit Rikhye, *The Theory and Practice of Peacekeeping*, London: C. Hurst & Company, 1984.

[14] James Alan, *Peacekeeping in International Politics*, London: Macmillan Academic and Professional Ltd. , 1990.

[15] Jan S. Prybyla, *The American Way of Peace*, Missouri University of Missouri Press, Columbia, Missouri, 2005.

[16] John L. Hirsch and Robert B. Oakley, *Somalia and Operation Restore Hope: Reflections on Peacemaking and Peacekeeping*, Washington, D. C. , United States Institute of Peace Press, 1995.

[17] Jyrki livonen, *The Future of the Nation State in Europe*, Edward Elgar Publishing Company, 1993.

[18] Kenneth Manusama, *The United Nations Security Council in the Post - Cold War Era: Applying the Principle of Legality*, Koninklijke Brill NV, Leiden, The Netherlands, 2006.

[19] Kenneth W. Thompson, *Political Realism and the Crisis of World Politics*, Princeton: Princeton University Press, 1960.

[20] Kenneth W. Thompson, *Schools of Thought in International Relations*, Louisiana State University Press, 1996.

[21] Keohane (ed.), *Neorealism and Its Critic*, New York:

Columbia University Press, 1986.

[22] Mely Caballero - Anthony & Amitav Acharya, *UN Peace Operations and Asian Security*, Routledge, New York, NY, 2005.

[23] Michael E. Brown and Richard N. Rosecrance (eds.), *The Costs of Conflict: Prevention and Cure in the Global Arena*, Carnegie Commission on Preventing Deadly Conflict, Rowman & Littlefield Publishers, 1999.

[24] Norrie MacQueen, *Peacekeeping and the International System*, T & F Books, UK, 2009.

[25] Paul F. Diehl, *International Peacekeeping*, Johns Hopkins University Press, Baltimore, 1994.

[26] Paul F. Diehl, *Peace Operations*, Polity Press, 65 Bridge Street, Cambridge, UK, 2008.

[27] Peter J. Katzenstein (ed.), *The Culture of National Security: Norms and Identity in World Politics*, New York: Columbia University Press, 1996.

[28] Ramesh Thakur, *The United Nations, Peace and Security*, Cambridge University Press, Cambridge, UK, 2006.

[29] Richard Kareem Al - Qaq, *Managing World Order: United Nations Peace Operations and the Security Agenda*, Tauris Academic Studies, 2009.

[30] Rodney P. Carlislek, *America at War: Persian Gulf War Facts*, New York, 2004.

[31] Sarah Jane Meharg, *Measuring What Matters in Peace Operations & Crisis Management*, School of Policy Studies, Queen' s University at Kingston, Canada, 2009.

[32] Simon Chesterman, *Just War or Just Peace?: Humanitarian Intervention and International Law*, Oxford, UK Oxford University

Press, 2001.

[33] Steven Ratner, *The UN Peacekeeping—Building Peace in Lands of Conflict after the Cold War*, London: Macmillan Press, 1995.

[34] Trevor Findlay, *The Use of Force in UN Peace Operations*, SIPRI, Oxford University Press Inc. , New York, 2002.

[35] Trudy Govier: *Taking Wrongs Seriously*, Humanity Books, New York, USA, 2006.

[36] William J. Durch, ed. , *The Blue Helmets: a Review of United Nations Peacekeeping*, the 2nd edition, New York: United Nations Press, 1990.

[37] UNITAR and IPS of Singapore, *United Nations as Peacekeeper and Nation - Builder Continuity and Change - What Lies Ahead?*, Martinus Nijhoff Publishers, Leiden/Boston, 2006.

[38] *United Nations Peace - keeping*, United Nations Department of Public Information, New York, 1990.

[39] *UN General Guidelines for Peacekeeping Operations*, United Nations Department of Public Information, New York, 1995.

四、英文论文

[1] Abba Eban, "The U. N. Idea Revisited", *Foreign Affairs*, September/October, 1995.

[2] Bate Gill and James Reilly, "Sovereignty, Intervention and Peacekeeping: the view from Beijing", *Survival*, vol. 42, autumn, 2000.

[3] Bate Michael Hirsh, "Calling All Regio - Cops: Peacekeeping' s Hybrid Future", *Foreign Affairs*, November/December,

2000.

[4] Donald J. Puchala and Raymond F. Hopkins, "International Regimes: Lessons from Inductive Analysis", in Stephen Krasner (ed.), *International Regimes*, Ithaca: Cornell University Press, 1983.

[5] John G. Ruggie, "The False Promise of Realism", *International Security*, Vol. 20, No. 1, Summer 1995.

[6] John J. Mearsheimer, "The False Promise of International Institutions", *International Security*, Vol. 19, No. 3, Winter 1994/95.

[7] John Mackinlay and Jarat Chopra, "Second Generation Multinational Operations" *Washington Quarterly*, Vol. 15, No. 3, 1992.

[8] Michael Mandelbaum, A Perfect Failure: NATO' s War Againt Yugoslavia, *Foreign Affairs*, September/October, 1999.

[9] Michael N. Barnett and Martha Finnermore, "Politics, Power and The Symptom of International Organization", *International Organizations*, Autumn, Vol. 53, No. 4, 1999.

[10] Peter F. Spiro, "The New Sovereigntists", *Foreign Affairs*, November/December, 2000.

[11] Robert Cox, "Social Forces, State and World Order: Beyond International Relations Theory", in Keohane (ed.), *Neorealism and Its Critic*, New York: Columbia University Press, 1986.

[12] Robert Gates, A Balanced Strategy: Reprogramming the Pentagon for a New Age, *Foreign Affairs*, January/February, 2009.

[13] Robert Keohane, International Institutions: Two Approaches, *International Studies Quarterly*, Summer, 1998.

[14] Shashi Tharoor, "Why America Still Needs the U. N.", *Foreign Affairs*, Sep. /Oct., 2003.

［15］ Stephen D. Krasner, “Global Communications and National Power: Life on the Presto Frontier”, *World Politics*, Vol. 43, 1991.

［16］ Stephen D. Krasner, “Sovereignty, Regimes, and Human Rights”, in Volker Rittberger (ed.), *Regimes Theory and International Relations*, Clarendon Press, Oxford, 1993.

［17］ William Durch, “Building on Sand: UN Peacekeeping in the Western Sahara”, *International Security*, Vol. 17, No. 4, 1993.

五、相关联合国正式文件

［1］ Report of the Secretary – General on the situation inSomalia [S/1995/231], 28th March 1995.

［2］ Report of the Secretary – General pursuant to General Assembly resolution 53/35: The fall of Srebrenica [A/54/549], 15th November 1999.

［3］ Statement by the Secretary – General on Report of the Independent Inquiry into theactions of the United Nations during the 1994 genocide in Rwanda [SG/SM/7263], 16th December 1999.

［4］ Report of the Independent Inquiry into the actions of the United Nations during the 1994 genocide inRwanda [S/1999/1257], 16th December 1999.

［5］ Report of the Panel on United Nations Peace Operations (“Brahimi report”) [A/55/305], 21st August 2000.

［6］ Report of Secretary – General on “No exit without strategy: Security Council decision – making and the closure or transition of United Nations peacekeeping operations” [S/2001/349], 20th April 2001.

［7］ Report of the High – level Panel on Threats, Challenges and

Change on "A more secure world: our shared responsibility" [A/59/565], December 2004.

[8] Report of the Secretary – General on "Enhancement of African peacekeeping capacity" [A/59/591], 30th December 2004.

[9] Joint report of the United Nations Organization Mission in theDemocratic Republic of the Congo, the United Nations Operation in Burundi and the Office of the United Nations High Commissioner for Human Rights into the Gatumba massacre [S/2004/821], 18th October 2004.

[10] Report of the Secretary – General to the Secutity Council on the protection of civilians in armed conflict [S/2004/431], 28th May 2004.

[11] Report of the Secretary – General on "In larger freedom: towards development, security and human rights for all" [A/59/2005], 21st March 2005.

[12] Report of the Secretary – General on "Uniting our strengths: Enhancing United Nations support for the rule of law" [A/61/636], 14th December 2006.

[13] Peace operations 2010: Excerpts from the report of the Secretary – General, outlining reform strategy [A/60/696], 24th February 2006.

[14] Report of the Secretary – General on Peacekeeping Best Practices [A/62/593], 18th December 2007.

[15] Report of the Secretary – General: Comprehensive report on strengthening the capacity of the United Nations to manage and sustain peace operations: Report of the Secretary – General [A/61/858], 13th April 2007.

[16] Report of the Secretary – General on "Securing peace and

development: the role of the United Nations in supporting security sector reform" [A/62/659], 23rd January 2008.

[17] Report of Secretary General: Implementation of the recommendations of the Special Committee on Peacekeeping Operations [A/64/573], 22nd December 2009.

[18] Report of the Secretary – General on the support to African Union peacekeeping operations authorized by the United Nations [A/64/359], 18th September 2009.

[19] Report of the Secretary – General on the protection of civillians in armed conflict [S/2009/277], 29th May 2009.

[20] Report of the Secretary – General: Progress in the implementation of the global field support strategy [A/65/643], 1st February 2010.

[21] Report of the Secretary – General: Global field support strategy [a/64/633], 26th January 2010.

[22] Status of the International Covenant of Economic, Social and Cultural Rights, the International Covenant on Civil and Political Rights and the Optional Protocols to the International Covenant on Civil and Political Rights: report of the Secretary – General, A/54/277, 25th August 1999.

六、主要报纸和相关网站

[1]《人民日报》

[2]《解放军报》

[3] 人民网：http：//www. people. com. cn/

[4] 新华网：http：//www. xinhuanet. com/

[5] 环球网：http：//world. huanqiu. com/

［6］中国网：http：//www. china. com. cn/

［7］中国外交部：http：//www. fmprc. gov. cn/

［8］中国国防部：http：//www. mod. gov. cn/

［9］联合国网站：http：//www. un. org/

［10］联合国维和行动网站：http：//www. un. org/chinese/peace/peacekeeping/

［11］联合国维持和平网站信息中心：http：//www. un. org/en/peacekeeping/resources/

［12］联合国电台网站：http：//www. unmultimedia. org/

［13］斯德哥尔摩国际和平研究所：http：//www. sipri. org/

［14］干预与国家主权问题国际委员会：http：//www. iciss. ca/

图书在版编目（CIP）数据

联合国维和行动的困境及前景/刘丹著. —北京：时事出版社，2015. 11

ISBN 978-7-80232-901-0

Ⅰ. ①联… Ⅱ. ①刘… Ⅲ. ①联合国维持和平部队—研究 Ⅳ. ①E159

中国版本图书馆 CIP 数据核字（2015）第 244132 号

出 版 发 行：时事出版社
地　　　址：北京市海淀区万寿寺甲 2 号
邮　　　编：100081
发 行 热 线：（010）88547590　88547591
读者服务部：（010）88547595
传　　　真：（010）88547592
电 子 邮 箱：shishichubanshe@ sina. com
网　　　址：www. shishishe. com
印　　　刷：北京市昌平百善印刷厂

开本：787×1092　1/16　印张：18. 25　字数：230 千字
2015 年 11 月第 1 版　2015 年 11 月第 1 次印刷
定价：75. 00 元